UNE PLACE
POUR LE PÈRE

L'Enfant porté
Seuil, 1982

Parier sur l'enfant
Seuil, 1988

De l'inceste
avec Françoise Héritier et Boris Cyrulnik
Odile Jacob, 1994

Le Couple et l'Enfant
Odile Jacob, 1995

Les Filles et leurs mères
Odile Jacob, 1998

L'Enfant bien portant
Seuil, 1999

En participation

Médecins d'enfants
Ginette Rimbault (éd.)
Seuil, Paris, 1972

La Filiation : ruptures et continuité
éd. CTNERHI, diff. PUF, Paris, 1986

Familia y Pediatria
sous l'égide de la Sociedad Argentina de Pediatria
EUDEBA, Buenos Aires, 1987

Grandir ensemble
Encyclopédie d'éveil,
Le Livre de Paris, 1992

Traité de l'alimentation et du corps
Gérard Apfelorfer (éd.)
Flammarion, Paris, 1993

Aldo Naouri

UNE PLACE
POUR LE PÈRE

Éditions du Seuil

TEXTE INTÉGRAL

ISBN 2-02-037446-3
(ISBN 2-02-008636-0, 1re publication)
(ISBN 2-02-014441-7, 1re édition poche)

© Éditions du Seuil, février 1985

A mes patients.
Tous mes patients : les tout-petits,
les plus grands et les plus grands encore.
A leurs parents, aussi. Et, plus particulièrement,
à ceux qui comprendront que j'aie voulu,
en rapportant des bribes de leurs discours,
narrer des histoires qu'il est convenu
de dire exemplaires.

Introduction

Parole d'une voix jusque-là inouïe ;
Spectacle de traits d'où émane une voix sue[1]...

C'est en lui désignant son père que toute mère introduit son enfant au monde symbolique.

Ce que chacun sait, soupçonne ou pressent, se passe rarement d'une manière simple.

L'enfant, peu ou prou cahoté par la traversée de cette étape, en reconduira immanquablement les effets à la génération suivante ; comme s'il la chargeait d'une mission de réparation ou d'accomplissement. Et il parviendra à trouver le partenaire nécessaire et suffisant au succès de cette entreprise, avec une précision tellement confondante qu'elle passera pour un heureux hasard.

C'est de cette reconduction, de son inéluctabilité, mais aussi de ses nuances, qu'il s'agira dans cet écrit. Tout autant que des facteurs qui concourent à la mettre en place, dans l'affrontement entêté des difficultés ou dans le recours silencieux à une complicité secourable.

On ne trouvera pas l'exposé d'études longitudinales de cas observés longuement, au fil des années de pratique pédiatrique, encore que cela eût été possible. Mais on pourra, en revanche, contrôler la rigueur des articulations

---

1. Hormis cet exergue, dont je suis l'auteur et que je propose comme sujet de méditation, tous les autres sont des aphorismes tirés, ainsi que les contes et historiettes, du folklore judéo-libyen aujourd'hui disparu.

entre des faits conjoncturels et les conditions historiques de leur avènement.

Les récits des parents montrent, régulièrement, que la place de l'enfant ne pouvait être que celle qu'il occupe et qui lui était dévolue, déjà, à l'aube même de la rencontre qui a fondé le couple.

A interroger la trame de ces récits, pour y trouver la raison de ce qui ressemble si fréquemment à un navrant gâchis, un élément central formateur apparaît comme nécessaire à l'agencement des structures qui se mettront en place : le père, et la fonction qui lui est dévolue.

Fonction difficile à cerner ou à saisir au premier abord, dans l'atomisation qu'elle connaît tout au moins de nos jours. Fonction difficile à tenir tant elle paraît souvent se confondre avec sa propre négation. Fonction qui se délite ou se masque honteusement tant elle a été et reste fréquemment récusée, attaquée, honnie. Fonction indispensable, cependant, et qui, à défaut de trouver sa place ou de la prendre dans l'immédiat du destin de l'enfant, laissera, le plus souvent, une trace insistante et durable.

A tout enfant un père est dû [1] : tel pourrait être l'énoncé

---

1. ... tout comme je dirais que les protéines alimentaires sont dues aux enfants dénutris du Sahel, par exemple. Ce qui implique que l'amendement de cette carence est une condition préalable à tout discours qui se tiendrait sur l'épidémiologie ou la gravité singulière des maladies qui affectent ces populations. En quoi je reste fidèle à l'esprit d'une démarche médicale soucieuse de recenser ses moyens d'action dans le désir de préserver la santé, en dénonçant du même coup les éléments qui l'entravent et demeurent hors de sa portée.

Il reste bien entendu que ce qui prend, dans un cas comme dans l'autre, l'allure d'un manifeste affleurant à des positions idéologiques, demeure de l'ordre du vœu pieux. Car il ne suffit pas de dire les choses pour obtenir des effets ! Il serait tout aussi illusoire de « prescrire » du père que de « conseiller » l'absorption de protéines à ces populations démunies.

La précision que je donne par cette note invite donc à rapporter ma formulation et le concept que j'en fais découler au seul cadre, étroit, de mon activité de pédiatre. Il n'y a pas d'autre usage à en faire. Je tiens à le dire pour éviter toute confusion que mon énoncé pourrait entraîner.

qui se dégage régulièrement de l'ensemble des récits. On verra cette forme de dette constituée opérer avec une très rigoureuse précision.

La notion de père dû qui en découle se révélera comme condensant ce que l'enfant ne cesse de réclamer, par des manifestations multiformes, et que les parents, les deux, paradoxalement, ne peuvent que l'empêcher d'obtenir – comme s'ils avaient, eux-mêmes, perdu l'usage de cette transmission.

De nombreux facteurs interviennent et concourent pour produire ces difficultés ou se mettre à leur service. Le moindre d'entre eux n'est pas ce que la psychanalyse a érigé comme un de ses concepts centraux : le complexe d'Œdipe. Or, l'observation de la mise en place de cette étape dans les conditions d'exercice de la pédiatrie amène à s'interroger sur son usage, voire sur ses vertus opératoires et sa validité, à travers l'idée courante qu'on s'en fait habituellement. Forgé à partir de l'écoute des récits régressifs des analysants, il apparaît, en situation, constituer une étape-écran, camouflant des faits bien antérieurs dont il ne serait qu'une forme de résolution approximative. Il n'est pas inutile de souligner que ce qui est en jeu aux stades plus archaïques et qui ne cessera pas, à bas bruit, certes, de faire œuvre tout au long des existences, serait à la fois plus composite et d'une tout autre violence.

Du moins est-ce ce qui se dégage d'une clinique que j'ai tenu à respecter méticuleusement au point d'en faire la plus importante partie de ce travail, son fondement et sa pièce maîtresse. Elle pourra s'offrir à une autre lecture que celle que j'en aurai produit. Car chaque histoire pourrait être exploitée selon une série d'axes qui y confluent sans jamais se contredire ou s'exclure mutuellement. Que je ne les aie pas, à chaque fois, intégralement recensés ou pris en compte ne signifie pas que je les aie ignorés, mais seulement que, délibérément, je n'y ai puisé que ce qui m'était utile sur le moment. Écartant de ce fait, d'emblée, toute ambition d'un écrit maîtrisé, aseptisé et exhaustif sur les avatars de la condition paternelle. Aussi pourrait-on s'attarder sur ces récits, s'en trouver interrogé, ravi ou irrité, tout autant qu'y trouver la matière d'illustration des conflits éternels que chacun d'eux englobe et qui ne sont le plus souvent qu'effleurés : homme-femme, père-mère, parents-enfants... conflits de générations, conflits de culture, conflits d'idéologies... Le tout restant traversé par la permanence de l'inévitable malentendu qui sollicite et isole, attire et agace, au risque de faire sentir à chacun qu'il demeure, par-delà ses certitudes, un peu perdu.

Du côté des mères

> Pourquoi nous obstiner à offrir à leur bouche des mets pétris d'amour, quand ils s'évertuent à fourbir à notre intention des armes meurtrières ?

Les vitamines

Elle en aura donc fait du chemin, Mme Esther. Elle a dû partir tôt, très tôt, dans la froidure du petit matin, sous le ciel bas de l'automne qui s'étire. Elle a pris l'autobus. Deux fois. Puis le métro, à une porte de Paris. Flanquée de ses deux enfants qui traînent un peu parce qu'ils ont dû se réveiller encore plus tôt, ce jour-là, que pour l'école. Encombrée de son sac, d'un énorme fourre-tout et attentive à ce que le nounours de son dernier ne s'égare pas. Soutenue par un espoir et une détermination : le bénéfice qu'elle escompte tirer du rendez-vous qu'elle a chez moi.

Et la voilà. Présente. Massive et maladroite. Un peu fébrile. Un peu noyée aussi, entre les manteaux à défaire et ranger, les bonnets et les gants qui s'égarent..., les papiers à sortir...

Elle est toujours comme ça depuis le temps que je la vois. Encore que ce ne soit pas souvent. Une ou deux fois par an tout au plus. Conduite généralement là, régulièrement, par un effet, difficile à comprendre ou traiter, de « ras-le-bol ».

Je peux schématiser le déroulement des consultations selon un stéréotype quasi immuable et décourageant. Avant même qu'elle n'ouvre la bouche ou parle, je sais

15

à peu près ce qu'elle va dire. C'est triste et clôturant. Et, quand je pense qu'elle fera ce long trajet en sens inverse après les quelque quinze ou vingt minutes de notre consultation, j'en ai du remords, de la honte et presque du chagrin.

La plainte qu'elle formule est toujours la même, identique à celle de la dernière fois. Et je sais que je pourrais la tourner ou la retourner dans tous les sens, la considérer sous tous ses angles, je ne parviendrais pas à en extraire autre chose que ce que viendra dire la formulation. Un propos au noyau dur qui résiste à tout décortiquage, à toute tentative de saisie en termes de métaphore ou de code implicite.

Jérôme (c'est le petit, cette fois-ci encore), « ... docteur, ne me mange rien ».

Puis vient en guise de commentaire la description méticuleuse du comportement alimentaire de Jérôme ; l'exposé des ruses qu'elle déploie pour l'amener à fléchir ; la stratégie stérile et anarchique, la succession désordonnée des promesses et des sanctions... Le tout dit avec beaucoup d'émotion et force larmes qu'elle offre en spectacle à son enfant avec le commentaire ultime : « Il a l'habitude de me faire pleurer. Et même ça, ça ne lui fait rien... »

Jérôme, bien sûr ou hélas, lui, va bien. Je l'examine en l'extrayant de la prudente passivité dans laquelle il se cantonne. Il se laisse faire et coopère sans rechigner. Il a normalement grandi et grossi. Il n'est pas pâle et ses organes explorés un à un sont désarmants de bonne santé. Il n'a pas contracté le moindre rhume ou le plus petit bobo depuis la dernière fois que je l'ai vu. « Oui, ça c'est vrai, il n'est jamais malade, mais, docteur, s'il mangeait seulement, je n'aurais pas de raison de me plaindre. »

Il n'est pas nécessaire, pas même utile que je dise à Mme Esther que tout va bien. Elle le sait, somme toute.

Elle a des certitudes. Mais aussi un objectif. Elle veut que Jérôme mange convenablement. C'est simple, net, sans détour, sans fioriture, sans contresens possible et sans la moindre équivalence. « Ne me dites pas que c'est bien qu'il ne mange que des bonbons ou des gâteaux. Ce n'est pas ça ni le chocolat qui l'ont fait grossir. Il a grossi parce que je passe des heures avec lui et que j'insiste en le gardant à table jusqu'à lui faire finir son assiette. C'est pas facile à faire. Vous croyez que c'est normal, vous, ce calvaire ? Il doit sûrement avoir quelque chose. Cherchez bien... » Puis se poursuit l'accumulation des détails de ces repas terrorisants qui sont – je l'imagine – une véritable épreuve pour la mère comme pour l'enfant.

Épreuve aussi pour tout médecin, découragé par avance, tant il sait ces faits fréquents, impossibles à maîtriser ou évacuer par ses prescriptions rationnelles ou scientifiques. L'enfant a une nature d'une solidité à toute épreuve. Si on le laisse régir le bilan de ses *ingesta* – autrement dit de ses rentrées – autant que son corps régit spontanément ses dépenses énergétiques ou ses *excreta* – autrement dit les sorties –, on pourra juger du bilan global par le maintien de l'état trophique et le constat d'une croissance certaine et sujette aux variations individuelles. Il n'est pas un médecin qui ne sache cela. Et il n'en est pas un qui ne soit persuadé qu'à ne plus intervenir dans les processus alimentaires on met de son côté les meilleures chances pour le bon déroulement des repas. Mais il n'est pas, non plus, un seul médecin qui ne sache que pareil conseil est inutile et qu'il ne se trouvera pas une mère pour l'accepter ou le suivre. L'apaisement, les controverses, les prescriptions orales ou écrites, les explications détaillées sont toutes, toutes, vouées à l'échec. Le malentendu n'est pas le risque de ce genre de communication, il y est au cœur même. Et

17

à tenter de respecter ou de ne se tenir qu'à la littéralité de la plainte, on ne fait que se méprendre un peu plus. Les relations sont adjacentes, mais strictement étanches. Ce qui se passe entre la mère et son enfant, entre la mère et le médecin, entre le médecin et l'enfant, ou toute autre relation qui pourrait se forger par la combinatoire, n'est jamais, jamais superposable ou communicable. C'est comme si chacun des systèmes fonctionnait dans une langue totalement étrangère à celle des autres.

Quand une mère, par exemple, se risque à dire avec force : « Vous croyez que c'est simple, vous, quand on a passé du temps à préparer et à mijoter un plat, de voir ce plat refusé ?... », on peut y comprendre quelque chose, saisir un bout de son dépit, capter l'existence de la blessure narcissique qu'elle vient montrer de s'être sentie refusée telle qu'elle s'offrait, parée en quelque sorte de son effort. On peut, alors, essayer de dérouler un écheveau et déplacer le problème vers une verbalisation d'un autre mode. Mais, là, ce n'est pas ce qui se produit. Mme Esther reste au ras des pâquerettes, dans une logique élémentaire désarmante, véritable réponse en miroir au moindre discours normatif qui menacerait de se tenir :

« Ce n'est pas possible, comment voulez-vous qu'il grandisse, sans manger de viande ou de poisson ? Sans prendre de laitages ? Et les vitamines ? Il lui en faut des vitamines pour grandir ! C'est pas dans les bonbons ou les biscuits qu'il les trouvera. Il faut que vous lui donniez des vitamines ! C'est ça, donnez-lui des vitamines ! »

Mot ultime et souverain qui vient d'être prononcé. Recours facile aussi, d'ailleurs. Les vitamines ! rançon d'une médecine qui ne cesse de répandre, dans toutes les sortes de presse, les rares certitudes qu'elle croit détenir. C'est comme si persistait, aux oreilles de notre siècle comblé et repu, la menace des méfaits du béribéri ou de la pellagre ! Et on calcule, et on pèse, et on quantifie. On indique, on dénonce, on propose : l'alimentation source suprême de santé ; l'équilibre alimentaire bénéfique et admirable d'ingéniosité ; voici les bonnes et les mauvaises façons de manger ! N'y a-t-il pas déjà suffisamment de sources d'angoisse pour aller encore régenter ce rare secteur où, instinctivement, les corps savent et peuvent se mouvoir avec quelque sécurité !

Mme Esther doit en avoir lu de ces recommandations ! Elle les aura d'autant mieux choyées et retenues qu'elles venaient lui dire ce qu'elle voulait entendre et la conforter dans la validité de ses inquiétudes. La voilà à avoir trouvé, enfin, le maître mot. Celui que je ne pourrai pas ne pas entendre.

Jérôme qui se rhabille seul, lentement, jette aux uns et aux autres des regards furtifs et intéressés. C'est Raphaël, le plus grand, qui s'extrait de la lecture de la BD qu'il avait rapportée de la salle d'attente pour rompre le silence :

« Moi aussi, j'étais comme ça, dit-il en s'adressant à sa mère, et, tu vois, maintenant c'est passé.

– C'est vrai, reconnaît Mme Esther, c'est vrai que, depuis l'âge de 7 ans, Raphaël mange mieux, beaucoup mieux... C'est vrai que je vous ai embêté avec lui, aussi... Vous croyez que je dois attendre que Jérôme ait 7 ans ? »

Je suis reconnaissant à Raphaël de son intervention. Je ne l'avais pas prévue et je la trouve des plus pertinentes. Je me dis qu'elle va peut-être apaiser Mme Esther en lui faisant faire la relation entre les comportements de ses deux enfants. Peut-être même se souviendra-t-elle des propos que j'ai pu tenir les précédentes fois et me dispensera-t-elle d'avoir, encore, à les égrener ? Je n'aurai pas tout à fait perdu mon temps à lui dire des choses sur son aîné. Lui, d'ailleurs, ne le voilà-t-il pas admirable de présence d'esprit pour intervenir comme il le fait ? Ça ne peut, tout de même, pas être du pur hasard.

Mais le résultat d'un travail lent et besogneux de petites bribes de conversation.

Je n'ai pas le temps de m'installer dans ce tout début d'euphorie que Mme Esther reprend : « Mais, moi, je ne pourrai pas tenir jusque-là ! Trois ans encore de cauchemar..., vous ne pouvez pas avoir idée ! Trois ans ! Non, ce n'est pas possible ! Il faut que vous donniez quelque chose pour que Jérôme mange tout de suite... Quelque chose qui lui fasse manger de la viande, qui le fasse tenir jusque-là ! Donnez-lui des vitamines ! »

Autrement dit, une fois de plus, un problème s'expose, se dit, se détaille, interpelle. Et c'est le médecin qui est sollicité d'y apporter une solution. Le médecin parce qu'il détient le pouvoir du diagnostic, de la défaillance physique rassurante. Si seulement Jérôme avait un petit quelque chose ! Oh, rien de grave ! une petite anémie..., des microbes dans les urines..., ou une sinusite..., quelque chose ! Parce que, s'il y a une défaillance physique, nul n'est responsable ni coupable. C'est venu comme ça, inopinément, sans logique, par hasard, et dans des circonstances où il y a tellement de paramètres en jeu que, plutôt que de s'évertuer à définir leur enchaînement, on a mieux fait d'évoquer la chance ou son absence ! De plus, une défaillance physique, c'est réparable compte tenu de tous les progrès accomplis : un traitement adéquat interviendra rapidement pour remettre le bonheur de vivre à portée de main.

Mais que se passe-t-il quand le médecin, soumis aux règles de son Savoir, ne peut déceler aucune défaillance ? Le plus souvent, il le dit. Mais il ajoutera, sans conviction et sans illusion, que c'est un peu de fatigue ; il invoquera les rythmes de la vie urbaine, la tension au quotidien, la croissance... Il ne manque pas de catégories informes, passe-partout, suffisamment vagues et anodines qu'il puisse évoquer et offrir en pâture pour taire le mystère qui l'interroge et l'angoisse, le défie et l'irrite. Et puis il a, à sa disposition, tout un arsenal thérapeutique qui a su vanter ses qualités suffisamment pour s'offrir en réponse à ce qui s'exprime comme un besoin. Stratégie commerciale intelligente : il est même des produits pour lesquels une propriété orexigène a été découverte fortuitement, alors qu'ils étaient destinés, initialement, à un usage différent ; on a vu l'ordre des indications changer sur les emballages ; les anorexies ont primé et les produits ont connu une tout autre fortune. Pour les vitamines, c'est la même chose. Et Mme Esther les réclame avec la force d'une certitude qu'elle a pu assurer par toutes sortes de charitables lectures.

Aura-t-on résolu pour autant le problème ? Certes pas. Ne serait-ce que pour avoir brûlé impertinemment les étapes en omettant deux questions primordiales : y a-t-il une solution à ce problème ? Et, tout d'abord, quel est ce problème ? Peut-on et doit-on se contenter de son énoncé brut, opaque et tout d'une pièce ? Doit-on suivre Mme Esther dans la littéralité de sa formulation ? Et, si on ne le fait pas, comment aborder son propos ?

Quelle que soit la manière dont on envisage les choses, l'échec de l'intervention est assuré. Il n'y a pas de défaillance physique à corriger, les conseils que ce constat sous-tend ne font régulièrement aucun effet. On peut céder à la demande de vitamines : on le fera sans illusion en sachant bien que rien ne sera changé et qu'une démarche ultérieure identique interviendra. Il reste donc à écouter la leçon de la sage intervention de Raphaël qui témoigne en son nom : « Moi aussi j'étais comme ça et, tu vois, c'est passé. » Autrement dit, inscrire et comprendre la démarche dans un tout autre ordre de pensée : voilà un problème qui s'expose et qui n'appartient qu'aux avatars de la relation de cette mère avec ses garçons.

On aurait beau jeu de se réfugier dans des élaborations savantes habiles et confortables : à ce conflit correspond sans doute un conflit en amont qui explique les résistances de cette mère, elle-même très fragile derrière son allure un peu massive... Non seulement de pareilles supputations seraient arbitraires et abusives, mais elles viendraient clôturer ce qu'elle-même, cette mère, ne cesse de venir soulever et qu'elle demande à faire entendre autrement qu'en le rangeant dans des catégories sues. Son attachement extrême à tout le dérisoire de son propos en atteste et n'invite qu'à prendre acte d'un seul constat : l'immense désarroi dans lequel elle se trouve. Incernable, menaçant, sans contour, sans motivation précise ou nettement étiquetable, sans objet défini. Quelque chose de flou et d'envahissant. Ce n'est pas seulement le souci ponctuel ou l'irritation des moments qu'elle décrit comme moments de révélation de ce désarroi. C'est permanent, torturant, informel et formidable.

Et tout cela s'agrippe à un symptôme, qui envahit tout le champ perceptuel sans le masquer, mais sans l'organiser ou le circonvenir. Ce serait comme une vision fugace, honnie, terrifiante, sans cesse chassée et qui revient sans relâche, obsédante et têtue. Une vision répétitivement précise qui, par sa présence, amène à la conscience la menace d'une irrémédiable perdition. Le symptôme viendrait alors, comme balise ou borne, dessiner un point, une possible distraction dans le spectacle d'un espace perçu, du même coup, dans son infinitude effrayante et inexorable.

Alors, cette mère s'arrête, marque le pas. Les yeux braqués sur le point-symptôme, pour ne rien voir de tout le reste, parce qu'elle ne peut pas le regarder. Et rien n'y fait. Elle ne peut pas affronter ce qu'il y a là d'effrayant, d'inattendu, d'indéchiffrable. Elle essaye de lutter en balayant ce à quoi elle s'accroche et qui lui vaut tant de souffrance, elle vient réclamer des vitamines... qui n'y feront rien, bien sûr, puisque ce symptôme lui est tellement nécessaire ! Dans ses moments de confrontation avec elle-même, furtivement, peut-être parvient-elle un peu à se ressaisir, mais pour rencontrer aussitôt et à nouveau cette terreur qui la paralyse et vient bloquer son regard sur encore et toujours le seul même et secourable symptôme qu'elle peut s'offrir.

Du coup, ce symptôme, elle va le choyer, l'entretenir, le rendre persistant. Et l'enfant qui s'en trouve le dépositaire ne peut que se prêter à la stratégie. Complice mutique et complaisant qui marque ainsi en retour, comme il peut, son amour, Raphaël ne s'y est pas trompé, qui incite sa mère à la patience. Jusqu'à cette échéance de sept ans, sur laquelle on pourrait bien longuement s'étendre.

Quelle est donc la signification de cet effroi essentiel et indicible ? Ne l'aurai-je décrit qu'en tant qu'il intéresserait seulement Mme Esther ou bien serait-il constitutif du vécu de toute mère ?

Est-il dans le destin de toute mère d'être ainsi un peu « folle »... d'inquiétude, d'amour ou de tout autre chose ? Et sur quoi donc reposerait ladite « folie » ? que cache-t-elle ? que fait-elle passer en contrebande ? De quel lourd, pénible et douloureux débat, qu'elle masque et fait taire, est-elle l'émanation ?

Les pédiatres savent bien que ce que j'aborde maladroitement et avec un certain courage (je m'en crédite) est au cœur même de leur pratique de tous les jours. Ils savent aussi que leur aura se mesure plus à l'aune de leur capacité d'apaisement qu'à celle de leur habileté technique ou de leur science. Tout autant qu'ils ne se leurrent pas sur l'effet durable de leurs paroles lénifiantes. Ils ont pris leur parti de ce compagnonnage qui évoque, peut-être, assurément pour eux, bien plus qu'ils ne croient. Ils y évoluent avec aisance et sérénité comme si leur expérience leur avait donné de ce secteur une habitude telle qu'ils le considèrent comme un mal inévitable et nécessaire. Moteur secret qui les définit au plus près, dans l'exercice de leur art, et établit leur bonne ou moins bonne réputation. Moteur au service de toute démarche qui les interpelle. Et qui, sans rien dire de sa nature, parasite aussi bien les histoires bénignes que les cas organiques les plus graves. Les pédiatres savent cela d'instinct. Parce que leur travail consiste à effectuer de fréquents allers-retours entre l'enfant et ses parents (le plus souvent la mère). Ils commettent à leur insu une véritable gymnastique faite de pulsations identificatoires. Ils sont tantôt ce corps d'enfant qu'ils examinent, tantôt ce regard attendri ou irrité du parent. Tantôt l'allure rétive et geignarde de cet enfant capricieux, tantôt ce geste maladroit et brutal du parent excédé. Accolés au corps souffrant qu'ils palpent, auscultent et manipulent, ou coincés dans le discours descriptif qui émane de la bouche du parent, eux aussi savent se mouvoir dans l'espace de ce singulier entre-deux qui les imbibe, colle à leur peau, pénètre par tous leurs pores et à bas bruit, à leur insu, les met miraculeusement au diapason de la situation à laquelle ils sont confrontés. Ainsi en a-t-il été dans le cas suivant.

Zoé

Elle avait dix-huit mois quand ses parents me l'ont amenée. Menue, filiforme, jolie comme un cœur, le regard vif et le geste précis, active tout autant qu'attentive à tout ce qui se passait autour d'elle. Zoé qui, depuis la naissance, présente un seul et unique symptôme : elle vomit. En jets, de manière imprévisible et capricieuse. Tous les jours et plusieurs fois. Les consultations se sont multipliées et les explorations ont écarté au fur et à mesure les hypothèses organiques les plus diverses. Quatre hospitalisations ont même été nécessaires. Et le trouble persistait. On n'a découvert ni malformation de l'estomac ni trouble de la motricité gastrique. Puis furent éliminées différentes hypothèses de troubles métaboliques ou uro-néphrologiques. Zoé n'avait donc aucune lésion pour expliquer son comportement. Aucun médecin n'avait pu fournir d'explication. Mais il s'en trouvait toujours un à chaque nouvelle consultation pour estimer qu'une exploration complémentaire d'une voie diagnostique oubliée valait la peine d'être entreprise. Et de tenter donc l'exploration de manière ambulatoire, quand c'était possible, ou en milieu hospitalier, quand c'était plus complexe.

J'avais la chance d'avoir eu le terrain non seulement déblayé, mais admirablement déblayé. Au point que je me suis surpris à prendre un réel plaisir à me remémorer la nosologie des vomissements du petit enfant en écoutant ce long et méticuleux récit que la mère – elle seule parlait – me faisait. Je mettais mes pas dans le cheminement de spéculations diagnostiques brillantes et j'étais véritablement tenu en haleine, espérant à chaque étape du récit qu'une solution enfin allait intervenir. En vain. On se trouvait, dix-huit mois après la naissance, comme au premier jour, et on me sollicitait pour explorer une voie nouvelle et qui aurait été malencontreusement négligée. Bien sûr, j'ai séché. Mais, pendant ce long exposé, j'ai été particulièrement impressionné par le récit de la maman de Zoé. Elle avait en mémoire le moindre épisode, les dates, la succession précise des événements, le plus petit détail, la nature et les chiffres exacts des résultats des examens biologiques complexes qu'on avait pu faire. Et elle exposait cela impeccablement, sans une seule faute, sans la moindre lacune, sans la plus petite erreur, sans avoir à se reprendre ou à revenir sur un oubli. Sans le moindre accablement. Sur un ton neutre, coopératif, comme des faits qui s'imposaient à elle, qu'elle avait subis, respectueuse des avis qu'elle venait demander et auxquels elle se pliait sans révolte, étonnement ou désespoir. Il n'y avait, dans tout ce qu'elle disait, ni irritation ni lassitude. Pas plus de crainte, d'affolement ou de complaisance. Elle semblait décidée à faire face à cet incompréhensible en espérant, un jour, pouvoir le... comprendre. Elle faisait le récit sans faute de ce qui l'avait occupée dix-huit mois durant et qu'elle vivait sans regret ni révolte. Et je passe sur les nuances imperceptibles, inclassables, qui, du silence courtois du père de Zoé aux risettes de Zoé elle-même, venaient ponctuer ce tout. A cette maman très droite et très digne, j'ai dit une toute petite phrase. Un commentaire que la situation avait sécrété en moi et m'imposait. J'ai dit : « C'est dur d'être mère, n'est-ce pas ? »

Et j'ai vu son visage soudain s'épanouir, ses yeux s'agrandir ; elle a eu un immense sourire. Puis elle a ouvert la bouche comme pour parler, s'est tue. A essayé de nouveau. Des larmes ont perlé au coin de ses paupières, puis elle a dit : « J'entends enfin ! J'entends ce que je voulais entendre. Mais pourquoi ? Pourquoi donc personne ne me l'avait jamais dit ? Parce que, maintenant que vous le dites, je sais, je sais que c'est vrai et que c'est ça. »

Zoé n'a jamais eu d'autres examens. Elle n'a plus jamais vomi. L'échange avec sa maman s'est borné absolument à cet échange de deux phrases. Je ne sais rien de cette femme. Rien de plus. Ni de son époux. Assurément en était-elle parvenue à un niveau d'élaboration de sa situation dont une phrase seulement a permis une sorte d'achèvement. Mais qu'ai-je fait d'autre que l'autoriser à jeter un regard sur ce même espace que Mme Esther tout à l'heure fuyait en focalisant compulsivement sur l'appétit de Jérôme. Cet espace dont elle avait soupçonné déjà et l'ampleur et le caractère effrayant, je l'ai autorisée à accepter de s'y situer, non pas en le banalisant, mais en le reconnaissant, en l'acceptant, en en sachant le caractère universel et inévitable.

Espace attractif et peuplé d'horreur ! gouffre noir que le regard obstinément ne veut que fuir ! De quels spectres est-il habité que chaque femme découvre quand la maternité la prend à bras-le-corps, de plein fouet et par surprise, l'« étripe », l'« abat » pour en faire une mère. La frayeur qui s'ensuit se combat d'arrache-pied, dans le secret d'une solitude qui la rend honteuse et inavouable. D'autant que l'événement se fête, ô combien, dans un élan véritablement propitiatoire, mais dont on a oublié le sens. La reproduction sexuée invite la mort qui l'a rendue possible à ce curieux festin. Est-ce cette ombre qui déjà se manifeste et fait son inexorable travail ?

Ou bien s'agit-il d'autre chose ?

De ce qui se perd de grâce et de frivolité ?

De ce qui affleure, brutalement, en vrac, sans ordre et sans précaution, qui déborde de ce qui, jusqu'alors, avait été maintenu enfoui et voulu ignoré.

Le verre d'eau

« Mais que voulez-vous que je fasse de cette enfant ? Je ne sais pas qu'en faire moi ! Vous vous rendez compte d'une aventure ! Vous me dites qu'elle va bien, que je dois faire ça ou ça ou encore ça, tout ce que vous m'avez écrit, mais c'est pas possible, je n'y arriverai pas. Je ne sais pas du tout quoi faire d'un bébé. Et puis, à mon âge ! vous vous rendez compte ?

– Voyons, madame, mais voyons ! c'est l'enfance de l'art. Vous avez bien travaillé jusqu'à maintenant, ça ne pourra que continuer aussi bien ! Ressaisissez-vous ! Les premières fois, vous aurez l'impression d'être gauche, mais ça viendra petit à petit. Tenez, regardez comme elle est mignonne. Et les puéricultrices sont là, elles vous montreront les gestes, elles vous aideront. Tenez, prenez-la dans vos bras.

– Vous êtes marrant, vous. Vous êtes marrant, mais vous n'y comprenez rien. Je vous dis que je ne sais pas quoi faire d'un enfant, ni comment faire. Vous vous rendez compte. J'ai 45 ans. Mon médecin m'a envoyé au chirurgien il y a quatre mois pour m'opérer d'un fibrome. On me dit que je suis enceinte. Et voilà le résultat. Si j'avais su plus tôt, j'aurais fait ce qu'il fallait.

– Vous avez été surprise. Mais maintenant elle est là. Vous verrez, tout ira bien. Qu'auriez-vous fait de plus qu'il aurait fallu faire ? hein ?

– Ç'aurait été comme la fois d'avant, il y a cinq ans. Quand j'ai su que j'étais enceinte, eh bien, j'ai avorté. Si le docteur ne s'était pas trompé, cette fois-ci aussi j'aurais avorté. »

Il y a manifestement des difficultés de compréhension avec cette mère nouvelle, et j'avoue que je mesure seulement alors le niveau de difficulté où elle se trouve et où je me trouve. Son accoucheur m'avait bien dit qu'elle était plutôt bizarre : « Elle est venue à ses examens mensuels comme si ce n'était pas d'elle qu'il s'agissait. » Mais j'avais opté pour une attitude un peu dirigiste et invigorante. J'allais continuer dans le même sens en ne me doutant pas que je n'étais pas au bout de mes peines.

« Et son père ? son père, il est content qu'elle soit là ?

– Oh, lui, bien sûr. Mais les hommes, tous les mêmes,

ils ne savent pas ce qu'ils font. Alors, ils sont faciles à se contenter. N'empêche que c'est moi qui vais devoir m'en occuper. Et moi, vous savez, je ne sais rien faire, je ne vais pas savoir. Je suis trop vieille, et les bébés, ça ne m'intéresse pas.

– Mais, vous verrez, c'est bien plus facile que vous n'imaginez, c'est simple, on vous apprendra. Elle ne demande qu'à pousser et vous lui donnerez un petit coup de main. Enfin ! vous n'allez tout de même pas me dire que vous êtes femme à vous noyer dans un verre d'eau !

– Vous parlez, vous parlez, moi je vous dis que je ne sais pas et je ne saurai pas. C'est pas la peine même que j'essaie, je ne sais même pas par où la prendre.

– Mais, madame, vous avez été vous-même un bébé, vous avez eu cet âge et votre mère, elle aussi, s'est occupée de vous !

– Non, ma mère ne s'est pas occupée de moi.

– Ah ! bon. Qui vous a donc élevée ?

– Ma grand-mère.

– Pourquoi ?

– Parce que ma mère, elle est sortie de la maternité, elle m'a posée chez ma grand-mère et elle est allée se noyer.

– !!!!

– Mon père, lui, s'était tiré dès le début de la grossesse. Il voulait rien savoir de ma mère, il lui a dit de se démer-der. Alors, elle s'est démerdée comme elle a pu. Pour finir comme ça. Oh, et puis merde, merde, merde !

– !!!!... Je comprends... Mais vous, vous êtes là avec votre mari. Qui est content. Il a fait ce bébé avec vous. Il est venu aux consultations avec vous. Il vous aidera. Les puéricultrices vous aideront. Nous sommes tous là pour ça. »

Pour ça ! Quoi donc ça ? Une aide ? Une aide à quoi faire ? A ressasser cette histoire ou à apprendre les gestes utiles qui permettront au biberon de se glisser entre deux lèvres goulues et appétentes ? Au rot de se faire, aux changes de s'effectuer ? Quel déploiement prodigue de science et de techniques, de moyens et de savoir au service du bien-être et de la croissance des corps qui, tôt ou tard, viendront se heurter à l'effet de cet espace que toute mère immanquablement ne pourra pas ne pas scruter. Issue elle-même d'un corps qui a aussitôt été confronté à cette expérience et qui en est resté marqué. Sans rien élaborer ni identifier de tout l'hétéroclite collecté et vaguement perçu. Enchaînement indéfini des corps de femmes qui remonte les temps. Un corps s'expand et donne naissance à un autre corps... de femme. *Reticulum* serré à la surface du globe. Les mâles pourvoyeurs en assurent la continuité et la trame, mais disparaissent sans avoir rien « sorti » d'eux. On y reviendra et on verra combien cette dissymétrie physiologique travaille les relations du couple.

Et, à chaque étape, chaque corps nouveau recueille à sa surface tout l'indicible du corps précédent, le thésaurisera longuement pour le transmettre à son tour, un jour. En gestes précis et nets, porteurs pour chacun d'un infime bout du message global. Il n'est pas une mère qui ne puisse dire que sa grossesse et son accouchement ne l'ont pas acculée à un rapprochement avec sa propre mère. Même si les relations avaient été longtemps orageuses. Pas une. Et celle qui n'en a plus dans sa traversée de cette expérience vit cette absence comme une véritable infirmité. Comme si, à plusieurs, elles pouvaient s'aider à supporter ce qui motive leur angoisse et échappe à leur entendement. Tromper subrepticement, tacitement, la solitude dans laquelle la mère nouvelle sent que son tête-à-tête avec son enfant va longuement la plonger. Car, bientôt, elle va être soumise aux exigences de ce corps impatient des soins qu'il attend. Des cris ponctueront ses journées et ses nuits, créant de véritables réflexes de sollicitude et toute une structure d'un savoir indispensable et efficient. Dans l'intervalle des gestes qui s'exécutent, les pensées se bousculent. Sans ordre ni hiérarchie. A peine ébauchées. Impossibles à reconstituer ou à reprendre. Impossibles à analyser. L'une vient qui chasse l'autre et qui disparaît avant même d'avoir achevé de délivrer son message. Une troisième interfère rappelant une autre restée en suspens. A peine cette parenté est-elle saisie que, déjà, les deux s'évanouissent sans même s'être laissé reconnaître... Des chaînes qui s'entre-croisent, diffuses, sans queue ni tête, sans organisation..., un tourbillon, un orage...

Alors, elle reste là, mutique. Le visage un peu tendu. Les traits tirés de ce qu'on pense être une légitime et saine fatigue consécutive à l'exploit encore récent. Les bouleversements biologiques concomitants ne sont-ils pas là pour témoigner ou fournir un alibi ? Cause ou coïncidence ? Qu'importe, puisque ça ne fait qu'enchevêtrer un peu plus ce qui reste définitivement inclassable.

En fait, elle mue. Au sens le plus figuré, s'entend. Elle s'installe dans ce qui s'apparente tout de même à un impossible désir d'on ne sait trop quoi. Elle a procréé. Elle est devenue un maillon dans l'enchaînement des corps. Elle n'est plus en bout de chaîne, petit grelot mouvant au souffle doux de la brise et qui faisait tourner les têtes à son spectacle gracieux. Elle est fixée, alourdie, lestée d'un poids qui lui clôt les lèvres et lui ôte la parole.

Se parle-t-elle ?

Peut-elle se dire des choses, rêver, fantasmer ?

C'est qu'elle y a cru, longtemps, à ces promesses informulées et vagues, mais si bien entretenues. Adulée, choyée qu'elle a été. Élevée dans le bonheur d'un amour

31

sans limite et tout au service de son bien-être ! Est-il possible que cette fracture soudaine vienne lui dire, de tout cela, et le dérisoire et l'inconsistance, en la mettant si brutalement en face de ce qui est en train de devenir sa première, véritable et durable épreuve ? C'est donc ça ? C'est ça le bout de ce long chemin dans l'illusion duquel elle a été tenue ? C'est à ça qu'aboutit le fait qu'au tréfonds d'elle-même elle a ressenti la violence de ce désir d'enfanter comme s'il devait, par son exécution, parfaire un destin inscrit dans son corps depuis toujours, depuis qu'elle n'était qu'un fœtus ! Comment s'est donc faite la conjonction d'une potentialité anatomique avec sa mise en acte consciente et volontaire, parée du consensus et de l'encouragement de tout un entourage, une société. L'autre, les autres, les parents..., les amis ! Est-ce cela donc ? Et, si, tout au fond, elle perçoit ce pincement lancinant comme le relent d'un étonnement possible à mettre en mots, peut-être souffre-t-elle de quelque incapacité constitutionnelle ! Sa raison est-elle assez valide pour lui permettre d'affronter tout ce que les lendemains impliquent ? Et comment va-t-elle accueillir, maintenant, ces messages qui ne paraissent jusque-là que l'avoir abusée et lui avoir masqué la nature véritable de l'épreuve qu'elle subit ? A qui pourra aller sa confiance ? Qui viendra briser l'enfermement dans lequel elle se trouve un peu plus à chaque instant ? Est-ce possible que personne ne puisse suspecter ce qui se passe en elle ? Est-ce possible que tant de femmes, tant de mères autour d'elle puissent à ce point enfouir ce que cette aventure recèle d'effroi et de détresse ? Comment cette conspiration du silence a-t-elle pu se forger et recouvrir les faits de la chape trompeuse d'un bonheur à hurler et dont il faut faire part ? Comment envisager un lendemain ? la moindre prospective, quand tout ce qui s'offre au regard porte l'estampille de l'effrayant irréparable ? Et peut-on, dans un moment d'arrêt, marquer une pause pour saisir tout cet ensemble et le décortiquer, tenter d'y mettre un ordre, en déceler les éléments prévalents, les classer, les mettre côte à côte pour en examiner les liaisons ? Est-ce seulement possible quand ils ne viennent que par bribes, s'échappent, glissent, s'oublient ou s'omettent, se masquent et fuient..., ombres évanescentes qui viennent à peine dire leur présence en ne permettant pas la moindre recension, puis écraser sous le poids de leur multitude et de leur informel appel.

Les mots sont inutiles. Et le silence est pesant.

Seule reste efficiente la gestuelle instinctive qui fait qu'au moindre cri, au moindre soupir, les muscles se tendent tout d'une pièce, même au travers d'un sommeil où il est devenu impossible de trouver réparation. Dans le silence de la nuit, à la lumière blafarde de la veilleuse douce, la terreur resurgit qui va entamer ces mécanismes perçus comme réflexes et élémentaires. La lassitude double la fatigue et creuse un peu plus les visages, travaille les corps pour lesquels une gymnastique a été prescrite. Secourable substitut, complice de la dénégation de cet état, et elle aussi destinée à en chasser la prise de conscience.

Nuit après nuit, jour après jour, les faits viennent lentement mais à coup sûr signer la mise en place d'un irrémédiable processus. Singulier et apparenté à aucun autre qui l'ait précédé, neuf et déréalisant. La mue se poursuit et, sans que ne s'émette le moindre son, sans que ne puisse s'en dire le moindre mot, fait jaillir un authentique mais inarticulable appel.

A qui ?

La souffrance de l'enfant

> ... Et tout cela, déjà, s'inscrivait sur mon
> front... Avant, bien avant, même, que mon
> père eût rencontré ma mère !

A qui ?

Question, à tout le moins, embarrassante. Faut-il y répondre, peut-on y répondre, immédiatement ? Et comment, alors, y répondre ?

Le vouloir, le tenter, à ce stade de l'écriture, relèverait d'une regrettable précipitation, sinon d'une prétention excessive. Car, si le destinataire reste flou, le contenu même du message et jusqu'à son émission demeurent, tant ils se trouvent à peine ébauchés, de l'ordre d'une simple hypothèse.

Qu'en savons-nous ?

Une mutation se serait effectuée dans la surprise, la solitude et le désarroi. Cette mutation aurait suffisamment modifié la femme devenue mère pour la mettre dans une attitude telle qu'on pourrait y repérer un appel. Appel muet et informulable dont elle ne pourrait pas plus prendre conscience que savoir à qui elle l'adresse. Son expression emprunte la voie de signes patents qui aboutissent à un malaise. Lequel s'exprime autour du symptôme et organise l'inquiétude qui contamine les consultations.

Mais est-ce bien vrai ?

Ces conclusions ne seraient-elles pas hâtives ou par trop autoritaires, sinon gratuites et infondées ? On pourrait penser que les exemples qui les ont produites ont été habilement choisis pour être convaincants. Et qu'à vouloir susciter l'adhésion ils ne réussissent, tout au plus, qu'à esquisser un postulat dont ils tairaient maladroitement la nature.

D'autant que les légendes qui nous ont, tous, bercés, nous ont proposé, elles, un horizon bien moins chagrin, en nous ayant longuement répété ces *happy ends* qui nous remplissaient de joie : « ... ils vécurent heureux et eurent beaucoup d'enfants... » Une explication séduisante et commode se trouvait à notre portée pour nous faire comprendre la propension des couples à se former et se reproduire. La réalisation du bonheur promis devenait et leur moteur et leur raison d'être : il n'y avait pas de raison de s'attarder au fait, pas plus qu'il n'y avait lieu de disséquer les avatars banals des aventures.

Les mères que j'ai choisi de faire parler pourraient n'être que des exceptions (peut-être plus fréquentes qu'on ne le pense) à ce qui reste tout de même la règle la plus rassurante. Ce serait la raison, d'ailleurs, de leur adresse au pédiatre. Il n'y aurait pas, dès lors, matière à fonder toute une élaboration théorique qui viserait l'universel, quand il pourrait ne s'agir que d'une grille de lecture concernant certaines mères seulement, celles-là, justement, qui forment la clientèle du médecin d'enfants.

N'est-il pas notoire que « les gens heureux n'ont pas d'histoire » ? Ce qui inviterait à comprendre que, dès qu'il y a « histoire », le fait serait à mettre au compte d'un défaut de la qualité d'« heureux ». Les mères qui consultent et viennent dire ce que je raconte seraient celles qu'une inquiétude plus ou moins sourde, mais toujours excessive, travaillerait. Les prémisses initiales tirées de leurs propos devraient, donc, être corrigées par la reconnaissance d'une véritable distorsion de l'échantillon statistique sur lequel je prétends m'appuyer (assez pour tenter une généralisation). Suis-je en droit d'élargir des constats suspects d'être restrictifs à l'ensemble de la population des mères ? La question vaudrait la peine d'être posée et de m'inciter à moins de hâte et à plus de prudence si, dans nos sociétés, la « protection maternelle et infantile » n'offrait les conditions que chacun sait. En effet, tous les parents nouveaux ne se trouvent-ils pas incités à user du médecin ? Bien plus, si l'un d'eux, par hasard, avait quelque velléité de n'y avoir pas recours, une assistante sociale serait immédiatement diligentée pour le faire rentrer dans le rang et lui montrer l'ampleur du risque qu'il fait courir à son enfant en dérogeant aux règles de surveillance que la médecine a forgées pour lui et qu'elle lui propose avec tant de générosité. Ne cherchons pas à disserter sur le fait, notons son exactitude, sa force et son efficacité. Et revenons, donc, à l'échantillon statistique, pour montrer qu'il n'est pas plus restrictif que cela, qu'il ne concerne pas telles mères plus que d'autres, mais bien des mères lambda, quelconques, courantes et non sélectionnées à priori.

Soit ! Mais le sens commun ne va tout de même pas céder devant des justifications aussi légères. Il a bien trop de poids, avec ses promesses doucereuses et lénifiantes, pour se laisser contredire, facilement, avec impertinence. Il exige plus.

Le doute serait bien facile à jeter sur tout cela, en invoquant le lieu d'où, moi, je parle. Ne serais-je pas pour quelque chose dans l'éclosion du matériel auquel je fais référence ? Après tout, peut-être aurais-je une influence, néfaste ou maléfique, sur mes interlocutrices ? Peut-être n'aurais-je voulu entendre que certains propos et pas d'autres ? Peut-être ne me serais-je fait que l'écho sélectif de certains pans de discours ? Ne vaudrait-il pas mieux que je spécifie tout cela et m'entoure de toutes les prudences en concédant que je me suis tiré de quelque mauvais pas au moyen d'un mode de compréhension que je viendrais offrir comme une recette, biaisée alors, à mes confrères ou à mes semblables ? Pourquoi pas ? N'y a-t-il pas là, posée, la sempiternelle question des rapports de l'observateur avec l'objet de son observation ? Pourquoi me dispenserais-je de la rigueur qui met cette implication jusqu'au cœur des expériences scientifiques les moins sujettes à contestation ? Après tout, je suis homme, fils, petit-fils, époux, frère et père. Et la matière à laquelle je me frotte est des plus difficiles à manier ! Non seulement je ne contesterai rien de cela, mais je ne serai pas hostile à ce que chacun se méfie et vérifie, par son propre vécu ou par le biais de son intelligence des situations, chacune de mes assertions. C'est le but et l'avantage de tout travail axé sur la clinique.

Cela étant dit, je m'attacherai, pour l'instant, à souligner seulement ceci – qui est déjà notable –, à savoir que les mères parlent. Qu'elles disent des mots, que ces mots sont difficiles à recevoir ou à comprendre, à saisir ou à classer, et qu'ils semblent relever d'une catégorie, être issus d'un noyau dont on ne perçoit que vaguement qu'il ressemble à un appel, mais sans plus. Et, s'ils sont à ce point frappants, c'est que tous ces propos qui se tiennent le font autour d'un amplificateur singulier, qui module leur tonalité et accroît leur portée : la souffrance de l'enfant. Souffrance du corps, réelle ou alléguée ; souffrance implicite ou flagrante, mais toujours présente comme intermédiaire. Comme une forme d'octroi payé pour légitimer la prise de parole qui, elle, se révèle primordiale dès lors qu'on aura accepté de n'en pas dénier la charge.

La souffrance est reçue par la mère. Elle l'inquiète suffisamment pour la faire se déplacer. Elle provoque la rencontre et se pose comme objet premier de l'attention de tout médecin d'enfants. Or, cette souffrance et les mots qui viennent se congluiner autour d'elle sont conjoints, emmêlés, inséparables ; tellement intimement liés que vouloir les cliver, pour les traiter séparément, ne peut que les dénaturer et introduire plus de confusion. Ne serait-ce qu'en supprimant la manière dont ils s'éclairent mutuellement. Il faudrait, pour en saisir nettement la fonction, parvenir à trouver des cas où, de façon irrécusable, la souffrance apparaîtrait dans sa dimension d'alibi offert au discours qui chercherait à se tenir. On verrait, alors, comment s'organise l'éclosion de ce discours. Peut-être percevrait-on quelque chose de sa nécessité et du rapport qu'il introduit avec ce qui a suscité son émission. Alors, seulement, nous pourrons aborder, avec d'autres exemples, les cas de figure où l'intrication est une donnée inévitable et nécessite un travail plus lent et méticuleux. Cela fait, nous pourrons dépasser le débat de la légitimation des prémisses pour chercher à dévider le fil des implications qu'elles portent en elles.

Un étranglement

Mme Ida est panseuse. C'est-à-dire infirmière spécialisée qui travaille en salle d'opération : elle sait tout de l'asepsie, des instruments, des manipulations diverses, délicates et primordiales qui entourent l'acte chirurgical. Elle exerce dans une clinique cossue d'une banlieue riche de l'ouest de Paris. Elle habite cette même banlieue, autrement dit très loin de chez moi. Ce qui déjà connote sa démarche comme sortant de l'ordinaire. Ce qu'elle tempère en se recommandant de sa sœur dont je soigne les enfants.

Mme Ida a un petit garçon de trois mois, Nicolas, pour qui tout va bien... sauf qu'il est porteur d'une hernie inguinale. Et je suis le cinquième médecin consulté... pour cette hernie. Le motif est net, précis.

41

Mme Ida me raconte son périple. La hernie était présente à la naissance et le pédiatre qui a vu l'enfant alors a conseillé une simple surveillance, dans l'attente de la régression spontanée, en ajoutant que la qualité de panseuse de Mme Ida permettrait, plus que chez toute autre mère, cette attitude puisque, elle, elle serait capable de reconnaître les signes d'un étranglement et d'y remédier, au plus tôt, par les manœuvres réductrices qui lui ont été expliquées. Le pédiatre habituel que Mme Ida a choisi à la sortie de la maternité était du même avis ; il a seulement ajouté qu'on procéderait à une cure chirurgicale si la hernie persistait à l'âge d'un an. Mme Ida a accepté ces deux avis quasi concordants, suffisamment mal pour en parler aux chirurgiens avec qui, tous les jours, elle travaille : « Amenez-le donc un matin, dit l'un d'entre eux, on le glissera entre un estomac et une vésicule et vous en [?] serez débarrassée [*sic*]. » La formulation choque Mme Ida qui ne donne pas suite à l'injonction. Mais, en même temps, elle envisage la chirurgie comme possible et constituant une solution radicale apaisante. Sans rien en dire aux patrons avec qui elle officie, Mme Ida conduit Nicolas chez un chirurgien d'enfants. « Un de ceux qui ne font ni estomac ni vésicule... » Le chirurgien d'enfants est formel : on attend jusqu'à neuf à douze mois, l'intervention aura lieu alors si la hernie est toujours là. Et, dans la foulée, il explique à Mme Ida comment procéder en cas d'étranglement en soulignant la chance que cela pouvait constituer pour Nicolas d'avoir une mère panseuse ! Si les discours des pédiatres concordent, ceux des chirurgiens sont en contradiction, encore que les chirurgiens « estomac/vésicule » disaient bien le côté pragmatique et bénin de leur geste. Mme Ida peut suivre l'un ou l'autre de ces deux avis, c'est à elle de décider... Alors elle décide de prendre un autre avis, encore !...

Si Mme Ida a l'embarras du choix, moi je ne suis pas le moins du monde inquiet. Je suis prêt à aborder les solutions qui ont été proposées et qui sont toutes judicieuses, et laisser à cette maman le soin d'opter. Sauf que cette attitude risque de ne pas l'aider. Car son embarras a sûrement quelque raison que j'ignore encore. J'examine Nicolas déshabillé : c'est un superbe bébé qui est effectivement porteur d'une très volumineuse hernie inguinale gauche. L'anneau inguinal est béant et la bourse est distendue de manière profuse par une anse grêle qui gargouille à la palpation. De la main gauche, doucement, j'appuie sur la bosse pour réintégrer « par taxis » (comme on dit) l'intestin dans l'abdomen d'où il n'aurait jamais dû sortir. Nicolas allongé sur le dos, face à moi, la tête à ma droite, supporte le fait sans la moindre gêne. Mme Ida, debout à ma droite, détourne d'abord la tête, puis se retourne complètement ; après un instant, subrepticement, elle jette un coup d'œil par-dessus son épaule, s'aperçoit que j'ai toujours la main au même endroit et revient à sa position de refus de voir. Enfin, sans se retourner, cette fois-ci, elle me dit : « Vous avez fini ? »

J'avais fini. Je n'avais plus que deux doigts sur l'orifice inguinal, la hernie avait disparu. Mécaniquement, je fabriquai une pelote avec une bande Velpeau et la plaquai en la fixant comme une ceinture sur l'orifice herniaire. Le procédé, dois-je ajouter, est classique et efficace. J'ai dû dire quelque chose comme : « Voilà une solution de luxe et de confort. De luxe parce que l'orifice est tellement large qu'on ne court pas de risque d'étranglement. Mais de confort aussi parce que vous n'aurez pas de la sorte à savoir si un jour ou l'autre vous aurez à intervenir pour réduire un étranglement. »

Le soulagement apparent et la détente de Mme Ida ont semblé me dire que j'avais trouvé une solution judicieuse

– encore qu'inutile. J'avais mis à l'écart ce qui, par deux fois, s'est trouvé dans la bouche des confrères : le recours à sa compétence potentielle. Mais je restais intrigué tout de même par le refus de « voir » et j'attendais les commentaires.

Mme Ida me dit très vite ce que je soupçonnais déjà : « J'en ai soupé que, sous prétexte que je suis panseuse, je doive assumer des gestes qui n'ont rien à voir quand je les fais pour mon travail et quand je les fais sur les miens. J'en ai ma claque qu'on me mette tout sur le dos sous prétexte... » La hargne qui débutait le monologue allait l'étirer un peu plus et, après l'exposé des problèmes que rencontre tout soignant à se faire soigner, problèmes qui ont couru tout le long de la grossesse même, elle me parle des problèmes difficiles et concomitants qu'elle a eus avec son père, grabataire, et dont l'état s'était aggravé dès qu'elle a été enceinte. Si bien qu'elle a dû aller habiter chez sa mère pour l'aider à assumer une partie du quotidien : « Il était là dans un fauteuil d'où on ne le sortait jamais. Une plante..., plus un mouvement, plus un regard..., une agonie qui n'en finissait pas... Il fallait lui faire sa toilette et c'était à moi de la faire, parce que, dans mon métier, je savais faire ça et parce que ma mère ne supportait plus rien du tout. Ça a duré des semaines et des semaines. Je finissais par me dire que c'était comme au boulot. J'avais peur de craquer, mais je tenais le coup plus pour ma mère que pour lui qui ne se rendait compte de rien... Sauf de temps en temps : il geignait, de douleur. Et j'avais appris ce que ça voulait dire. C'était sa hernie – il avait une grosse hernie, très grosse, des deux côtés –, c'était sa hernie qui était sortie et qui se trouvait coincée sous le bandage, et moi, toute seule (et Mme Ida fermant le poing l'avance d'un mouvement tournant pour indiquer l'ampleur de l'effort que son langage ne peut plus traduire), je devais aller la rentrer de nouveau et remettre le bandage en place pour éviter un étranglement. »

Point n'est besoin d'extraire les lignes de force qui concourent au travers du récit et des phrases dans cette histoire. Cette superposition de plans qui font se côtoyer des images similaires, des destins et des mots. Une hernie chez l'enfant, une chez le père mourant. Une femme-fille qui va être mère, une femme-mère qui cesse d'être épouse. Un bandage que je mets en place hors de la vue, un autre qu'il fallait remettre en place en regardant. Et la menace de l'« étranglement » en prime. Un mot courant dans le jargon médical, mais qui ne peut pas ne pas retentir, aussi, dans sa nudité, hors de sa connotation technique, chez cette femme qui, véhémentement, réclame de ne pas être traitée en « compétente », c'est-à-dire refusée en tant qu'être souffrant, à part entière.

Ainsi, autour de ce cas des plus organiques, les consultations auraient pu se succéder encore longtemps si l'occasion n'avait été donnée à cette jeune mère de mettre en mots ce qu'elle avait à dire et qui ne la laissait pas en paix. Car, objectivement, rationnellement, elle savait bien que, quel qu'eût été son choix, Nicolas en aurait tiré bénéfice. De même qu'elle savait chaque avis médical fondé et fiable. Mais ce n'est pas de ce débat qu'il s'agissait. C'est d'autre chose. Et comment ne pas être impressionné par l'entêtement mis à vouloir aborder cette « autre chose ». Ce qui permet de relever, au passage, que la méconnaissance du registre verbal ou la dénégation de son importance, en médecine, ne peut mettre ce dernier définitivement à l'écart. Il saura toujours trouver un biais pour se faire reconnaître. C'est lui, et lui seul, qui, là, met fin à la répétition des consultations, à la valse des avis. Ces petits signes, tout comme les changements compulsifs de praticiens, constituent un symptôme bien plus important que celui qui est offert, ostensiblement, comme motif de consultation. Or, ce genre de symptôme nécessite une stratégie d'abord radicalement différente de celle héritée d'une formation médicale habituelle.

Ce symptôme n'éclôt pas par hasard, ni à un âge précis de la maternité. Il ne survient pas chez telle mère plus que chez telle autre. Il ne demande pas de circonstance particulière, ni de niveau d'aptitude à formuler. Il n'est pas reconnaissable par tel ou tel critère. Et rien ne permet de juger du moment où, enfin, il va pouvoir dérouler le texte qui l'a érigé. Il ne passera pas par des phases de maturation successives qui permettront d'en soupçonner l'existence. Il se résume tout entier dans une seule dimension : l'obstination que peut montrer une mère à essayer de se faire entendre et l'usage qu'elle fera du corps amplificateur de son enfant, devenu le lieu de toutes ses allégations. Le cas est encore plus schématique, on le verra de manière encore plus détaillée, dans l'histoire suivante.

La traduction littérale

C'est une jeune mère, dans son lit de clinique : Mme François.

Mme François ne m'a pas demandé nommément de venir. C'est la direction de la maternité qui a insisté pour que je vienne la voir. Mme François a un bébé de trois jours. C'est un garçon. Or, ce bébé a déjà été vu six fois en trois jours, dont deux fois la nuit par un collègue, et la dernière fois le matin même. Les motifs sont, paraît-il, variables. Mme François trouve que son bébé pleure trop, qu'elle ne peut pas le calmer, qu'il devient subitement tout bleu ou tout rouge, qu'il boit mal, qu'il maigrit trop, etc. Elle tempête, s'agite, dérange tout le monde et réclame une solution.

Quand j'arrive et que je me présente, elle me dit qu'il est constipé et que c'est sûrement la raison de tous ses ennuis. Prenant ce prétexte au vol, au décours de l'examen que j'effectue, j'introduis un thermomètre dans le rectum. Et le bébé... sourit. Il n'ébauche pas n'importe quelle mimique. Il sourit et assez nettement pour que Mme François commente :

« Avec lui au moins je suis tranquille, je sais que je n'aurai pas de problème. Parce que mon fils aîné, Marc, qui a quatre ans, il faut lui courir derrière dans tout l'appartement pour lui mettre un suppositoire. » Et, parce que, sans rien dire, je lève mon regard vers elle, elle ajoute : « Remarquez, il a des circonstances atténuantes, il faut dire que je suis anglaise. »

Voilà que, dans un temps très court, je me trouve pourvu d'informations que je n'avais pas demandées, qui paraissent négligeables, mais qui me seront utiles : il y a un aîné et la mère est anglaise (ce qui, au passage, me permet de mettre une étiquette sur la pointe d'accent que je ne savais pas identifier).

Le bébé, après avoir souri, émet une selle toute petite, mais apparemment pleine de bonne volonté. Je poursuis les gestes de l'examen auquel je sacrifie dans le souci de rester à la place qui est la mienne, entre le corps et les mots. Entre le corps de l'enfant, qui va me fournir des indications précieuses et indispensables, et les mots de l'adulte, qui va me dire son perçu, son vécu des choses. Espace qu'occupe, même sans le savoir, tout médecin, et qui permet de relever les distorsions et les zones d'incohérence entre ce qui s'allègue et ce qui existe. Pour le cas précis, je suis sans la moindre inquiétude, rassuré par les examens précédents des collègues à qui je fais toute confiance. Je suis sûr que le bébé n'a

rien. Mais Mme François, clairement, avait déjà dit dans
sa diatribe initiale : « C'est bien gentil de dire et de
répéter que tout va bien, qu'il n'a rien d'anormal, mais
ça recommence toujours de la même façon. Dès que le
docteur est parti, voilà les pleurs qui reviennent. Quand
je le rappelle et qu'il revient, tout est de nouveau calmé.
Et je sais que ça ne va pas durer. C'est comme s'il n'y
avait pas moyen que le médecin soit là au bon moment.
Alors, moi, j'en ai marre. Je veux qu'on trouve ce qu'il
a mon bébé. Je suis sûre qu'il a quelque chose. »

Je n'ai bien sûr pas la moindre idée de la manière dont
les choses vont se dérouler, même dans l'instant d'après.
Je dis à Mme François que son bébé va bien et que je
vais lui indiquer d'autres modalités pour le nourrir. Ce
faisant, je laisse le bébé à la puéricultrice qui le rhabille
et me déplace vers une chaise où m'asseoir pour écrire,
quand j'entends Mme François me dire : « Merci. » Le
mot me fait une curieuse impression. Je ne saisis ni sa
nécessité ni sa signification. A la limite, il m'agresse.
Rien ne s'est passé, rien ne s'est enclenché et ce mot-
fermeture est prononcé. Tout cela dure l'espace d'un
éclair et je me surprends à répondre, quasi de manière
réflexe : « Aux Anglais, j'ai l'habitude de répondre :
"There is not of what." »

Mme François, dans un sourire, ponctue :

« Rien de moins qu'une belle traduction littérale.

– Je fais simplement un effort à la mesure de la pro-
verbiale politesse anglaise.

– Oh ! vous savez, mon père qui est bien vieux dit que
l'Angleterre n'est plus ce qu'elle était. La politesse se
perd dans les nouvelles générations. »

Après le fils aîné, voilà le père vieux qui rentre en
scène. Je rédige la classique ordonnance de conseils dié-
tétiques. Avant de la lui donner, je demande, pour l'y
inscrire, le prénom du bébé : « Antoine », m'apprend-

elle. Je me fais la réflexion que Mme François, au nom bien français, a choisi pour son aîné un prénom dont la consonance phonétique est la même en français et en anglais. Antoine, par contre, est très français. Je demande :

« Pourquoi ?

– C'est une histoire un peu compliquée. Je n'ai qu'un frère et il est plus âgé que moi de quatorze ans. Il ne peut pas avoir d'enfant. On a cru longtemps que c'était sa femme qui était stérile. Maintenant, on est sûr que c'est lui qui est en cause et que c'est définitif. Alors, j'ai pensé que mon père risquait de n'avoir pas de descendance pour perpétuer son nom. J'ai voulu donner au moins son prénom à un de mes fils. Antoine est la traduction littérale d'Antony. C'est ainsi que mon père s'appelle. J'ai pensé pouvoir de cette manière, à travers la mer, lui assurer une descendance. »

Était-ce donc ce qui cherchait à se dire ? Était-ce la raison du trouble que Mme François ne parvenait pas à faire entendre autrement qu'en récriminations autour des manifestations qu'elle attribuait à son bébé ? Comment en décider ? Je m'affairais dans mes papiers quand j'entendis Mme François pleurer. Après un silence, j'ai demandé :

« Pourquoi pleurez-vous ?

– [Silence, reniflements, sanglots, puis :] Je pense à ma mère.

– [Silence, puis :] Votre mère ?

– Oui. [Long silence, pleurs, puis :] Elle est morte.

– [Silence, puis :] Quand ?

– Après la naissance de mon fils, pas celui-là, l'autre. »

Je me suis retiré sur cette formulation qui m'a paru être un condensé parfait de ce qui pouvait se jouer : « Pas celui-là, l'autre. » Évitement de la prénomination de

49

Marc ! « Mon fils », comme si le second ne l'était pas ou l'était moins que l'aîné. A moins que le « pas celui-là, l'autre » vînt dire la mort double de cette mère, dans la réalité la première fois, quand c'est arrivé, dans le symbolique la seconde fois, à la naissance d'Antoine. Mais qu'importe ! Est-il nécessaire d'opter pour une ligne de force précise alors que se dessine un faisceau de plusieurs voies de compréhension ? Le silence seul, celui que j'ai observé, ou celui de n'importe quel témoin, est suffisant pour permettre à Mme François, sujet de son énonciation, de la récupérer et de la recevoir, à nouveau, à la place qui fera effet et qu'elle seule, quelque part, saura désigner.

Je suis parti. Le séjour de Mme François s'est déroulé sans le moindre incident.

Pour Mme Ida comme pour Mme François, il était évident que ce qui cherchait à s'exprimer avait pris prétexte d'une problématique alléguée à propos du corps de son enfant. Corps de l'enfant difficile à saisir *(stricto sensu)*, à situer dans la symbolique, tant il se trouve parasité des ombres de toutes les instances qui sont venues l'accompagner jusque dans la naissance. Le bébé de Mme Ida est porteur d'une hernie. Il faudrait à sa mère une énergie tout entière vouée à une formidable dénégation, à une rationalisation obtuse pour ne pas se sentir douloureusement atteinte par ce qui, là, coïncide. On peut imaginer la succession des fantasmes sans pour autant pouvoir les détailler. Mais on imagine difficilement que la situation ait pu laisser Mme Ida à l'abri des associations d'idées ! Quant à Mme François, comment pourrait-elle se sentir disponible et sereine face à ce qui vient lui signifier un des drames de l'histoire de sa famille !

Il est vrai que, pour ce qui me concerne, dans l'un comme dans l'autre cas, le corps de l'enfant ne constituait pas un point d'appel pour le médecin que je suis, et j'étais assuré foncièrement qu'il n'était porteur d'aucune pathologie que j'eusse eu à reconnaître. Ce qui me rendait disponible à quêter ce que le trouble masquait, ainsi qu'à affermir ma détermination et ma patience. Il en va tout autrement, il en aurait d'ailleurs été tout autrement dans ces deux cas, si le symptôme-prétexte était venu s'imposer comme élément prévalent du tableau ; l'envahissant, il aurait mobilisé toute mon attention vers l'identification obstinée du diagnostic qu'il aurait, avec pertinence, réclamé. Absorbant du même coup une part importante de mon énergie, sinon mon énergie tout entière, entamant ma disponibilité et me laissant bien peu de patience.

Car il en va ainsi au cours de l'examen du nouveau-né. La vigilance nécessaire est, là, bien plus importante que dans les autres circonstances d'examen. Et ce n'est pas, pour regrettable que cela puisse paraître, un simple problème de stratégie ou de choix. C'est un fait objectif, lié aux conditions mêmes des modalités d'examen et de la séméiologie singulière du tout-petit. Et ce n'est pas sans produire des difficultés sur lesquelles il importe de s'arrêter même succinctement tant leur nature est complexe.

Un nouveau-né a 38° de fièvre, par exemple. Dans l'absolu, ce n'est pas grand-chose. Ça peut n'être que le résultat d'une sollicitude exagérée – à interroger, peut-être, mais ce n'est pas le propos, là, sur-le-champ – qui l'aura placé sous un monceau de couvertures et tout près du radiateur de chauffage central..., « parce que j'avais peur qu'il ne prenne froid... ». Son système de régulation thermique aura été surchargé de travail et n'aura pas réussi à ramener la température plus bas. Il suffira de le découvrir pour qu'en quelques quarts d'heure tout rentre dans l'ordre. Mais une infection urinaire, une méningite néonatale, même celle de la pire espèce, ne donnera pas au début plus de manifestations. On s'attend, bien sûr, légitimement, à ce que l'évocation d'un diagnostic si grave puisse s'apprécier sur d'autres signes. Il en existe, heureusement : la coloration, la réactivité, la qualité du cri, les données de l'examen neurologique sont autant de moyens offerts à l'étayage du diagnostic.

A ceci près que l'appréciation de chacun de ces signes est extrêmement malaisée. Pour peu que le bébé soit sorti d'une phase de sommeil profond dont il a été difficile de l'extraire, certains réflexes recherchés ne seront pas retrouvés. Pour peu qu'il soit en phase de digestion – et la multiplicité des repas à cet âge ne rend pas l'occurrence rare –, d'autres aussi seront absents. Sont-ils absents pour cette raison ou bien ont-ils disparu sous l'effet du processus morbide ? Et pourtant il faudra, sur-le-champ, juger de l'état pour lequel on est requis. Car les dégâts, à cet âge, évoluent à très vive allure et il importe, pour la survie même du bébé, de reconnaître la maladie à son début, avant qu'elle n'ait effectué des dégâts irréversibles. Toute une stratégie de gestes existe, que chaque pédiatre possède pour son propre compte. Un peu comme des « trucs », par-delà l'enseignement dogmatique qu'il a reçu, et qui lui permettent de fonder ou suspendre son opinion.

Le médecin se trouve, donc, tendu dans un effort singulier vers une tâche extrêmement précise qui mobilise tous ses moyens. Ce qui, en principe, est censé répondre à l'attente des parents qui le consultent, mais qui n'est pas sans produire, en même temps, une sorte de validation de l'inquiétude qui a motivé la démarche en l'ancrant un peu plus au symptôme initial : c'est-à-dire que, si la mère, pour le moindre bobo, rencontre le fantasme de la destruction ou de la mort de son enfant, le pédiatre, par sa démarche et son effort, n'exclut pas cette éventualité à priori. L'un comme l'autre se trouvent donc, à leur insu, sinon dans la collusion, à tout le moins dans un souci et une crainte similaires, qui se renforcent mutuellement. Et surtout font obstacle à l'émergence de quoi que ce soit d'un autre ordre.

Si les motifs de souci trouvent chez la mère toute une série de raisons qu'elle ne pourra plus, dès lors, explorer ou exposer, ils sont, chez le pédiatre, liés à la conscience aiguë de la précarité d'une clinique qui ne s'exprime que par nuances et qui s'apprécie difficilement par le recueil des indices qu'effectuent des sens étalonnés sur des paramètres bien plus grossiers : le rapport sensoriel au nouveau-né s'invente à chaque rencontre. Il n'est pas deux tout-petits qui soient pareils. Il n'est pas deux corps de bébé qui aient la même construction, la même réactivité, la même coloration. La notion de normalité n'est pas restreinte à un champ précis reconnaissable à des signes parfaitement répertoriés. C'est une succession d'impressions ténues, minimes et impossibles à nommer ou à décrire qui se recueillent. Et de l'ensemble des éléments de ce recueil se dégagera une impression plus nette et plus générale qui permettra de fonder un avis. Et combien de fois n'a-t-on pas vu un avis différer d'une heure à l'autre, ou d'un praticien à l'autre !

Or, le commerce de ce petit corps qui s'exprime par nuances est une merveilleuse école pour tout pédiatre qui voudrait en tirer parti. Car, chez tout individu quel que soit son âge, chez tout adulte, une trace de cet âge persiste, dure et parasite... le langage, le discours.

Le parallèle peut sembler audacieux ou outrancier, au prime abord. Mais le médecin qui s'est essayé à négocier, par exemple, une palpation d'une paroi abdominale de tout-petit a dû apprendre la patience, la minutie et la modestie. Il a dû se réchauffer les mains d'abord. Puis, la paume posée sur l'abdomen, accompagner longuement les mouvements respiratoires comme pour accoutumer le corps à cette présence, l'amadouer, l'apprivoiser. Le moment de détente perçu, il profite d'un mouvement inspiratoire, quand la paroi se creuse, pour appuyer à l'endroit qu'il veut explorer le bout d'un doigt, une pulpe à peine, en dosant l'appui. Car, s'il est brutal, violent ou précipité, la contracture réflexe va immédiatement se produire et les muscles viendront s'interposer entre l'organe exploré et la main qui cherche. Mais, si le dosage est correctement effectué, une impression naît de ce premier contact : vague et grossière. La main doucement et sans à-coups se déplace. Le même manège, la même patience vont recueillir une autre impression tout aussi grossière et tout aussi fugace. Le manège recommencera sans cesse pour qu'enfin, à force de sommation, de comparaison de toutes ces sensations grossières, une idée plus précise survienne, se fasse jour et parle. Cette pondération, cette prudence, cette patience, toutes ces conditions sont absolument indispensables à l'obtention des informations, car la moindre maladresse, le moindre écart de cette discipline entraîne une véritable « révolte », une résistance importante de la paroi qui se rebiffe d'un bloc et fait obstacle à la poursuite des investigations.

Il n'en est pas autrement de l'abord d'un discours qu'un sujet adresse au médecin. Et les résistances que ce discours est prêt à déclencher sont de même nature et obéissent aux mêmes lois que la paroi abdominale de ce nouveau-né qu'on ne peut ni raisonner ni exhorter à la détente ou à la sérénité avec des mots.

S'il n'en était que de la palpation pour faire métaphore, ce serait un champ d'expérience restreint. Mais la manière de saisir un bébé, de le soulever, de le déplacer, réclame des précautions et une gymnastique similaire : mouvement uniforme sans la moindre once d'accélération, sans la moindre brusquerie. Voilà ce qui amadoue et préserve des pleurs, des cris et de la réaction brutale.

Or, le discours qui se tient autour d'un corps de tout-petit est justement tendu, revêtu des mêmes caractéristiques que ce petit corps lui-même. C'est la raison pour laquelle j'alléguais d'un parasitage de cet état jusque vers l'âge adulte. La paroi de l'abdomen ne peut se soustraire à la main qui se pose sur elle ; les mots qui se disent autour de la souffrance qu'ils exposent sont tout aussi offerts. Mais, pas plus que la musculature qui est prête à tout masquer, ils ne sauraient accepter qu'on les déforme, dénature ou « interprète ». Ils disent ce qu'ils ont à dire. Simplement. Et ce qui veut se faire entendre insiste. Par petites touches qui reviendront. Ponctuations successives qui interpellent, désignent et ne demandent qu'à être traitées sans brutalité. Combien de fois Mme Ida entend-elle dire que sa condition de panseuse la privilégie pour réduire un éventuel étranglement. Combien de fois est-elle soumise à cette violence qu'elle rapporte. On ne peut pas ne pas sentir, même confusément, que quelque chose autour de cette condition est, pour elle, source d'une véritable injustice, d'une torture. Et cette impression, même si elle ne produit pas le diagnostic précis de la cause, est à garder en mémoire. Plus tard, elle sera accolée à ce mouvement de fuite du spectacle de son bébé que je manipule et dont je fais réintégrer la hernie. Encore une impression tout aussi précaire que la précédente, sauf qu'à elles deux, déjà, elles tracent le contour, flou encore certes, mal délimité aussi, de ce qui tente de se dire. La pulpe du doigt, elle aussi, de cette même façon recueille et analyse une sensation :

c'est rond, c'est ferme, ça remue ; puis, à un autre moment, ce sera : c'est bosselé, crénelé, etc. La conclusion des démarches diffère à peine : c'est-à-dire que, dans un cas comme dans l'autre, l'examinateur et l'auditeur du discours se mettent en condition de recueil, d'attente, en ayant balayé de leur attitude la brusquerie autant que la précipitation ou le préconçu. Dès lors, ce qu'ils recueillent sera confronté à une référence, c'est-à-dire à un Savoir. L'examinateur confrontera cela à un Savoir contenu en lui, la référence à l'anatomie, par exemple, l'auditeur, lui, devra savoir, par contre, qu'aucune référence ne se trouve en lui, mais qu'elle est, assurément, sûrement et sans nul doute chez l'autre, chez celui qui parle et qui ne demande qu'à l'apporter, la produire, en « accoucher » en quelque sorte. Et que, pour cela aussi, les conditions se résument dans le refus de l'inquisition, l'acceptation entière, préalable, de ce qui se dira et qui se dira, chaque fois, à condition de ne rencontrer ni préjugé, ni brutalité, ni à priori : quand Mme François égrène ses répliques, elle les sent accueillies sans plus de dénaturation que de volonté de hiérarchie. Ce qui se situe à la frange d'un bavardage qu'on pourrait croire inutile est, en fait, une série d'informations qui sont potentiellement utilisables dans des directions qu'il n'est pas encore possible de fixer ou de supputer. Mais, dans l'après-coup, on perçoit que, très tôt, dès la première intervention, c'est toute l'histoire qui se met en branle et ne demande qu'à déferler. Car le « Je suis anglaise » n'avait pas d'utilité immédiate dans l'examen que je pratiquais du corps de ce petit bébé offert comme lieu des symptômes. Est-ce étrange que je reprenne cela dans ma boutade en mauvais anglais ? Ce serait plutôt étrange et traduirait une sérieuse absence de rigueur que de laisser choir, précisément, ce qui vient détonner dans l'organisation de la consultation. Alors même que la prise en charge du moindre élément, de la moindre nuance ne peut qu'enrichir la panoplie des signes à agencer et à exploiter.

Or, tout pédiatre, et j'affirme l'extrême respect que j'ai pour la finesse clinique de mes confrères, est avec ses patients à la meilleure école, et de très loin, qui puisse lui enseigner l'écoute de ce qui va se dire autour du symptôme offert à sa sagacité diagnostique. Il faut très peu, bien peu de chose pour qu'il parvienne à se mouvoir dans ces registres avec autant d'aisance qu'il le fait dans la manipulation du corps des tout-petits. Je dirai plus : que beaucoup travaillent, sans le savoir, avec un rendement aussi grand que celui que je souhaiterais ; il leur suffit, pour s'en rendre compte, de prendre acte de l'aura qui est la leur auprès de leur clientèle. Après tout, M. Jourdain aussi, sans le savoir, commettait de la prose. Importait-il vraiment qu'il le sût ? Et n'est-ce pas sa naïve insistance qui fait la drôlerie de la farce ?

Sauf qu'il y a bien loin de l'acceptation sereine du sort du discours courant à la reconnaissance des conséquences qu'entraîne la dénégation du registre verbal en pratique médicale. Qu'une démonstration puisse s'effectuer dans des cas où l'on est à l'abri de la moindre inquiétude ne signifie pas que tous les cas soient aussi aisément abordables. J'ai dit combien l'intrication des gestes médicaux, sous-tendus par la rigueur nécessaire de la démarche diagnostique et de l'angoisse maternelle, pouvait rendre difficile un abord multidirectionnel. J'ai expliqué la raison du fait, je n'y reviendrai pas dans le détail, je vais plutôt l'illustrer par deux histoires. J'essaierai ainsi de comprendre pourquoi le corps de l'enfant se fait amplificateur et pourquoi la mère ne peut pas aborder le questionnement qui la saisit, dès la naissance, autrement que par ce biais.

Qui perd la tête ?

La mère de Samuel m'appelait tous les deux jours depuis que j'avais vu son bébé à la sortie de la maternité. Elle exigeait non pas de me parler, mais de me voir, soit en consultation, soit en visite. Et les motifs variaient : depuis les pleurs incompréhensibles et difficiles à stopper, jusqu'à la selle un peu plus molle que d'habitude et qu'elle tenait à me montrer pour que je donne mon avis, en passant par le hoquet persistant, les deux ou trois boutons sur l'aile du nez ou l'inévitable érythème fessier. De très petites choses, toujours. Chacune de mes interventions modifiait littéralement cette jeune mère qui semblait tirer profit de mes réassurances sans jamais leur conférer un effet rémanent. A mon arrivée, elle était toujours dans une véritable terreur panique avec des gestes saccadés, un regard étrange, une grande fébrilité. Après mon examen et mon diagnostic de bénignité, elle versait aussi soudainement dans la plus totale sérénité, se confondait en excuses, me proposait une cigarette ou un café, ne savait plus quoi faire pour moi et m'accompagnait à la porte avec un grand sourire. Quand je lui disais qu'il n'était pas utile qu'elle se mette dans de tels états pour de si petites choses qu'un simple coup de téléphone pouvait régler, elle me regardait étonnée : « Quels états, de quoi parlez-vous ? » Puis elle se reprenait, reconnaissait le caractère peut-être excessif de son inquiétude et la légitimait par le truchement de cette opportune et admirable excuse : « C'est mon premier, moi, je n'y connais rien. Et, bien sûr, j'ai peur de mal faire ! Je sais que c'est tellement facile de mal faire, une négligence est si vite arrivée. » J'attendais que ces fantasmes courants se raccrochent à une remémoration,

prennent quelque appui ou quelque consistance, s'asso-
cient ou se fondent sur quelque exemple. Mais mon
attente était régulièrement déçue, car cela aboutissait toujours à : « Vous verrez, ça ira mieux, de mieux en mieux,
parce que vous m'apprenez beaucoup, vous faites bien
votre travail. »

La fois suivante était strictement identique à la précédente et cela recommençait sans cesse. Avec les mêmes
attitudes, les mêmes propos. J'en arrivais à souhaiter
qu'une petite maladie survînt qui fît basculer le tout et
permît de voir ce que serait le comportement de cette
mère face à une ordonnance. Peine perdue, on restait
dans la bénignité absolue qui engendrait le même et aussi
intense désarroi... Elle me consommait. Comme une drogue. Et cela a duré plusieurs semaines. Ma secrétaire
savait l'infondé de l'inquiétude et me plaisantait sur
la régularité des appels : « J'ai réservé une place à
Mme Judith [c'est son nom] parce que ça fait bien trois
jours qu'elle n'a pas appelé et ça m'étonnerait qu'elle
ne vous réclame pas aujourd'hui ! »

Puis, un jour, en bas de mon escalier, attendant
l'ouverture du cabinet, Mme Judith se trouvait là, seule.
Je croyais qu'elle venait réclamer un rendez-vous ou me
saisir au vol pour me demander de remplir une de ces
fiches administratives comme on en demande tant aux
jeunes parents. Mais elle était dans un état de tension
très grand, bien plus qu'à l'ordinaire. Au « Quelque
chose ne va pas pour Samuel ? » que je lançais, je ne
reçus en guise de réponse qu'un regard noir et lourd.
Elle me suivait en silence dans l'escalier. Puis, sitôt la
porte du cabinet refermée sur nous, sans même s'asseoir,
elle me dit qu'elle voulait me raconter un cauchemar de
la veille qui l'angoissait beaucoup :

« J'étais dans le jardin d'une maison que je ne connaissais pas et qui pourtant devait être la mienne, allongée,

en train de prendre le soleil. Mon mari bricolait tout à côté. Il a levé la tête pour me dire que Samuel qui dormait à l'étage était en train de pleurer. Et moi, je ne l'avais pas entendu. D'ailleurs, je ne l'entendais toujours pas. Je me suis levée précipitamment de ma chaise longue, j'ai monté les escaliers quatre à quatre : j'avais le cœur qui battait et une trouille effroyable parce que je n'entendais toujours pas les pleurs. J'ai ouvert la porte et là..., c'est horrible, atroce..., je ne peux même pas vous dire ou vous décrire... [Elle s'assied brutalement, prend sa tête dans ses mains, sanglote longuement et, tout en continuant de pleurer, elle poursuit...] C'est vrai qu'il pleurait, oui, mais pas normalement..., c'est affreux..., il y avait une table au milieu de la pièce..., une table de marbre blanc et, sur la table..., il y avait la tête de Samuel ! Oui, oui ! la tête de Samuel, la tête seulement..., posée sur la tranche du cou. Et il pleurait, il pleurait, il avait la bouche ouverte et les yeux pleins de larmes. Il criait et je ne pouvais pas, je n'entendais ni ses pleurs ni ses cris... »

Elle a continué aussi de pleurer, un instant, encore.

« Je me suis réveillée en sursaut. Je suis allée au berceau de mon fils. J'ai allumé, il dormait. Et vous savez ce que j'ai fait, je suis folle sûrement, je l'ai réveillé, je l'ai secoué... jusqu'à ce qu'il pleure. Alors, j'ai entendu ses cris et j'ai essayé de le calmer. Mon mari s'est réveillé, je ne lui ai rien raconté de mon rêve. Et j'ai mis longtemps à bercer Samuel pour qu'il se rendorme. Je n'ai plus refermé l'œil depuis... »

Puis, sans entrer dans le détail du matériel du rêve, Mme Judith m'a raconté sa rencontre avec le père de Samuel, leur mariage, sa grossesse et enfin son accouchement : elle mettait au monde un garçon au moment même où son propre père, à un autre étage de la même clinique, décédait, sans qu'elle n'en sache rien. On lui a appris la nouvelle quarante-huit heures plus tard, au moment de l'enterrement auquel elle ne pouvait pas se rendre dans son état. « ... Plus j'y pense, plus je deviens folle..., plus j'essaye de ne pas y penser et plus ça revient malgré moi..., un qui part, un autre qui arrive..., et moi au milieu. Moi. Toute seule ? Là..., je n'ai pas choisi le moment, la vie l'a choisi pour moi... Est-ce que j'aurais pu savoir ? On m'avait tout caché ! Mais, même si on m'avait dit, qu'est-ce que je pouvais y faire ? Alors, ça revient toujours, j'ai beau me raisonner, je ne peux pas ne pas toujours y penser. Il y a vraiment de quoi perdre la tête. »

L'histoire est lourde, qui déferle brutalement dans la corbeille des cadeaux qui accueillent Samuel. Une histoire tragique et autrement plus complexe, assurément, que les faits dramatiques, narrés par cette mère, ne peuvent le dire. Une histoire qu'elle ne peut pas, comme elle s'évertue à l'expliquer pour s'en excuser, ne pas ressasser, sans parvenir à lui trouver le moindre sens. Et que se joue-t-il dans ses échanges avec son nouveau-né pour qu'elle le sente, à ce point, répétitivement menacé ? Car c'est elle qui perçoit une menace quand, moi, je fonctionne dans l'agacement ou la tranquillité.

Entendons-nous : une forme de logique préside à ses allégations. Comment peut-elle faire le tri dans la hiérarchie des motifs d'inquiétude autrement qu'en les passant au crible de sa faculté de percevoir ? Quand elle est dans la « maîtrise » de ce qu'elle a vécu, elle peut relativiser, ne pas se laisser interpeller, ne pas devoir, à son tour, quérir de l'aide. Quand elle se retrouve malmenée par les questions qui la torturent, elle souhaiterait ne pas encore « ajouter à son malheur ». Alors, vite et très vite, elle se réassure par la référence à ce qui peut décider de la normalité de son enfant. Comme pour trouver un lieu où elle peut au moins être sûre de sa tranquillité et d'une forme de bonheur à vivre. Mes avis auront ce statut et permettront son ancrage passager à une forme de sérénité... jusqu'au moment où, à nouveau, elle se sentira submergée.

Que son comportement me parût digne d'être interrogé ne veut pas dire qu'il n'eût pas semblé tel à tout autre confrère. L'étonnement que j'en marquais n'était pas dû à ma faculté ou à mon acuité de perception de ces choses. Pour un autre praticien que moi, la même conclusion se serait imposée. Et la même maladresse aurait été commise de demander, comme je l'ai fait, la raison de ces « états ». La réponse que je me suis attirée : « Quels états ? de quoi parlez-vous ? » était inéluctable. Puisque Mme Judith versait brutalement dans une sérénité destinée à effacer tout ce qui avait produit son appel.

Ce qui invite, dans l'abord de cette symptomatologie, à une modestie qui n'est pas seulement de circonstance. Car la problématique du patient évolue à son rythme propre. Et le médecin, s'il se trouve à recueillir à un moment ou à un autre l'explication énoncée des raisons du trouble qu'il a vaguement perçu, n'est pas pour grand-chose dans l'éclosion de cette énonciation. Il n'y est pas pour grand-chose en tant qu'on ne peut repérer de sa part un activisme ou une efficacité superposables aux effets d'une thérapeutique qu'il aurait prescrite. De même est-il impossible de dégager de ce genre d'expérience des recettes ou des lignes de conduite susceptibles d'être appliquées au plus grand nombre de cas. La question reste donc entière : il est difficile de cerner les facteurs qui permettent de comprendre l'avènement d'une prise de parole par le patient. Et, s'il n'y en a peut-être pas qui puissent être nettement et rapidement dégagés, on doit, d'ores et déjà, admettre que l'investissement de la parole prôné à coups de slogans est tout à fait dérisoire.

« Il faut parler... », « Parlons-en... », « On peut en parler... », « Il faut parler les choses... » : voilà bien des injonctions qui n'aboutissent à rien. Car cette parole qui se tiendrait sous leur effet ne saurait être qu'un bavardage stérile et trompeur. Parler n'est pas parler à l'autre. Parler, c'est d'abord se parler à soi, pour tout sujet. C'est se parler, face à cet autre qui fait office de garde-fou. Comme si sa présence non seulement cautionne le déroulement du propos au plus près de la vérité qui se cherche, mais viendrait, comme dans un préalable, faire obstacle à la complaisance que chacun se trouve avoir à son propre endroit. Parler, c'est cela, mais c'est aussi un mouvement irrépressible originé dans une maturation, secrète, enfouie, inaccessible de la problématique qui s'expose et qui aurait enfin atteint une limite, une véritable « ligne de bascule ». Au point que cette ligne dessinée, entraperçue, vaguement définie imposerait d'être montrée à l'interlocuteur, de le prendre à témoin, pour être enfin entérinée, visible, et délivrer le message qu'à bas bruit elle s'est évertuée à composer. C'est la raison pour laquelle l'interlocuteur ne peut qu'être tenu au respect infini des formulations, faire son propre deuil des trous qui parsèment le récit en renonçant à en saisir une explication linéaire, unidirectionnelle et rassurante, narrable en quelque sorte. Car ne nous y trompons pas ! Le rêve de Mme Judith vient dire bien plus de choses, sûrement, que la suite de son histoire ne le laisse entendre. Bien des choses sur le rapport de Mme Judith aux trois mâles qui l'entourent : son père, son mari et son fils. Mais ces rapports qui s'ébauchent ne sont pas destinés à être estampillés, étiquetés, classés. Ils sont et doivent rester flous. S'ils le sont, c'est bien pour des raisons et une finalité qui échappent à toute saisie. Alors, autant s'accommoder de cela plutôt que de chercher compulsivement, dans un mouvement réductionniste, à assigner des significations qui ne reposeront sur rien d'autre que sur des certitudes extérieures à l'univers issu de chaque propos ; univers qui possède ses lois propres, inaccessibles autrement que dans leur reprise régulière par le sujet même de l'énonciation.

La ligne de bascule a provoqué la prise d'une parole qu'on dit pleine. Encore faut-il qu'elle le reste et qu'elle ne soit pas vidée de son contenu par un traitement hâtif et maladroit qui non seulement la dénaturerait, mais la viderait aussi de toute substance en figeant, définitivement et à jamais, dans une seule direction, le problème qu'elle cherchait à éclairer et à faire résoudre. On conçoit combien se trouvent être réticents les praticiens rompus à ce genre d'exercice, pour essayer de transmettre quelque chose de leur savoir-faire. On comprend aussi comment, en dehors même de toute conscience de la chose, chaque individu – soignant ou pas – peut se trouver investi par un autre, pour lui avoir laissé loisir de dérouler un propos, sans chercher à intervenir sur son déroulement ou sa signification.

Nous serons conduit, ultérieurement, à retrouver cette notion de ligne de bascule et nous nous attarderons à évaluer et définir les forces qui concourent à son avènement. Contentons-nous pour l'instant d'introduire le fait, sans plus.

Reste que le mystère ne s'éclaircit pas beaucoup par la référence à cet avènement. On aura beau jeu de dire que la maman de Samuel inventait les symptômes de son enfant. Lesquels symptômes, d'ailleurs, existaient si peu que je ne m'en trouvais jamais inquiété. Les pleurs, eux, même s'ils étaient allégués ou transformés en source obscure d'une insaisissable inquiétude, existaient. Ils devaient avoir une explication banale et ne se trouver originés que dans un inconfort minime et transitoire que chaque bébé dénoncerait pareillement. Les boutons ou l'érythème fessier, tout autant, étaient exploités et constituaient un point où l'angoisse maternelle trouvait à s'accrocher. Rien de bien tangible, somme toute, et nous pourrions récuser l'affirmation que la mère utilise la souffrance de son enfant pour exprimer l'inexprimable. Tout au plus aurait-elle pris prétexte de cette souffrance qu'elle imagine ou perçoit – à tort ? – pour réguler sa propre humeur.

Mais il est des cas où la symptomatologie est bien plus consistante, tout à fait irrécusable et pose de très sérieux problèmes de diagnostic différentiel : pensons à Zoé, par exemple, qui vomit pendant dix-huit mois.

Il n'en demeure pas moins que tout ce qui a été exploité jusque-là l'a été par voie régressive et inductive. Si bien que les articulations peuvent paraître avoir été fabriquées et ne pas être convaincantes. L'idéal serait de parvenir à saisir les faits en acte, au tout début de leur installation, avant qu'ils n'aient pris la voie de l'enfouissement, de l'enkystement ou de l'oubli d'où il faudra ensuite les tirer. Nous le pouvons grâce au cas suivant.

On change un bébé

C'est une page de mode qui pénètre dans le cabinet, avec Mme Irène. J'aurais dû m'en douter, m'y préparer, pour avoir perçu dans le couloir, en allant la chercher, les bouffées d'un parfum subtil et insistant. Mais à ce point ! J'en restais surpris. Rien en elle ne paraissait avoir été laissé au hasard ou avoir échappé aux critiques d'un impitoyable miroir. Aussi bien l'agencement des boucles blondes en chignon que les cils soulignés, les paupières peintes, le fond de teint savamment réparti et jusqu'aux lèvres dessinées au pinceau. Impeccable. L'allure jeune, décidée, la vivacité de la démarche étaient mises en valeur par des vêtements seyants et de bon goût. Un tableau agréable et harmonieux qui ne pouvait qu'ajouter au plaisir de cette première rencontre.

Encore debout, devant la chaise que je lui montre, elle écarte de ses mains aux ongles longs et manucurés les pans d'un molleton bleu pour me présenter Benoît.

Il a vingt-quatre jours. Mais « nous venons à peine de faire connaissance, je ne l'ai que depuis deux jours. Il a été hospitalisé dès sa naissance dans le service du Pr X... » (service de réanimation néonatale).

Pour quel problème ? Je ne parviendrai pas à le savoir. Mme Irène n'a rien retenu de ce qu'on lui a dit, ça lui a paru à la fois compliqué et inquiétant. La seule chose qui lui importait : « C'est si ça allait aller de mieux en mieux ou si je devais me préparer à une catastrophe. Alors, comme je n'avais que ce souci, mais qu'il était de taille, je ne voulais pas, ou... peut-être je ne pouvais pas m'intéresser aux termes exacts des médecins. Remarquez qu'ils ont peut-être écrit quelque chose sur le carnet de santé ? »

Je vérifie. Peine perdue. Il n'y a aucun renseignement.

Je reprends mon enquête :

« Racontez-moi tout ; depuis le début.

– L'accouchement a été à peine difficile, mais, à un moment, j'ai entendu les gens s'affairer, la sage-femme appeler le médecin au téléphone. Il est venu très vite. Il avait l'air soucieux. Après..., eh bien, après, ils ont emporté mon bébé, ils m'ont dit que c'était un garçon et qu'ils allaient demander immédiatement le pédiatre. Je n'ai pas vu mon bébé, le pédiatre est venu me voir pour me dire qu'il l'emmenait à l'hôpital parce que quelque chose n'allait pas.

– Mais quoi ? »

Elle n'en savait rien, elle n'a rien retenu, elle n'a pas

pu entendre. Et, à l'hôpital, comment était-il ? Elle n'en sait pas plus. « Il avait plein de tuyaux partout, ce n'était pas un spectacle soutenable ou réjouissant. » Elle avait préféré glisser sur le tout très vite, chasser ces mauvais souvenirs, d'autant que :

« Je me dis que je n'ai plus la moindre raison de m'en faire puisqu'on me l'a rendu. Si on me l'a rendu, c'est qu'il est bien, non ? autrement, on n'aurait pas pris ce risque, n'est-ce pas ?

– Tout va donc bien ? »

Non, pas exactement. Benoît n'arrête pas de vomir : « ... de véritables jets... qui vont loin devant... et il y en a partout. C'est pas croyable. Je passe mon temps à le changer. Je suis dans la lessive jusqu'au cou, parce que le pauvre chéri n'a plus rien à se mettre... Et j'ai beau asperger la maison de désodorisant, je ne peux pas chasser cette odeur aigrelette qui envahit toutes les pièces... »

Benoît, qui a vingt-quatre jours, démarre, donc, depuis deux jours des vomissements en jets. Curieuse coïncidence pour des retrouvailles ! Mais des vomissements en jets qui surviennent seulement à cet âge – car l'hôpital les aurait signalés s'ils étaient survenus avant, et aurait édicté des mesures –, c'est fortement évocateur d'une sténose du pylore chez ce garçon premier-né. Les arguments pour ce diagnostic sont insistants, mais il n'y a pas de constipation ni de vomissement à jeun [1]. L'examen clinique de Benoît, de surcroît, est rassurant, très rassurant. Alors, que faire ? Demander une radiographie ? Attendre de voir comment les choses évoluent ? J'ai le choix. Mais un choix difficile. J'hésite. J'hésite beaucoup. Je ne « sens » pas cette mère avec son enfant. Quel est l'état de leur lien ? Peut-être est-il en train de se tisser, encore fragile, méritant d'être préservé, encou-

1. Qui sont d'autres signes nécessaires au diagnostic.

ragé ? Peut-être n'existe-t-il pas encore ?... Après tout, ils n'ont que deux jours de cohabitation. Ai-je le droit d'emblée d'aller quérir la confirmation radiographique de mon hypothèse diagnostique ? De les bousculer, de venir faire ombre à leur intimité naissante ? Mme Irène a rhabillé son enfant, avec des gestes banals, sans grande habileté, mais sans précipitation excessive.

Elle est là assise. Elle le tient, pas très bien certes ! comme un paquet, comme un fardeau, avec seulement un bras. Sa main libre engaine son sac de lézard posé sur le bureau. Je m'aventure :

« C'était dur cette séparation ?

– Je vous l'ai dit, je ne veux plus y penser. Je ne suis pas du genre à aller ressasser dans le passé, pour moi on me l'a rendu, c'est l'essentiel. Dites, ces vomissements c'est quoi ?

– Je ne sais pas. J'ai bien une hypothèse, mais ce n'est qu'une hypothèse. Alors, il n'y a pas à se précipiter. Je vais vous prescrire des gouttes à lui donner, en même temps que je vous conseille, j'insiste, de donner à boire lentement, très lentement. Tenez, voilà d'ailleurs un imprimé pour vous expliquer le pourquoi de la nécessité de cette lenteur, et la manière de l'obtenir. Revoyons-nous dans trois jours. »

J'attendrai, en vain, Mme Irène. Elle ne s'est pas même décommandée. Je rumine pendant le temps de ce rendez-vous manqué, et cherche à comprendre l'erreur de manœuvre que j'ai pu commettre pour expliquer ce qui ressemble à une fuite. Sans résultat. Je classe le dossier, dans les archives. Ce n'est pas la première fois que ce genre de chose arrive. J'en ai rarement l'explication. La relation médecin-malade est tellement délicate qu'il faut du temps et beaucoup de métier pour se résigner aux surprises qu'elle ne cesse de ménager. Mme Irène sera passée dans mon cabinet comme une de ces couvertures de journaux féminins qui accrochent parfois mon regard dans la salle d'attente.

Un matin, au courrier, j'ai une lettre du service hospitalier où Benoît avait été hospitalisé à la naissance. Elle est épaisse, ce sera probablement, pensai-je, un compte rendu de la première hospitalisation, j'allais pouvoir satisfaire ma curiosité initiale. A quoi bon ? Mais c'est toujours ça, dans ce métier où l'on ne cesse pas d'apprendre. Je ne m'étais pas trompé : la photocopie du résumé du dossier que les services de l'Assistance publique ont pris l'initiative (heureuse), depuis quelques années, d'adresser aux praticiens de ville, était là. Mais il y avait aussi une lettre. J'y apprenais que Benoît avait été hospitalisé le lendemain du jour où je l'avais vu. Amené spontanément par sa mère pour des vomissements. Les gouttes que je lui avais prescrites avaient été inefficaces. Je vais reproduire la suite :

« ... Devant cette symptomatologie chez un enfant de vingt-cinq jours, le diagnostic évoqué à l'entrée par l'interne de garde était celui d'une sténose du pylore, mais le TOGD[1] pratiqué en urgence a permis d'écarter ce diagnostic et il n'y avait pas de reflux gastro-œsophagien. Nous avons également évoqué la possibilité d'une intolérance aux protéines du lait de vache car, en raison d'une insuffisance de lactation de la mère, l'enfant avait été mis à un allaitement mixte au moment de sa sortie de l'unité de néonatologie.

... En fait, la mise en observation a montré que cet enfant buvait correctement ses biberons quoique les tétées soient encore lentes. Il a eu quelques régurgitations dans le service, mais jamais de vomissements, et surtout la courbe de poids est très rigoureusement ascendante...

Il nous a surtout semblé que la mère est extrêmement

1. Radiographie de l'œsophage, de l'estomac et du duodénum.

angoissée, n'arrivant pas à se convaincre que son enfant n'avait plus de problèmes... et les auxiliaires du service ont été frappées de son extrême nervosité. Elle change l'enfant plusieurs fois après chaque biberon, ce qui ne facilite certainement pas la digestion. Elle s'inquiète au moindre hoquet et au moindre sursaut... »

Je remets la lettre dans le dossier, sans savoir si je reverrai un jour Mme Irène, encore que les coordonnées qu'elle a transmises et les informations qui me sont ainsi parvenues m'incitent à garder un espoir raisonnable.

Vite confirmé puisque Mme Irène « débarque » dans les jours suivants au milieu de ma consultation, sans même avoir pris rendez-vous. Je ne fais aucun commentaire, prêt à payer de mon silence le désir que j'ai d'en savoir plus.

« Vous avez reçu une lettre de l'hôpital ? Vous savez, ils n'ont pas fait mieux que vous. [Aucune allusion au rendez-vous manqué, aucune explication de cette arrivée non annoncée...] Je continue de donner les gouttes que vous m'avez prescrites. Mais Benoît continue de vomir, de la même manière. »

– En tout cas, ils ont trouvé un bout d'explication.

– Ah bon, ils ne m'en ont rien dit.

– Écoutez, le plus simple est que je vous lise la lettre que j'ai reçue, asseyez-vous. »

Je lis à Mme Irène la lettre. Et j'ajoute : « Vous savez, je comprends, c'est compréhensible que vous soyez dans cet état que les autres remarquent et dont vous ne vous rendez pas compte, peut-être pouvez-vous en parler ? »

Mme Irène est mal à l'aise, gênée. Des larmes perlent à ses yeux, le rimmel commence à couler sur son visage. Je lui tends un mouchoir. Une plage de silence.

Puis elle fait le récit de sa grossesse. Ce n'était pas facile. Ce n'était pas facile parce qu'elle était seule à Paris où son mari et elle venaient d'arriver, loin de sa famille, qui se résumait d'ailleurs à une tante et un oncle qui l'ont élevée. Mme Irène a perdu sa mère quand elle avait dix-huit mois à la suite d'un accident de voiture, et son père quand elle avait sept ans, d'une pancréatite aiguë. Ce bébé, c'était beaucoup, c'était bien plus que je ne pouvais imaginer, c'était « tout ». Alors les problèmes obstétricaux !! « Vous savez, quand on est venu me dire que mon bébé n'allait pas bien, j'ai eu une pensée affreuse. Je ne sais pas si je peux vous la dire. » Silence, pleurs, hoquets, puis elle reprend : « J'ai souhaité qu'il meure tout à fait. Fort, très fort, je l'ai voulu mort... Je sais... Je sais bien qu'on fait des miracles dans les hôpitaux. Mais moi je ne voulais pas d'un à-peu-près-enfant [*sic*]. J'en attendais trop. Je voulais un enfant, mon enfant, bien, et pas tordu-pour-la-vie. Et, pendant tout le temps qu'il était à l'hôpital, je ne cessais pas d'y penser. Je me disais qu'on allait me l'arranger peut-être, mais est-ce qu'il n'en garderait pas de trace ?... C'est fou ce que j'ai pu penser. Je me disais que ce ne serait plus le même. Qu'on me l'aurait changé. Oui, changé. On m'aurait changé mon enfant et ce ne serait plus le même, ce ne serait plus le mien... »

Et Mme Irène va aussi à son tour se mêler de « changer » compulsivement. Et à chacun des changes qu'elle effectue comme mue par une force qui la commande, hors d'elle, c'est elle qui devient l'agent du « change » et qui annulera comme elle le pourra l'opération qui lui a été imposée. Ou qui, tout autant, parviendra à « changer » en enfant celui qu'elle craignait devoir être un à-peu-près-enfant. Est-ce l'une, est-ce l'autre des hypothèses qui prévaut ? Pourquoi pas les deux à la fois ?

A ceci près que le mot trouvant à sa portée un geste qui le concrétise et lui donne plus de réalité et plus de force fera exécuter ce geste, le plus souvent possible. Et

Benoît réagira. Par les effets de sa mécanique délicate. A l'hôpital, il ne vomit pas quand on le manipule avec les précautions d'usage. Mais, sous l'effet des mouvements répétés... – « ce qui ne facilite certainement pas la digestion », dit la lettre –, le voilà vomissant.

Un mot. Le mot « changer » : en amont de son énoncé, c'est un gouffre béant où se devine une histoire. Celle de Mme Irène, offerte, en condensé, dès l'abord initial, dans la présentation du corps et du visage, ou dans la manière dont elle utilise les rencontres.

Le mot commande et suscite un acte : la compulsion à changer – pour des raisons ambivalentes, on l'a vu, et difficiles à préciser avec certitude ; car, à opter pour l'une d'elles, on ignore délibérément les autres qui demeurent, pourtant, tout aussi valables.

Sur la scène du quotidien, à l'instant même où le fantasme, résumé par le mot, rencontre le geste que le mot impose, un symptôme éclôt : les vomissements de Benoît. L'enfant devient relais de la souffrance que sa mère ne peut mettre en paroles, mais qu'elle porte, secrètement, en elle. Il se fait révélateur, amplificateur, écho neutre fidèle et impitoyable de ce qui aboutit à lui. Sans s'émouvoir du mystère qui le place en réceptacle ultime, obstinément, il répercute. Avec ses moyens, tous ses moyens. Destiné à ne rien trahir du message qu'ainsi il ne cesse de porter. Le symptôme, par son épaisseur, étonne, inquiète, déboussole et égare. Alors même qu'il est la résultante de forces multi-originées qui concourent à le produire. Enregistré, analysé, classé dans des catégories réductrices qui ne se préoccupent que de le traduire en termes de physiopathologie ou de morbidité, il ne recevra jamais qu'une explication partielle, amputée, indigente : si les vomissements sont dus au spasme, il existe des gouttes antispasmodiques à prescrire. Supprimer le spasme équivaut à supprimer sa conséquence, le vomissement. La logique de la prescription de la drogue est inattaquable. Mais que signifie pour le médecin la persistance des vomissements ? Et celle de la prescription qui ignore son échec initial ? Mme Irène ne s'y trompe pas, stigmatisant l'échec qu'elle brandit à sa manière : « Vous savez, ils n'ont pas fait mieux que vous... » Mais que pouvaient-ils faire ? Que pouvais-je faire moi-même devant l'échec de mes premières approches ? Pouvais-je deviner ? Pouvais-je inventer ce que cette jeune femme, et elle seule, pouvait m'apprendre ?

Le symptôme est déjà menacé de prendre la voie d'un enkystement. Affecté d'une vague étiquette d'organicité, recevant une thérapeutique destinée à le faire taire, il aurait peut-être disparu, enfouissant définitivement ce qui avait tenté de se dire, et qui convenait si bien à la présentation impeccable de Mme Irène. Sauf qu'à nier, elle-même, les effets d'une histoire dont elle ne sait pas qu'elle est le jouet et l'agent, cette jeune mère aurait trouvé sans doute d'autres gestes, d'autres voies pour continuer d'insister et de vouloir dire. On peut imaginer que les vomissements d'un Benoît qui aurait grandi et amélioré son équilibre digestif auraient cessé, mais peut-être aussi, comme pour Zoé, auraient-ils défié les traitements et les exploits des enquêteurs férus de séméiologie.

Déjà, la suite se pressent. Benoît, condamné à être le relais, aurait été conduit à produire d'autres symptômes dérivés de ce qui a engendré le premier, mais qui se seraient trouvés noyés sous l'amoncellement des déterminants successifs, alors que, dans cette étape initiale, l'ensemble s'offre à une exploitation relativement élémentaire.

L'articulation, là, s'avère en effet assez simple à démonter. Mais tous les cas, sans exception, obéissent à une mécanique strictement identique. L'extrapolation peut sembler facile ou abusive, elle ne s'en impose pas

moins. Car tout se trouve résumé à une question d'opportunité, de moment, et à la manière dont se déroulent les
enchaînements successifs. Il a fallu à Mme Irène ce
retour à l'hôpital et la confrontation au miroir qu'a
constitué la lettre du médecin hospitalier, dont je lui ai
fait lecture, pour avancer sur la voie d'une forme de mise
au point. Mais, si n'avait pas été saisie l'occasion de
mettre en relation des termes simples avec leur potentialité, la suite n'aurait pu se lire que dans une complexité
grandissante. Si les consultations successives n'avaient
pas réussi à mettre à jour l'articulation : changer un
enfant/compulsion à changer, cette articulation se serait
trouvée enfouie, laissant place à une autre, puis encore
à une autre. Chacune des suivantes s'installant dans
l'ambiguïté parce qu'elles auraient eu à s'originer autant
dans le devenir du discours maternel que dans la maturation du corps de l'enfant. Si bien que le travail de
récurrence qui aurait voulu remonter les enchaînements
se serait heurté à des difficultés proportionnées à la distance déjà parcourue. C'est ainsi que l'entreprise qui
chercherait à remonter dans l'histoire de Mme Irène
nécessiterait un travail considérable pour parvenir aux
effets de la mort de sa mère dans le tout jeune âge, en
partant de l'allure soignée à l'extrême ou des vomissements de son bébé. Autrement dit, il n'y a probablement
aucune rupture, mais des enchaînements successifs qui
échappent fréquemment sans doute à l'énonciation,
mais s'articulent toujours avec une extrême rigueur.
Mme Irène, elle, dans le récit qu'elle est conduite à faire,
pratique ce retour en arrière en court-circuitant toutes les
étapes : dans ce qu'elle produit, les enchaînements ne
sont ni évidents ni repérables par leurs articulations. Ils
dessinent une sorte de ligne effilochée, pleine de blancs
et de silences. On a envie de sourire ou de protester parce
qu'il n'y a pas de relations évidentes entre tous les élé-

ments de l'histoire. Et on se surprend à vouloir dénoncer la supercherie ou la construction abusive. Et pourtant c'est par une série de bonds successifs dans cette même histoire qu'on parvient à l'effet produit par le mot : « changer un enfant ». On peut avoir à déplorer de « rester un peu sur sa faim », mais qu'importe si la voie empruntée fait cesser – et elle le fera – la compulsion à changer Benoît. Il reste à chacun d'admettre ce mode d'élaboration en acceptant le poids de l'ignorance dans laquelle il se trouve.

Ce qui ressemble à un débat sur les techniques d'approche ne l'est pas tout à fait. C'est une incise destinée à redire comment, immanquablement, des mots viennent tôt ou tard festonner l'espace du symptôme, et lui fournir un sens resté, jusque-là, dans l'obscurité. Qu'on revienne au cas d'un « étranglement » ou à celui de la « traduction littérale », on verra le matériel se mettre en place de manière similaire.

Mais pourquoi un symptôme réel ou allégué est-il utilisé de cette façon ? Pourquoi, autour de la maladie d'un enfant, la nécessité s'impose-t-elle, tôt ou tard, de revenir à l'histoire ? Va-t-on enfin parvenir à aborder l'appel supposé des mères ?

On pourrait répondre, de manière globale et avec une grande pertinence, que cela tient à une certaine qualité de la relation thérapeutique. La présence d'un interlocuteur ayant un certain goût ou une certaine disponibilité, voire une curiosité, y serait pour beaucoup. Mais cela ne viendrait traiter que des modalités de prise de parole. Alors que la question vise plutôt le pouvoir du fait lui-même. Je veux dire que la relation thérapeutique n'est qu'une occasion – privilégiée, sans doute – pour « exprimer » des articulations qui se déroulent même en son absence. La maman de Nicolas, avec la menace d'étranglement, a multiplié les consultations pour tenter de dire.

Qu'elle n'en ait pas eu l'occasion n'altère en rien sa détermination ni la constance de sa tentative. Et, si je n'avais pas été là, elle aurait poursuivi sa quête ailleurs. Cette détermination ne lui appartient pas en propre, c'est celle de toute mère, de toutes les mères qui évoluent, pour y parvenir, entre l'alibi de l'inexpérience et l'affrontement impudique des qualificatifs qu'elles encourent. Combien de fois n'ai-je pas entendu : « Vous allez me prendre pour une emmerdeuse... », dans une bouche, quand, dans l'instant suivant, une autre dira : « C'est mon premier, je n'y connais rien, alors j'ai préparé une liste de questions. » Comme si elles se trouvaient, malheureuses, contrites et obligées, servantes d'une impulsion dont elles ne savent pas même le contenu. Elles découvrent, sans rien en savoir, sans le vouloir, les rationalisations qui motivent leur démarche. Ne se laissant pas plus décourager par le constat de leur contradiction que par le flou de leur demande. Se sentant soutenues par une légitimité dont elles savent que nul ne saurait la leur disputer. Là se situent leurs difficultés, mais aussi ce qu'elles perçoivent comme leur salut !

Dans la détresse qui parasite chacune de leurs interrogations, elles soutiennent un pari. Car examinons le fonctionnement habituel du système auquel elles s'adressent : la médecine qui reçoit leur plainte va s'efforcer de répondre intégralement à leur demande. Elles peuvent avancer masquées derrière un symptôme, derrière la souffrance de leurs enfants, le résultat auquel elles aboutiront ne sera que la réduction au silence de cette souffrance. Autrement dit, leur propre condamnation à se taire.

Vont-elles en concevoir quelque dépit ? Certes, non. Plutôt un légitime soulagement. Puis elles reviendront, infatigables, avec un autre symptôme, et encore un suivant, indéfiniment. On a vu que cela ne faisait que complexifier le problème. Mais qu'en est-il de ce consensus forcé autour d'un silence unanimement souhaité ? Car les médecins sont réduits à le produire et ont déployé dans cette ligne de conduite, soutenus par leur éthique, des trésors d'ingéniosité pour améliorer la qualité et la durée de vie. Et les mères, apparemment, toutes les mères se félicitent de ces résultats tout en s'obstinant, en secret, à les mettre en échec.

On en revient toujours au même point : que le trouble ait été ou non nommé, une partie du message, la plus importante, l'essentielle, aura été occultée. Sans doute parce que son identification ou sa recherche devront se préoccuper non seulement de ce qui s'offre ostensiblement, mais emprunter des sentiers difficiles pour remonter dans les histoires. Or, cela, ni les médecins qui n'en sont pas des familiers ni les mères qui n'en savent rien ne le demandent. D'autant que la réputation heureuse de toute procréation n'invite pas à remettre en question ce qui en découle. Combien souvent le sens commun incite à faire un enfant pour résoudre les difficultés d'un couple, attacher à son foyer un mari volage ou sortir de sa dépression une jeune épouse qu'on veut croire comblée. L'enfant prenant alors statut de valeur ajoutée.

Ce serait donc comme si les mères, soumises à cet acte pour une raison quelconque d'opportunité, se trouvaient confrontées à une reprise violente et brutale d'une histoire, la leur propre, qu'elles avaient cru être restée en quiescence. L'acte de procréation serait entaché d'une inidentifiable trace qu'on ne veut pas voir et encore moins analyser.

La maladie qui survient précipite sur elle cette ambivalence. Elle viendrait comme reposer le problème avec toute son insistance, réactiver un système enfoui, sécrétant une culpabilité impossible à cerner. Comment comprendre cela ?

Serait-il choquant d'assimiler la situation de maladie de l'enfant à la situation onirique ?

L'énigme du rêve vient signifier à la conscience la présence d'un autre système – l'inconscient. Elle interroge chacun en bousculant ses certitudes et en mettant à mal la maîtrise constante qu'il croit avoir de ses choix et de ses décisions. Le rêve vient révéler au sujet que, s'il se veut un être de volonté, il n'en est pas moins soumis aux effets d'une histoire qui échappe à cette volonté et travaille pour son propre compte.

La maladie, comme le rêve, constitue une énigme. Chaque mère se sent éperdument remplie de bons désirs pour son enfant, et voilà qu'elle le perçoit soudainement faillible et menacé. Aurait-elle commis quelque erreur ? Serait-elle coupable d'une distraction, d'une inattention ? Pourquoi est-elle ainsi l'objet d'une malchance ? Sa volonté, la force de sa volonté pour que tout soit bien n'aura donc pas suffi ? Est-il possible que les efforts déployés à coups de décisions n'aient produit que des solutions bancales, dont la maladie serait la conséquence ? Faudra-t-il tout revoir, tout reprendre, tout réagencer ? Quelque chose qui serait extérieur à la volonté ou à la conscience existerait pour expliquer cela ? Les solutions trouvées seraient-elles à ce point illusoires ?

Le désarroi et la précipitation sont là prêts à produire le gâchis !

Alors, comment revoir cela ? Comment s'en tirer sans créer de dégâts ? Où est la puissance qu'elles avaient cru pouvoir s'octroyer, dont elles pensaient être les légitimes détentrices ? Et si elles s'y trouvaient encore et un peu plus impliquées ?

Comment parvenir à concilier la conscience du vouloir qui les a faites mères et le pressentiment de cette dimension qui les dépasse, les envahit, les bouscule et les effraie ?

Comment ?
L'enfant secourable est là.
Amplificateur de l'appel ! Quel appel ?
Appel à qui ?
Nos difficultés ne sont pas près d'être résolues.

L'ébauche d'une adresse

> Les habitudes de ton père finiront par te
> gagner, si ta mère t'en parle avec tendresse.

La volonté de bien faire existe, sans conteste, chez
toute mère. Elle est évidente à chaque rencontre, ostensible à chaque consultation, mise en avant à chaque
demande d'aide ou dans l'expression du plus petit souci.
Elle sert d'excuse au renouvellement des démarches ou
à leur caractère impérieux. Et, quand elle emprunte le
mode de l'inquiétude, elle s'en conforte, s'en nourrit, s'y
répand et se fait insistante ! Bien plus qu'un mode d'être
singulier ou qu'une attitude spécifique, c'est une donnée
fondamentale et première, un véritable label du comportement maternant.

Elle ne suffit cependant pas à écarter l'asservissement
aux effets d'une histoire qui ne cesse de se dérouler et
qui, habituellement, prend le corps de l'enfant pour relais
opportun. Une sorte de défi, voire de conflit naît de ce
servage aussi encombrant qu'imprévu, insoupçonné
sinon dénié. On voudrait bien que l'histoire n'ait jamais
existé, n'ait jamais eu lieu, que tout fût neuf, issu *ex
nihilo* !

La volonté de bien faire revient en force, au premier
plan, s'énonce, se dit et voudrait balayer tout obstacle
au but qu'elle se fixe. Plus elle insistera, moins elle
reconnaîtra cette force sourde et obscure qui la limite ou
la met en échec. Un malaise grandissant va s'ensuivre,
esquissant une forme d'appel non encore identifiable,

83

jusqu'à engendrer le symptôme qui éclôt toujours dans la consternation et dans la surprise. Les illusions qui ont motivé ou soutenu l'acte de procréation s'estompent et ne deviennent qu'un lointain et irréel souvenir. Les préoccupations se feront plus vives et plus denses jusqu'à envahir tout le quotidien.

Au point que, tôt ou tard, la maternité prendra l'allure d'une épreuve inattendue qui pourra faire verser dans la panique ou le désarroi, puis fonder les tentatives forcenées de comprendre, dépasser ou assumer l'incontournable cohabitation. Le long travail de mise en place de facteurs hétérogènes et cependant adjacents viendra se surajouter aux autres tâches déjà nombreuses et compliquées de l'élevage et des soins élémentaires.

Antoine ou Nicolas, Zoé et Samuel, tout autant que Benoît – et combien d'autres ! – se sont trouvés devoir faire redondance à ce qui était informulé chez leur mère et qui eût été inaudible ou insaisissable s'ils n'avaient été là, eux, pour l'amplifier.

Est-ce à dire que le destin d'un enfant se résume à cela et à cela seulement ? Tout en étant garant de l'existence d'une bonne volonté qui le désigne, le vise et l'intéresse, être voué à se faire l'écho des déterminants de sa mère, les recueillant et les prenant en quelque sorte à son compte propre ? Combien de temps devra-t-il remplir ce qui ressemble autant à un inévitable devoir qu'à une fonction essentielle ? Peut-il en être autrement pour lui ? Coincé dans les effets d'une gestuelle toute-puissante qui, dans le secret le plus total, trace subtilement sur lui un réseau dense de désirs, devra-t-il prendre son « mal en patience » jusqu'à trouver une voie qui serait la sienne, celle-là ? Par quels moyens, de quelle manière les faits du quotidien s'agenceront-ils pour l'aider dans une entreprise que chacun lui souhaite de réussir tout en s'évertuant à l'en empêcher : à commencer par sa propre mère qui sent sa volonté de bien faire se heurter à des entraves : celles sécrétées en elle par ce à quoi elle ne trouve aucun moyen de conscient d'accéder[1] !

On a vu comment, entre la mère et le corps de son enfant, quelque chose s'articule qui est toujours singulier et spécifique de chaque histoire ; toujours inattendu et surprenant, mais tout aussi inévitable. On a vu, aussi, que le temps qui s'écoule peut faire courir le risque d'un enfouissement définitif de ce qui se sera noué. Que les enchaînements ultérieurs des symptômes se font selon une trajectoire qui deviendra de plus en plus déroutante et à jamais rétive à une compréhension simple directe et immédiate.

Dès lors il paraîtrait souhaitable, commode, judicieux et utile de trouver une solution aux difficultés potentielles de la cohabitation mère-enfant.

Le profilé de cette solution, souhaitée idéale, devrait, en principe, à ce stade de la réflexion, être relativement simple à établir.

Elle devra intervenir précocement, très précocement même pour éviter tout report ou tout risque d'enkystement.

Elle devra aller dans le même sens que la volonté de bien faire, pour s'allier à la fois à cette volonté et être reconnue comme utilisable pour elle.

Elle devra enfin constituer un rempart sûr, un obstacle efficace à tout ce qui viendrait contrecarrer ou faire échec à cette volonté. Et en particulier s'interposer entre les

---

1. Il est indispensable de souligner que l'existence de ces entraves, de ces mille petits problèmes et soucis est nécessaire à l'enfant lui-même, qu'il n'est pas question de mettre totalement à l'abri sous peine de nuire à son développement. Il ne s'agit que de tempérer leur violence, de les calibrer, en quelque sorte, pour éviter les dégâts qu'ils risquent de produire s'ils sont laissés à eux-mêmes. Cela sera encore et encore répété.

éléments de l'histoire de la mère et le corps de l'enfant qui leur sert de relais sinon de cible.

Le commerce mère-enfant pourrait, grâce à cette solution, à son concours, se dérouler à l'abri de tout ce qui pourrait en troubler le cours, ou la paix dans laquelle on voudrait le voir s'inscrire.

Les caractéristiques brutes de cette solution, si elles l'esquissent, ne la dessinent pourtant pas avec une quelconque précision, et, jusque-là, ne lui donnent aucune consistance ! S'il est possible de la définir dans le temps, on ne la subodore pas dans l'espace autrement que devant s'interposer aussi bien entre le corps de l'enfant et celui de la mère qu'entre la mère et sa propre histoire ! Voilà qui ne facilite pas la tâche car on imagine mal ce qui aurait assez de présence et de matérialité pour occuper tout à la fois, à des degrés divers, plusieurs lieux physiques et des positions rendues encore plus floues par cette ubiquité.

Sans compter qu'occuper un de ces lieux physiques, par exemple être entre la mère et l'enfant, est proprement impensable ! Car comment s'interposer pendant le temps de la grossesse ? Et ensuite ?

Jusqu'à plus ample informé, sous toutes les latitudes, dans toutes les civilisations et dans quelque culture que ce soit, les soins du nouveau-né restent dévolus à la mère, et la jonction des corps est inévitable[1]. Comment réaliser

---

1. A moins de rapter la mère, de la réduire au statut d'une machine qu'on écarterait ou abandonnerait à la naissance, le père décidant, par exemple, d'assumer TOUTES les tâches d'élevage. Ce n'est pas un fantasme. Ce genre d'option existe. Il est abordé plus loin. Il pose d'autres problèmes sans rien résoudre. Compte tenu du fait que la violence plus ou moins consciente qui renverse un ordre biologique expose l'enfant à se faire l'écho des problématiques du parent rapteur. Quant au fait que pareils cas de figure peuvent reposer sur un consensus parental, ce n'est pas en contradiction avec le reste du propos. Le biologique qui aura été dénié dans ce qu'il impose exigera, tôt ou tard, d'en rendre compte. L'enfant et ses parents devant constituer

donc la moindre interposition ? Non seulement il est inimaginable de généraliser l'élevage mercenaire et de confier tous les nouveau-nés à des nourrices – comme ce fut cependant presque le cas pour la haute société du Grand Siècle –, mais ce serait illusoire, car cela reviendrait à remplacer une « injection » de déterminants maternels par une autre qui serait celle de la nourrice. Qu'on pense à ces attachements qui durent toute la vie, voire qui se transmettent d'une génération à l'autre, à ces procès qui viennent répétitivement alimenter les échos des journaux à sensation. Et puis, penser résoudre le problème de la sorte, c'est nier que le mode de communication dont il s'agit est non seulement utile, mais indispensable à la survie de l'enfant – il faut le dire et le dire avec force, qu'on ne s'y méprenne pas !

Serait-on conduit à devoir aménager la gestuelle ? Fonderait-on quelque espoir sur les cours que les sages-femmes ou les puéricultrices savantes prodiguent aux nouvelles mères dans les maternités ? Mais ce n'est pas de cela qu'il s'agit. Il n'est pas possible d'y croire ou d'en espérer un quelconque bénéfice [1] ! Car qu'importe de savoir comment mettre des gouttes dans les yeux, nettoyer le nez ou correctement torcher ou langer ? Ce n'est bien sûr pas le geste en soi qui compte, mais ce qu'il charrie. C'est-à-dire tout ce qui s'en transmet en

---

trois termes distincts et ordonnés, tout ce qui pervertit cet ordre créera, à plus ou moins long terme, des perturbations certaines. On pourra rétorquer que des modèles sociaux existent, ici ou là, différents de celui auquel je me réfère et qui s'accommodent de ces différences, de même qu'on pourra me faire remarquer que mon propos suggère que lesdites perturbations menacent toutes les situations. Certes, ces remarques sont pertinentes. Mais, tant qu'à étudier le fait au plan théorique, autant ne réfléchir que sur les données habituelles, sans rentrer dans le détail de solutions qui restent exceptionnelles et qui auraient à devoir supporter les pressions des sociétés qui les marginalisent.

1. L'étrange maman du « verre d'eau » nous rirait au nez !

nuances infinitésimales, impossibles à régler, régenter ou maîtriser. Ce n'est pas le concret du geste qui compte, mais ce que ce geste, par tous ces éléments intermédiaires incalculables, insaisissables, vient signifier et exprimer. Ce geste qui s'avère n'être ni plus ni moins que l'inconscient mis en acte.

Alors ?

Faudra-t-il barder le corps de l'enfant d'une quelconque armure, fût-elle chimique (l'euphorisation institutionnalisée !), alors que sa sensibilité extrême qui l'expose au risque est aussi le signe de son appétence à recueillir pour vivre et la condition même de sa survie ?

Devra-t-on, comme certaines recherches déjà le prévoient, mettre l'ensemble mère-enfant sous surveillance étroite ? Se poster à l'affût, multiplier les rencontres, les examens, en établir de réguliers, les programmer pour provoquer les échanges verbaux ? Les encourager, en créer les conditions pour espérer les susciter ? Est-il possible de dénoncer la tromperie et l'illusion de pareilles dispositions, quand on sait comment ledit registre verbal évolue à un rythme toujours singulier, qui lui est propre, hors de toute possibilité de contrôle ou de prédictivité ?

On est tout près de l'impasse ! Puisque, à rechercher la manière et la nature de ce qui pourrait faire une interposition entre la mère et son enfant, on se heurte à des difficultés insurmontables, que sera-ce quand on cherchera à satisfaire à l'autre condition du profilé de la solution qui est d'aller dans le sens de la volonté de bien faire ? La simplicité de ce profilé n'est-elle pas un défi autant qu'un leurre ?

A moins de bousculer ou de balayer l'hétérogénéité qui résulte de la différence entre le « physique » et l'« impalpable » et de trouver une instance qui viendrait assurer les deux positions dans le même temps ? La solution qui devrait exister en étant temporellement précocissime, spatialement irrepérable et concrètement inimaginable, pourrait se situer dans la mère elle-même. Être la mère elle-même. Mais modifiée, aidée, changée, un petit peu, à peine, mais suffisamment.

Ça ressemble, dit ainsi, à une supercherie ou à un tour de passe-passe. Ça n'est pourtant ni l'un ni l'autre. Ce serait loin d'être stupide si cela pouvait être. Ce serait non seulement judicieux, mais cela aurait l'avantage de satisfaire à tous les critères. Il reste d'en dire, bien sûr, un peu plus. D'aller plus avant dans la définition et la description de ladite solution telle qu'elle pourrait se présenter.

Car, dès lors qu'elle serait dans la mère elle-même, elle pourrait efficacement s'interposer entre ce qui, chez la mère, tente de s'exprimer et le corps de l'enfant voué à se faire relais de cette expression.

Oui, mais quoi ? Quoi donc ?

Pourrait-il s'agir d'un travail préalable que la mère ferait sur sa propre histoire ? C'est-à-dire quelque chose qui, découlant de ce que nous a appris le cas de Benoît (« On change un enfant »), suggérerait que, si la maman avait réussi à faire un bilan préalable de son existence et une supputation de ce à quoi l'exposait la maternité, elle n'aurait pas eu à tomber dans la compulsion à changer ! Mais voilà bien un piège et on serait tout à fait naïf d'y tomber ! Certes, la logique, impeccable et sans défaut, incite à penser que, quelque chose cherchant à s'exprimer et ayant trouvé, même violemment, un chemin, il eût suffi d'en avoir préalablement perçu le mouvement pour faire l'économie du souci qu'il finit par procurer. Il en est ainsi dans toutes sortes de modèles de réflexion. La médecine a emprunté à la science cette mise en relation des faits et a bâti sur la rigueur acquise de la sorte ses plus beaux succès. Mais il n'en est pas de même dans ces processus. Car leur lecture, une fois l'événement passé, dans l'après-coup, n'autorise aucunement une leçon prospective. D'abord, avant la naissance de Benoît, Benoît n'était pas là ! Cette lapalissade mérite d'être énoncée pour souligner que rien ne permet de savoir à l'avance les effets que produira la rencontre avec une telle réalité. Et puis ce serait réduire toute l'affectivité de Mme Irène, la maman de Benoît, à, quasi, cette seule rencontre ! Alors que ce qui s'est joué n'était qu'un maillon d'un enchaînement infiniment plus long et bien plus complexe. Entendons-nous, si les vomissements de Benoît ont cessé avec le récit que sa mère a fait d'un certain nombre d'événements de sa vie, cela ne veut pas dire, mais pas du tout, que la suite sera sereine, facile et sans anicroche. Qu'on ne se méprenne pas : une intervention de cet ordre est ponctuelle, limitée, extrêmement limitée. Et il y aura, on peut le prévoir sans le moindre risque d'erreur, bien d'autres circonstances où des conjonctions aussi violentes, aussi flagrantes surviendront entre des points obscurs du psychisme de cette maman – comme de toute autre maman ! – et le corps de son enfant.

Reste qu'on peut aller plus loin, imaginer une maternité survenant chez une jeune femme qui aurait à son actif un long, très long travail sur sa vie et sur son histoire. Une mère psychanalysée ou psychanalyste, par exemple ! eh bien, elle ne serait pas plus à l'abri que Mme Irène, car quel que soit le temps qu'elle aura passé à déblayer son passé, elle ne parviendra JAMAIS à en avoir la moindre maîtrise. Je mets à mal, disant cela, probablement, quelques illusions. Mais les analystes eux-mêmes – homme ou femme – ne me contrediront pas et les mères psychanalystes me sauront sans doute gré de dire ainsi leur condition commune et de les mettre au rang de toutes les mères qui profèrent, à leur insu, un appel. Peut-être les médecins de leurs enfants ou leurs

propres médecins les traiteront-ils avec moins de violence et un peu plus de sérénité.

Laissons donc de côté l'hypothèse fallacieuse et
redoutable de prétention qui chercherait à créditer la
notion d'une possible et parfaite connaissance de soi
autant que d'une maîtrise de ses registres pulsionnels.

Nous demeurons toujours dans la quête de la solution,
dont le profilé nous a paru simple et qui continue de
nous échapper. Mais nous savons, tout de même, bien
plus de choses sur ce qu'elle ne doit pas être : ce n'est
ni une éducation minutieuse et poussée des gestes ni une
généralisation de l'élevage mercenaire et, pas plus, un
long travail préalable de réflexion autour de la grossesse,
de l'accouchement ou du passé récent ou plus lointain
avec lequel ces événements interfèrent. Les conjectures
se font un peu plus rares et en principe on devrait ne
plus s'y perdre. La curiosité légitimement vive ne parvient cependant pas à venir au secours d'une imagination
qui piétine. Alors, poursuivons dans les détails. La solution, répétons-le, doit avoir une place définie, une action
précocissime et une faculté d'interposition valable. Cela,
on l'a déjà vu. On peut ajouter qu'elle doit être omniprésente puisque jamais, par avance, on ne sait quand ni
comment le trouble risque de survenir. Elle doit être
multidirectionnelle puisque rien ne permet de présager
dans quel secteur ledit trouble ira chercher son origine.
Elle devra s'installer dans la durée, affronter l'usure, être
persévérante, défier le temps, résister aux tiraillements
et aux coups de boutoir qui ne manqueront pas de se
produire, avoir suffisamment de souplesse pour s'adapter
à la nature des problèmes, quelle qu'elle soit, et être
assez assurée et ferme pour n'en éviter aucun. IDÉALE !
autrement dit mythique, inexistante dans la concrétude,
impossible...

Sauf, avons-nous dit, à n'en faire qu'une chose immatérielle qui serait située dans la mère elle-même, mais essentiellement différente de tout ce qu'on a passé en revue. Une caractéristique propre de sa vie intérieure. Une caractéristique dont elle sait pouvoir disposer à tout instant et en toutes circonstances, et qu'elle reconnaîtrait parfaitement comme sienne pour nouvelle qu'elle soit. Son acquisition aura été contemporaine de la mise en place du rapport instauré à l'enfant, c'est-à-dire non seulement au moment de la naissance, mais avant, bien avant. Avant même la conception, au moment du projet lui-même, quelque chose qui serait tellement lié à l'idée de l'enfant que l'un ne pourrait venir sans l'autre. Ce qui suppose que cette caractéristique existait elle-même en germe, forgée par le passé plus ou moins lointain de l'histoire de la mère. Et, sur ce point, on aura à revenir longuement.

Cette caractéristique serait une modification profonde de sentir, vivre ou concevoir le rapport à l'enfant. Ce rapport ne pourrait pas exister isolé. Il devra toujours s'accompagner d'un autre rapport : celui établi à une instance « branchée » sur toutes les potentialités de la mère, sans exception. Un rapport qui serait non seulement concurrentiel avec celui qui existe à l'enfant, mais prévalent sur lui. Il fonctionnerait comme un filtre, une référence constante et parfois même une censure. Limitant la toute-puissance maternelle, faisant obstacle à la tentation d'une autarcie de fonctionnement. La mère s'y trouverait soumise, ce qui relativiserait chacun de ses actes, chacun de ses gestes, chacune de ses pensées. Une instance tierce étroitement intéressée au sort de l'enfant, mais tout autant à celui de la mère. Instance opérant une médiation, une mise à distance de ce qui, jusqu'à la naissance, et encore quelque temps après, fonctionne en symbiose, au sens le plus étroit du terme. La disjonction qui résulterait de son action préserverait tout autant la mère que l'enfant du piège constant des réactions en miroir auquel les expose leur continuel et inévitable tête-à-tête, voire corps à corps. L'asservissement aux effets de l'histoire maternelle trouverait, alors, là un obstacle efficace. Et l'existence de cette instance permettrait à la volonté de bien faire d'exercer son action avec un espoir raisonnable de parvenir au résultat visé. Somme toute, et on pourrait poursuivre le recensement des points un à un, on se trouverait en face de ce qui répondrait admirablement au profilé de la solution que nous avons laborieusement cherchée.

Comment en être sûr, quand ce qui vient d'être construit échappe à toute désignation. Une « instance », c'est bien vague, et un « rapport » plus encore ! Et rien ne rendrait plus nette la construction, pas même le fait de souligner que ce qui intervient là principalement, c'est une fonction. L'instance aurait une fonction. Et bien sûr une fonction, ce n'est pas matérialisable, ça ne peut pas s'imaginer. Ça peut tout au plus s'écrire : action-de-mère-sur-enfant-dans-le-sens-volonté-bien-faire est fonction de l'existence-dans-la-mère-d'une-instance-telle-que... etc. C'est-à-dire qu'on se trouve dans le symbolique. Et le symbolique ne peut pas plus s'imaginer que se matérialiser. Il peut précipiter sur un être physique, l'investir, le revêtir de la fonction qu'il met en place. Jamais cet être physique n'aura à lui seul, par ses caractéristiques propres ou son vouloir, ladite fonction s'il n'en est crédité par le sujet à qui cette fonction est indispensable.

Et cela, c'est toujours aussi difficile à envisager ou à concevoir pour tout individu ou toute mère. Mais n'en restons pas là. Prenons l'exemple qui s'opposerait à toutes ces constructions habiles. Il serait facile, en effet, de se référer aux familles dites « monoparentales » – qui le plus souvent, sinon exclusivement, désignent la famille réduite à la mère célibataire et à son enfant. Bon nombre de mères, effectivement, ont réussi à conduire avec succès l'élevage et l'éducation de leur enfant. Certes ! Et je serai le dernier à suggérer que de tels enfants seraient voués plus que d'autres à des problèmes ou des catastrophes. Mais cela ne contredit en rien mon repérage d'un rapport symbolique parce que ce rapport peut investir n'importe quel personnage de l'univers ambiant qui, de l'instituteur au grand-oncle, en passant par le gardien d'immeuble, le médecin ou le patron, voire la grand-mère ou la marraine, occupera ladite fonction. Un temps bref ou longuement. A plusieurs ou l'un après l'autre, ou bien encore l'un ou l'autre. Pour que le résultat eût lieu, il aura été nécessaire et suffisant que la mère s'agrippe à l'un de ces lieux de référence qui, en la rendant, en rapport avec lui, « dépendante » de lui, l'aura mise face à son enfant dans une forme de « doute », incomplète, manquante. Comme si elle le côtoyait sans le « morceau » d'elle-même qu'elle croyait avoir et dont elle ne sait même plus si elle l'a laissé chez cet autre investi de la fonction tierce.

Dans les schémas les plus traditionnels de nos sociétés, cette fonction tierce pourrait être occupée tout simplement par le père de l'enfant ou le partenaire sexuel habituel de la mère.

Avoir fait tout ce chemin pour parvenir à ce qui ressemble à un truisme !? Ce serait navrant si on ne devait voir dans la suite que rien n'est moins évident que ce qui s'offre, ainsi banalement, comme une solution commode autant qu'économique. Nous aurons à y revenir assez longuement, pour n'avoir pas à envisager, avec insistance et dès à présent, ce cas de figure qui constitue, comme on peut l'imaginer, l'échantillonnage exclusif du champ d'observation pédiatrique.

Continuons l'approche méthodique de ladite fonction. On l'a vue, avec les exemples cliniques, constituer une éventuelle et élégante solution à l'appel informulé des mères, qu'elle pourrait recevoir et reprendre à son compte en essayant de le décrypter ; l'enfant ferait alors l'économie d'une souffrance à vertu redondante. Mais est-ce tout ? Sa nécessité, sa présence, son action se résumeraient-elles à ce seul résultat ? – encore qu'il fût appréciable !

En fait, entre la réalité du corps nécessaire de la mère et la fonction symbolique séparative, l'enfant pourrait retrouver une dimension familière, la dimension constitutive des processus vitaux qui ont permis sa facture, sa croissance et son développement, à savoir l'alternance.

Alternance entre deux repères, deux pôles. Alternance présente dès les premiers instants de la formation *in utero*, alternance qui s'est manifestée non seulement tout au long des mois de la grossesse, mais jusque dans l'intimité la plus secrète de la matière vivante qui le compose.

Commençons par appuyer cette assertion sur des phénomènes qui nous sont proches. De ceux que nous pouvons comprendre, saisir, imaginer, dans nos existences d'adultes.

Tôt, très tôt, le fœtus se trouve pourvu d'organes sensoriels en parfait état de fonctionnement. Avec les mêmes performances que ceux de l'être adulte. Ces organes sollicités par les informations présentes dans le milieu utérin (qui est loin d'être le désert qu'on pouvait imaginer) vont les engranger, les emmagasiner dans une matière cérébrale en plein développement. Un développement qui, s'il obéit au programme porté par les chromosomes, ne cesse pas d'être affecté par les connexions qui se créeront sous l'effet de ces impulsions. Assurément, on ne peut affirmer que chaque impulsion laissera trace dans ce qui se trouve en perpétuel remaniement. Mais le remaniement lui-même ne pourra ignorer la répétitivité qui soude les cellules de manière singulière. Au point que le nouveau-né parvient à la vie aérienne avec, en quelque sorte, une expérience déjà riche du monde qu'il n'aura pas cessé de côtoyer.

Comment cela se passe-t-il dans cet univers clos et obscur où la vie extérieure vient produire ses effets ?

La mère marche. Puis elle cesse de marcher. Elle marche de nouveau et cesse encore une fois. Ces épisodes sont eux-mêmes rythmés en longues plages où ils se produisent, le jour, et en d'autres où ils ne se produisent pas, la nuit.

Une main, un poing touchent une paroi. Puis ils s'en écartent et ne touchent plus rien. De nouveau une rencontre. Et encore une fois le fluide aqueux qui ne freine rien.

Un pied bouge, heurte, rencontre l'obstacle de la limite du sac. Il s'arrête de bouger. L'obstacle ne se manifeste plus.

Les mouvements des membres brassent le liquide amniotique qui se met en mouvement, pénètre dans les narines, chatouille la muqueuse nasale, la zone olfactive s'en trouve informée. Le mouvement cède. L'odeur a disparu.

Et le tout, sans cesse, de recommencer.

Sous la forme de « il y a » puis « il n'y a pas ». « Il y a », de nouveau, et, encore de nouveau, « il n'y a pas ». Il y a quelque chose d'identifié, puis il n'y a plus cette chose identifiée, mais autre chose qui est un état de base.

D'amples sinusoïdes plus ou moins compliquées se dessinent sous l'effet des informations qui parviennent aux organes sensoriels : le toucher, l'odorat, la sensibilité profonde. D'amples sinusoïdes qui se trouvent étalonnées sur une sinusoïde fondamentale, bien plus régulière, elle, métronomique et sempiternellement présente : celle des battements cardiaques de la mère que l'oreille perçoit tout au long du nycthémère, vingt-quatre heures sur vingt-quatre. Bruit/silence/bruit/silence. Paradigme pur du « il y a »/« il n'y a pas ». D'autres bruits viennent aussi s'enregistrer : le souffle de la colonne sanguine dans l'aorte maternelle toute proche ; les borborygmes intestinaux ; et, par-dessus tout, les sinusoïdes de la voix maternelle : elle parle, elle ne parle pas. Elle parle, et les bases pulmonaires, caisse de résonance, vont porter au travers des milieux aqueux filtrants les basses fréquences qui signent la ligne mélodique. Et cela durera suffisamment longtemps, tracera suffisamment bien sa marque pour que le nouveau-né, dès sa naissance, non seulement sache discriminer la voix de sa mère de toutes les autres, mais sache accomplir un véritable travail pour en obtenir l'émission.

L'oreille se révèle être, dans cette approche, organisateur majeur de la sensorialité intra-utérine.

Le sens organisateur de tout cet acquis : une sensorialité riche, effectrice, fiable, multipotentielle et remarquablement agencée, dans le droit fil de ce qui se passe au sein de la matière vivante elle-même, dans l'intimité des processus physico-chimiques et de leur agencement, soumis eux aussi au principe de l'alternance.

Ainsi en est-il, par exemple, de la transmission de l'influx nerveux le long des fibres : les messages sont repérables sous la forme d'un courant électrique qui circule, lui-même témoin de modifications chimiques sous-jacentes. Réactions qui se produisent, se stabilisent, s'équilibrent et se transmettent de proche en proche. A un corps A vient s'adjoindre un corps B. Une combinaison s'obtient qui a sa raison d'être. Puis sur cette combinaison vient agir un corps C qui déplace le corps B, lequel se combinera à un corps A libre et tout proche jusqu'à en être déplacé par le corps C libéré à son tour...

et ce ainsi de suite jusqu'à la fin de ce parcours où chacun de ces corps trouve son destinataire, forme encore une combinaison qui peut être stable ou précaire pour faire recommencer un cycle. Il n'est pas nécessaire de rentrer dans le détail des formules ou de donner des exemples – il n'en manquerait pas, mais ce serait fastidieux – pour illustrer la présence du phénomène d'alternance au plus secret des processus vitaux, allant jusqu'à les définir en opposition aux processus de la matière, inerte, elle, et, par définition, à l'écart de tout mouvement.

Le phénomène d'alternance repérable tout au long des chaînes événementielles de la vie intra-utérine va être confronté à l'avènement de la vie aérienne qui lui apportera les moyens ultimes d'asseoir sa nécessité et sa validité tout en menaçant son existence ou son effectuation ultérieure par une complexification de chacun de ces phénomènes. La vie aérienne, qui va enrichir les territoires de sa mise en acte, va aussi ruiner son impeccable et si simple agencement.

Deux phénomènes simultanés vont, en effet, lui conférer l'ultime label de sa validité : la respiration aérienne faite d'un va-et-vient qui instaure le souffle et sur lequel point n'est besoin de s'attarder tant la connotation vitale en est une dimension inséparable ; et la lumière qui inonde la rétine accoutumée jusqu'alors à la seule obscurité, c'est-à-dire au « il n'y a pas ». Le nouveau-né ouvre les yeux, perçoit la lumière ; il les ferme et retrouve l'obscurité qu'il avait connue jusque-là : du « il y a » s'esquisse, s'ébauche, se met en place. Les yeux se ferment, la lumière disparaît : « il n'y a pas ». Ils s'ouvrent et la voilà de nouveau présente... et ainsi de suite.

Hélas, très exactement dans le même temps, le métronome cardiaque de la mère disparaît. Des bruits de toute nature autrement plus intenses et plus vifs envahissent l'oreille, sens devenu passif. Mais anarchiquement. Sans la moindre périodicité. Tout devient étrange et neuf. Les autres sens subissent le même sort. Passifs, eux aussi, mais encore plus aiguisés, ils se trouvent sollicités de toutes parts.

Le « bercement » alternant a disparu. Tout se fait sur le mode d'un amoncellement sans ordre ni direction. Le système de référence s'est modifié. Jusque-là, la permanence des afférences sensorielles venait tempérer le « il n'y a pas » par l'existence d'un bruit de fond apte à ramener inexorablement le « il y a ».

Alors que maintenant, même si l'acquis fonctionne, il ne s'y repère aucun point d'ancrage. On imagine volontiers la brutalité des phénomènes et l'effet d'arrachement, d'exil, qu'ils peuvent sécréter.

Les bouleversements métaboliques vont très vite faire sentir le poids de leur présence. Si la maturation du système respiratoire fait que le passage du milieu aqueux au milieu aérien se passe en général sans trop d'anicroches après le premier cri qui a déplissé les alvéoles pulmonaires, la régulation d'autres phénomènes est en revanche plus problématique. Ne serait-ce que cette sensation nouvelle : la toute première sensation de faim, torturante, violente, soudaine et neuve, qui fera sourdre les pleurs pour appeler ce qui l'annulera : la satiété. De même l'état de veille, bref, viendra se différencier du sommeil, qui lui-même s'en trouve le pôle opposé.

On reste, on persiste, on dure dans la dialectique « il y a »/« il n'y a pas ». Mais l'ordonnance en est bouleversée, totalement.

Jusqu'au moment où affleurent du côté du corps maternel des sensations étonnamment familières : une odeur, un goût..., un rythme de démarche, de bercement..., une voix reconnaissable, nettement reconnaissable. Du déjà connu. Serait-ce un retour possible ? une réintégration à ce monde dont l'organisation impeccable s'était imposée comme norme ? D'autant qu'il n'est pas loin, le métronome cardiaque qui avait disparu. Dans le corps à corps, la tête collée à l'épaule, à la poitrine, a permis à l'oreille de percevoir dans le lointain, dans le corps maternel, le rythme reconnu.

Mais cela s'est à peine ébauché que déjà, dans un mouvement plus ample et subit, tout cela s'écarte de nouveau. L'exil déferle encore plus douloureux après ces retrouvailles... Alors, le cri, le pleur jaillit. Fort et vigoureux. Entraînant un autre mouvement qui presse le petit corps contre le grand et fait la fête à tous les sens en éveil. Voilà de nouveau l'odeur et le geste. Et le bruit cardiaque, tout près et tout loin. Les yeux s'ouvrent, regardent, fixent, se familiarisent avec les traits qu'ils croisent répétitivement, identiques, toujours les mêmes. Des traits qui finissent par être rapidement reconnaissables et qui disent, parlent, s'expriment, se répandent par les gestes caressants, par les chuchotis de la voix sue, par le bercement, à qui ils appartiennent. Retrouvailles. Incroyables retrouvailles. Inespérées ? Peut-on faire usage de ces concepts hautement travaillés de la sensibilité adulte ? Mais pourquoi ne pas emprunter à leur charge la possibilité de rendre compte de la violence des événements qui se déroulent ?

Fin de l'exil ?

Fin du douloureux exil ? Exil dont l'ombre continuera de rôder et planer sur le reste du tissu existentiel, tempérant la joie autant que le dynamisme, contaminant l'entreprise autant que la prospective.

Les yeux s'ouvrent, les traits de nouveau apparaissent.

Ils se ferment. Ils s'ouvrent. Effet d'une volonté attachée à ce mouvement ?

Le regard peu à peu se dessille, se débarrasse de la brume qui en gênait l'effectuation. De nouveau, le voilà à accomplir l'exploit, à susciter, provoquer à souhait, renouveler le miracle de ces retrouvailles.

L'oreille et les autres sens reçoivent des informations multiples, hétéroclites qui ne se classent plus sur le fond métronomique rassurant, sur cet espace proche et lointain dont les afférences avaient tout étalonné. L'œil prend le relais et de cet environnement nouveau devient, lui, à son tour, l'élément organisateur. C'est à ses perceptions que se trouve rattaché ce qui a pouvoir d'attester d'une permanence.

L'objet est près d'être découvert.

Près d'être découvert et déjà près d'être perdu, à chaque clôture des paupières.

Le regard, très précocement, y plonge et se trouve mis au cœur de la vie relationnelle, issu d'une volonté – ouvrir les yeux ? – qui fait découvrir l'autre. L'autre, formidablement nécessaire et important, dont chaque disparition ramène un goût d'arrachement et chaque réapparition celui d'une jubilation trépidante. Ce qui est visible est si proche de ce qui est connu, si proche de ce qui résume une expérience jeune, fragile, mais tellement fondamentale, qu'il est investi de tous les pouvoirs, objet de tous les désirs, garant de la continuité entre ce qui fut, définitivement (?) perdu et dont il reste tant de traces, et ce qui est. Ce qui est, délicat, menacé et inscrit dans une horrible et indicible dépendance.

A chaque ouverture des yeux, tout cela revient en force. L'événement est classique et trompeur : l'exil, irrémédiable tant que les yeux fermés instaurent la différence, devient plus supportable dans le spectacle des traits qui l'adoucissent au point d'en faire espérer l'amendement.

Jusqu'à ce qu'une nouvelle norme vienne se mettre en place : celle sécrétée par les gestes secourables englobés dans une expression encore familière. Le corps de la mère prend progressivement le caractère enfin définitif et rassurant d'un acquis. Un pôle unique. Constamment présent dans les manifestations de ses gestes, de son odeur, du bercement qu'il sait imprimer. Validé dans le regard qui le découvre et investit sa présence, sa nécessité, sa suzeraineté, son importance vitale.

L'œil se repaît sans vergogne des traits maternels, rencontre l'autre regard. Et ce qui se soude défie la description et la mise en mots, laissant longtemps, indéfiniment, pour toute la vie ultérieure, ce marquage reconnaissable dans les échanges d'œillade des amoureux. Regard de l'autre qui fait être ! Au point que, dans certains dialectes, « je suis » se dit « il m'a vu ».

A l'arrachement, le corps maternel qui s'est offert, secourable, s'est aussi opposé comme réassurance extrême. L'intimité de la jonction est telle que toute dialectisation s'en trouve exclue.

L'acquis suffit. Et la douleur entraînée par son contraire est telle qu'elle n'est pas même envisageable.

Cet univers clos, à deux, fait succéder la naissance à la grossesse, non pas comme l'avènement de deux corps différenciés, mais comme autre chose remplaçant une logique par une autre qui en est toute proche : à un système d'un corps dans l'autre corps succède le système d'un corps tout près d'un autre corps, soudé littéralement à lui par une très importante dépendance. Chacun des deux corps suffit à l'autre et ne réclame rien de plus.

A l'extrême dépendance du tout-petit répond l'extrême disponibilité de sa mère qui fait son apprentissage et assume la mutation de tous ses registres. Elle n'est plus femme, elle n'est plus fille, elle est mère au service de tout ce qui la sollicite et qui centre son univers nouveau.

La situation en miroir fabrique toutes les conditions du piège prêt à fonctionner, dans une dynamique proche de l'autarcie et qui n'a pas besoin du moindre élément tiers nécessaire à la constitution de l'alternance qu'on a vue au principe de tout phénomène vital.

Et cette « soudure » est inévitable. La dyade (c'est ainsi qu'on appelle cette étape) est absolument nécessaire, dans son déroulement et sa temporalité, à chacun des deux termes qui la constituent. Fabriquant d'une part la mère et parvenant, en principe sans heurt, à conduire le nouveau-né loin de la vie intra-utérine en le consolant, le rassurant, le pacifiant en quelque sorte. Véritable sas de décompression qui lui confère la notion de l'inaliénable acquis. Celui qui permet de faire sentir, sur fond de références du milieu antérieur, une forme de continuité, de permanence stimulante.

L'essentiel étant qu'à un moment cette étape prenne fin. Qu'elle cesse d'évoluer dans sa logique propre pour intégrer l'élément tiers, cette instance dont on a cherché à comprendre et le rôle et la nécessité. Faute de quoi, elle peut se poursuivre indéfiniment, jusqu'à, et même après, la mort de l'un des deux partenaires ; et on imagine le résultat...

Le fait, patent, emprunte dans l'organisation des sociétés une série de rituels qui tournent, tous, autour de la période de « retour de couches ». Et ce n'est pas un hasard si cette connotation sexuelle centre l'événement. Un peu pour dire à la mère qu'il est temps qu'elle redevienne femme et redécouvre le partenaire grâce auquel elle a pu procréer. Qu'elle le redécouvre et qu'elle reprenne goût à lui.

Or, combien de fois n'a-t-on pas la surprise d'entendre les jeunes mères dire leur difficulté à la reprise de ce commerce auquel elles avouent ne plus sentir d'intérêt ? On pourrait croire que l'activité sexuelle, parce que porteuse d'une indissociable promesse de procréation, serait vécue, dans ce moment-là, comme inutile puisque le couple vient de reproduire et que la famille est nantie d'un descendant. Mais cela ne peut être retenu à l'ère de la contraception maîtrisée. On pourrait arguer que la symbolique reste vivace malgré la pilule et trouve sa raison d'être dans la marge – minime, certes, mais présente – d'insécurité. Il s'agit sûrement de tout autre chose.

« Je ne peux pas »

Mme Joséphine, dès qu'elle m'a présenté Robert âgé de quinze jours, m'a dit son importance singulière. En effet, cinq ans auparavant, le mari de Mme Joséphine a été découvert porteur d'une maladie de type cancéreux. Leur ménage était récent, ils voulaient un ou des enfants. Or, le traitement proposé à cette affection, de nos jours régulièrement curable, rendait inévitablement le mari stérile. Si bien qu'il fut décidé, avant la thérapeutique, de stocker des paillettes de sperme dans une banque de sperme, pour procéder, à la guérison, à une insémination artificielle. Ce qui fut fait. Robert était le produit de cette grossesse.

Or, ce couple uni, soudé par une entente apparemment parfaite pendant les années de traitement, ravi de la naissance enfin obtenue, se défaisait rapidement au fil des semaines et envisageait déjà un divorce. Robert, au moment où sa maman m'en parle, a quatre mois :

« Mon mari est jaloux. C'est bête à dire, mais il est jaloux. Il me fait des scènes que je ne comprends pas. Il m'engueule. Il me dit : "Il n'y en a que pour le petit." Il rentre de mauvaise humeur. Il reste de mauvaise humeur. Il part de mauvaise humeur. Il est déprimé. C'est comme s'il n'aimait pas cet enfant. J'ai téléphoné à son médecin en me demandant si ce n'était pas le signe d'une rechute

de sa maladie. Il m'a assuré que la guérison était définitivement acquise. Alors, je ne comprends pas. Je fais
tout ce qu'il faut, pourtant. Je ne comprends pas pourquoi
il est jaloux comme ça.

– En quoi avez-vous changé ? Parce que, quelque part,
il vous dit que vous avez changé.

– Mais pas du tout, je suis la même. Ce n'est pas parce
que je m'occupe de mon bébé que je ne suis pas la
même !

– Ne pensez-vous pas, tout de même, qu'il y ait peut-
être quelque chose de précis sur lequel vous n'avez pas
la même appréciation et qui alimente ses reproches ?

– Oui, il me reproche de ne plus vouloir avoir de rapports sexuels. De n'être plus comme avant, pour ça. C'est
vrai que nous n'avons plus eu de rapports sexuels depuis
longtemps. Mais que voulez-vous, je ne peux pas. C'est
physique. Je ne peux pas. Je ne peux plus. Ça ne m'intéresse plus. Et je suis tellement fatiguée le soir... et puis
il n'y a pas que ça dans la vie... »

Or, Mme Joséphine sait, elle, que les rapports sexuels
ne seront plus jamais fécondants puisque, pour sa grossesse, elle a dû être inséminée artificiellement. Et cependant, à cela, elle ne peut plus consentir. Son bébé la
satisfait, la comble. Elle ne se sent plus « manquer » de
quoi que ce soit que la relation sexuelle à son mari
pourrait lui apporter. Or, cette histoire a ceci d'exemplaire que ce couple a affronté avec succès une lourde,
très lourde épreuve. De quoi attester, en somme, à un
premier degré au moins, que l'union, la complémentarité,
l'entraide et tout ce qui est censé fonder une vie à deux
existait bien. Tout cela sous-tendu par un projet resté
vivace tout au long des cinq années de traitement.

Qu'est-ce à dire ?

Sinon, et nous le verrons en détail, que toute naissance fait courir ce risque, le risque dont parle Mme Joséphine, et qui n'est pas une mince affaire à comprendre.

Or, la période dyadique doit s'achever, pour le bien de chacun des deux partenaires. Et le déclenchement de sa fin ne peut provenir que de la mère et de la mère seule. Le père de Robert peut pester autant qu'il veut, Mme Joséphine le dit : elle ne peut plus.

Et c'est vrai que l'instance tierce sur laquelle nous nous sommes si longuement attardés a, là comme souvent, toutes les peines du monde à être mise en place, au point de faire douter de son utilité. Nous en avons vu et la définition et la nécessité, puis, progressivement, nous avons même réussi à localiser son point d'impact, à travers les cas précédemment exposés. Mais cela est-il suffisamment convaincant ? Et si ce n'était qu'une construction séduisante, mais élaborée à postériori ? Ou bien une solution restrictive ?

Qu'en est-il dans la vie du tout-petit ?

Nous l'avons abandonné pendant quelques pages, au moment où il s'assurait d'un acquis muni d'une sensorialité neuve et extrêmement vive, prête à enregistrer les phénomènes brutalement et à en faire des modules définitifs de compréhension de la vie aérienne. La révolution qui a définitivement écarté l'oreille comme organisateur de la perception, au bénéfice de l'œil, a créé la soudure entre le corps rassurant et les traits d'où émane la voix sue.

Sera-ce la fin des phénomènes d'alternance ? L'autre terme, encore absent mais dû, n'aura-t-il aucun lieu d'être ni aucune raison d'advenir ?

C'est une question de nuances. Car toutes les nuances existent et sont fonction de la manière dont la mère aura plus ou moins justement tissé son rapport à l'instance tierce. On pourrait faire défiler tous les registres de la pathologie, un à un. On les verra soumis au dosage, toujours délicat, variable, et à la qualité dudit rapport. Palette infinie, indéfinie. Des plus graves où, obstinément et sans se laisser ébranler par la moindre limitation, la mère aura exclu, forclos, toute possibilité d'alternance pour cet enfant dont elle n'aura pas même fait un morceau d'elle, fabriquant ainsi un psychotique, jusqu'aux plus bénins pour lesquels la fonction de l'alternance aura pris des supports multiples et successifs.

Mais, tôt ou tard, le pôle unique (sauf dans les cas graves que j'ai à peine évoqués où il s'est imposé comme une référence absolue et inentamable) ne suffira plus à l'enfant lui-même qui finira par s'en défier et manifester, comme il le pourra, l'inconfort dans lequel le met une situation qu'il a crue fiable pour longtemps et qu'il découvre quasi menaçante. C'est comme si, au site repéré dans la mère, correspondait un site chez l'enfant, dont la maturation serait en quelque sorte différée.

« Ça commence tôt l'attirance sexuelle, dit cette jeune mère d'un bébé d'à peine huit mois, ma fille, dès qu'elle voit son père, se précipite dans ses bras, et plus moyen de l'en tirer, elle me repousse... » Conclusions hâtives sur des informations imprécises et pourtant répandues. A ce propos fait écho celui d'une autre maman, mère d'un garçon celle-là : « Il est déjà macho, vous savez ! Dès que son père apparaît, c'est la fête et plus rien ne compte. Je peux partir ou disparaître. Pas étonnant. Moi j'ai le rôle ingrat : les couches à changer, le dodo, le lit..., bien sûr, son père n'est là que pour jouer avec lui, l'amuser... »

Est-ce bien d'attirance sexuelle qu'il s'agit ?

C'est que la lune de miel, l'unisson merveilleux et sans faille ne pouvait durer qu'un temps. Celui de l'étalonnage de la sensorialité que chaque jour vient enrichir, alourdir, magnifier. Révolution quotidienne dans la perception du tout-petit chez qui les processus de croissance et de développement s'effectuent à un rythme galopant. La dyade lui a permis d'écarter ce qui pourrait se comparer à un sentiment extrême de perdition. Il a fini par savoir qu'il lui suffisait de se manifester, d'user du seul message dont il dispose, le cri, pour que les bras secourables se parent d'ingéniosité pour le secourir. Quelle qu'eût été la raison de son appel, il n'aura pas eu besoin de la dire pour qu'elle fût découverte ! De la faim à la couche mouillée en passant par le désir de compagnie, la sollicitude maternelle est là omniprésente, omnipuissante, omnisciente. Mais, peu à peu, au fil des semaines se mettra en place quelque chose qui dessinera les contours d'une effroyable et insurmontable dépendance. Et, quelle que soit la disponibilité extrême de la maman, sa méticulosité ou son attention, elle faillira tôt ou tard et s'en rendra compte, émue, devant les premières vraies larmes, les premiers vrais sanglots. Il lui fallait bien du temps pour sortir sans glisser de la douche même en s'essuyant hâtivement. Il lui fallait bien aller éteindre le gaz sous le rôti qui brûlait. Il lui fallait bien aller signer le registre du facteur pour avoir la lettre recommandée... Et cette douleur qui la tenaille sur le siège des W.-C. dont elle n'a même pas voulu fermer la porte... Et le pain à aller chercher avant que son bébé ne se réveille. Et... Et... Les circonstances ne manqueront jamais qui la rendront, au moins une fois, non-disponible-sur-le-champ. Sans aller chercher jusqu'à sa disparition, fortuite, inexpliquée, « définitive », tout au long de ces journées-siècles que durent les heures de crèche !... Ou les bouts de vacances qu'elle aura voulu prendre et au retour desquelles elle sera devenue une véritable étrangère.

Elle est partie ! elle a disparu, elle n'est plus là ! Et le spectre de la perdition de revenir en force... Le *fort-da*

108

du petit-fils de Freud, qui saisit, dans le jeu de la bobine que le bébé jette et récupère, toute la signification du geste en termes de « maman partie »/« maman revenue », « je fais partir maman »/« je la fais revenir ». Retour en force du toujours le même : « il y a »/« il n'y a pas » qui était, pourtant, déjà bien loin !

Comment faire, pour parer à cette dépendance ? Comment faire barrage à ce sentiment de perdition ? Combler ce vide ? Parer cette douleur que crée la faim, le besoin insatisfait qui taraude le corps ?

Les sens étalonnés depuis quelque temps sur les afférences maternelles ont pu s'en servir comme point de référence pour s'aventurer dans l'extérieur, dans l'alentour. Ils ont perçu la présence de ce tiers coutumier de l'atmosphère ambiante et qui a, lui aussi, combien souvent, des gestes affectueux. Et si c'était lui l'auteur des empêchements continuels de la maman ? Et si c'était lui ? Ce ne peut être que lui ! D'ailleurs, leur relation, à ces deux-là, est bien curieuse. D'abord, ils sont grands tous les deux, presque pareils, si ce n'était l'odeur, le goût, le bercement, la voix. Si ce n'était... tout en quelque sorte ! A l'œil, comme ça, à la vue, ils ont quelque chose de pareil ! Mais l'œil ne peut pas tromper les autres sens, et pourtant il les trompe parce que des choses paraissent semblables. La taille surtout, le volume. Mais il y a des différences. Ils sont sûrement différents. Alors, qu'en faire de cet autre, sinon le responsable, l'auteur des empêchements de la maman, le « briseur de l'harmonie ». L'injure est proche si elle pouvait être déjà sue. Mais, dans le même temps, ce grand, ce volumineux a ceci de curieux qu'il se meut, se lève, fait des choses et ne paraît pas du tout dépendant, lui, des gestes de la maman. Non soumis à sa toute-puissance. Et si, cette toute-puissance, il pouvait la restreindre, la limiter, la rendre moins menaçante ? Peut-être sera-t-il un recours efficace, un secours potentiel, une interposition qui permet de ne pas se trouver massivement livré à cette mère chérie et tellement indispensable qu'elle en devient parfois effrayante.

« Il y a » maman, mais, à la place du redoutable et honni « il n'y a pas », il y a celui-là !

La dyade est près de prendre fin, de laisser place à un système triadique qui viendra offrir enfin le relais au système de l'alternance, suspendu un temps, dans les toutes premières semaines, et dont les rythmes-succession nuit/jour, faim/satiété, mouillé/ sec, sommeil/veille, etc., ont fini par rappeler la nécessité. Entre cette mère secourable et ce père différent d'elle, deux pôles peuvent être repérés qui permettront d'envisager l'existence d'une sorte de juste milieu !

D'où on comprend plus aisément les mouvements autant de la petite fille douée d'« attraction sexuelle précoce » que du petit garçon « déjà macho ».

Mais, pour que cela s'opère, pour que le dû à l'enfant, concrètement mis en place, fasse pendant à l'acquis, il faut des conditions extrêmement précises. A savoir :

– que la mère concède au père cette possibilité, qu'elle l'ait en quelque sorte mis à la place précise de cette instance limitante dont nous avons approché la dynamique. Qu'elle se trouve avec lui dans un rapport tel que nous avons pu le comprendre plus haut. Qu'elle lui octroie ce statut de prévalence ;

– que le père accepte d'occuper cette place. Celle où, sollicité par son enfant comme une adresse et non pas comme un corps familier et connu, il veuille bien servir d'instance limitante, empêchante. User de la parole d'une voix jusque-là inouïe qui interfère dans le système spéculaire qui lie la mère à l'enfant, concasser cette enveloppe dyadique pour, en définitive, l'équilibrer de sa présence.

C'est à ces conditions et à celles-là seules que la triade doit ses possibilités d'existence.

Posées ainsi, elles paraissent d'un accès simple et d'une effectuation aisée. Ce serait sans compter avec le piège subtil que constitue ne serait-ce que l'érogénéité du corps du petit enfant pour l'adulte. Et cela n'est que la première ébauche des conditions historiques dont nous allons voir combien elles viennent interférer dans la mise en place du système triadique. Est-il besoin d'insister sur cette notion d'érogénéité que chacun peut aisément imaginer ? Elle atteint son acmé dans l'histoire de Basile.

Un enfant trop parfait

Il est le deuxième. Il a une grande sœur, plus âgée que lui de six ans. Autrement dit, elle se comportera elle aussi pour lui comme une « petite mère », tout en ruant parfois dans les brancards – comme seuls les enfants, parce que eux sont sains tout à fait, savent le faire !

Basile est délicieux. C'est mon avis. Délicieux au sens le plus étroit du terme. Et depuis toujours. Vif, malin et beau. Beau comme on rêve qu'un bébé le soit. Par l'harmonie de ses proportions, la finesse de ses traits, l'expression de son regard, l'« intelligence » qu'il met dans ses comportements et ses gestes. Et ce depuis toujours. A peine se tenait-il assis que ses yeux avalaient littéralement tout ce qui était à leur portée, et qu'il répondait au sourire et aux paroles comme s'il en avait saisi la moindre nuance. Couvé du regard, des gestes et des baisers de sa mère, de son père, de sa sœur... et même de son pédiatre, Basile était et reste un piège pour tous ceux qui le côtoient. Les puéricultrices lui font la fête et même ses copains de crèche recherchent sa compagnie. Béni !

Si ce n'est qu'il est toujours malade. Toujours. Les rhinopharyngites succèdent aux otites et aux angines, puis les bronchites et les diarrhées... Ce qui fait que non seulement je le connais bien, mais que je l'ai vu – ravi toujours, je dois l'avouer – fréquemment.

Voilà à peine quinze jours que j'ai soigné son angine blanche, alors qu'il a trente-deux mois, que sa mère me le ramène pour un nouvel épisode fébrile. Et je commets un lapsus. Je les introduis en disant : « Alors, madame Basile, qu'est-ce qui ne va pas ? » Me rendant compte très vite de ma bévue accueillie par le rire de la maman, je poursuis : « Oui, madame Basile ! comme je dirais de son père M. Basile et de Mélanie, Mélanie Basile ! D'ailleurs, pourquoi s'arrêter, je dois moi-même, quand je le vois, devenir Dr Basile ! »

La maman me dit, sans être excédée ni soucieuse, que Basile recommence et nous parlons de lui pendant qu'il explore avec beaucoup de componction et sans gestes démesurés mon mobilier qu'il connaît bien. Elle me dit qu'il est terriblement exclusif.

« Vous savez, quand sa sœur m'embrasse, il vient tout de suite vers moi, efface du plat de la main la trace du baiser et m'embrasse plusieurs fois à la même place. Mais il ne rejette pas sa sœur, il ne la bat pas, ne l'agresse pas. Il la regarde simplement après avoir fait ça. Quand son père est là, il se colle à moi et lui dit : "C'est ma maman." Alors, son père l'écarte, et lui dit : "Mais c'est d'abord ma femme." Il répond sans s'en laisser conter : "C'est ta femme, mais c'est ma maman à moi." Alors, son père se retourne et pouffe. Que voulez-vous, on ne peut pas tenir son sérieux. Que voulez-vous que je fasse ? L'autre jour, j'étais dans la cuisine, il est venu vers moi, il avait les mains dans le dos, sérieux comme un pape, il m'a dit : "Maman, je *te* aime." Comment voulez-vous que je me sente ? Une autre fois, après que je l'ai ramené de la crèche, il m'a déclaré : "On est bien tous les deux, dans nos pantoufles !" Avec son père, il est tout aussi chouette : quand il entend la clé dans la porte, il se précipite : "Papa, je suis content de te voir." Pensez comment il est mon mari ! Et ça ne veut pas dire qu'il est casanier : quand il ne va pas à la crèche parce qu'il est malade, il me réclame ses copains. » Et Basile, qui circulait, s'arrête, s'approche et dit : « Je veux voir mes copains. »

Basile, prodigue de ses « charmes » incontestables, n'est pas un séducteur. Il est plaisant. Rare. Et il dit à chacun ce qui fait à chacun le plus grand bien !

Et nul ne peut établir de barrière. Le voilà tout son soûl à déclarer à sa mère émue – et qui ne le serait pas ? – « je *te* aime ». Toutes les stratégies thérapeutiques ne parviendront jamais à bout des maladies qu'il collectionne, comme pour limiter lui-même la toute-puissance dans laquelle son attractivité le met. Bien sûr, c'est une interprétation ! Mais comment ne pas être tenté de la faire devant ce qui paraît tellement incompréhensible ?

Le père en tant que dû

L'érogénéité en tant que piège subtil, l'érogénéité illustrée par l'histoire de Basile, qu'est-ce ?

Une attirance vive, violente et incontrôlable. Une attirance qui conjoint le corps de l'enfant à celui de l'adulte, dans une étreinte ponctuée de caresses, de pressions tendres et de baisers sonores. Une attirance heureuse, joyeuse, éloignée de toute connotation choquante ou obscène. Plus elle est bruyante, plus elle est gaie, plus elle est appréciée et communicative, toute remplie des rires que l'enfant prodigue, largement, en retour. Elle peut être le fait des parents, mais aussi celui d'un proche qui sera couvé d'un regard plein de sympathie et d'amitié, pour avoir su découvrir les qualités de l'enfant, y avoir été sensible, jusqu'à succomber sous leur charme et se trouver tiré de sa réserve. Érotisme apprécié, pleinement, diversement ; montré, offert en spectacle, sinon en partage. Rien qui s'apparente à celui que le même mot désigne dans les relations entre amants. Sa seule présence atteste une constante des relations qui existent et ont toujours existé entre les corps petits et grands.

C'est comme si l'adulte se sentait contraint de satisfaire une véritable boulimie que suscite en lui un corps appétent qui le trouble, soudainement, au plus haut point. Il l'approche, le saisit, le serre, colle la bouche à la joue ou mordille du bout des lèvres un cou gracile qui s'offre

117

aux chatouillis pour procurer encore plus de rire, encore plus de joie... Commencent les embrassades. En autant de tentatives, qui dépassent l'entendement, de s'unir tout entier à l'enfant, de le coller à soi, de briser les limites, d'effacer les frontières, de faire des deux corps un seul, ou pas de corps du tout ! Occuper l'espace, le volume qui se palpe, s'y mettre, s'y perdre. Retourner ainsi, brutalement, à cet âge tendre délicieusement puissant, neuf, attractif et protégé. Ne plus être soi, mais, l'espace de ce temps minime, bref, être lui, là-bas, loin, il y a longtemps !

Et, bien sûr, comme c'est impossible et qu'aucune étreinte ne parvient à rien qui fût proche de cet inaccessible résultat, on recommence, on renouvelle, on ne se lasse pas, on ne se lasse jamais. La petite pointe de satisfaction obtenue, au passage, par les sens émus du lissé de la peau ou de l'élasticité d'une joue, incite encore à recommencer, recommencer sans cesse. Comme en soutenant que la sensation perçue existe et trouve en soi une sorte de site qui l'a reconnue, et qu'il n'est donc pas totalement déraisonnable de faire une autre tentative !... Le projet inconscient, pulsionnel, mis en acte, libéré est certes fou et impossible. Mais le bénéfice qui en est retiré, pour infime qu'il soit, n'est pas négligeable. Alors, on recommence. On en remet. On accumule les petits bouts de sensation jusqu'à épuiser le rêve, l'illusion. A moins qu'on ne rencontre précocement un brin de pudeur ou l'agacement de l'enfant qui ne veut plus se prêter au jeu.

Tout cela ressemble à un mouvement de fascination d'une image chérie, hautement investie, conservée vivace en soi, adulée parce que lointaine, hors d'atteinte parce que perdue à jamais au fond du temps. Image que le mouvement tente de ramener à la mémoire à l'aide des afférences sensorielles. On hume l'odeur – « Ça sent bon le lait ! ». On se délecte du spectacle qu'on va se donner dans l'intervalle de deux baisers : les petites mains dans les grandes, tellement semblables et tellement parfaites ; tellement frêles aussi ; émouvantes parce que promises, dans leur fragilité même, à l'action. Et l'on s'attarde à regarder la lippe de la bouche esquisser le sentiment que les mots n'ont pas encore appris à dire. A suivre le mouvement des yeux qui s'agrandissent, ou se ferment lentement sous la caresse, puis qui ébauchent un sourire joyeux, le ravissement ou une réprobation qu'on regrettera d'avoir perçue.

Le corps petit, reflet en réduction de l'adulte qui le côtoie, est, pour cet adulte, le souvenir de son propre corps tel qu'il fut dans le passé. Corps de plaisirs oubliés, corps de souffrances injustes et enfouies, corps libre, puissant, tout en devenir, exposé aux risques multiples et fous, mais promis aussi à tous les paradis.

Le corps petit, c'est le témoignage du renouvellement incessant de l'aventure humaine. Si, en tous lieux, en toutes circonstances, de toutes parts, le spectacle des enfants est utilisé comme argument destiné à convaincre, ce n'est pas un hasard. On est assuré d'émouvoir chacun sans exception. Même Mélanie, la sœur du petit Basile, s'y est laissé prendre. Pendant quelques semaines, elle s'est mise en tête, elle aussi, d'être malade ; avec des symptômes irritants et incompréhensibles qui ont préoccupé ses parents. Elle les a ainsi mobilisés, a focalisé sur elle leur attention, les détournant de l'envahissant petit frère. Mais sans grand succès. Aussi soudainement qu'elle avait commencé, elle s'est arrêtée, s'est rapprochée de ses parents et a eu à l'endroit de Basile les mêmes attitudes que son père et sa mère. Un peu comme si elle avait eu un cap à franchir. Abandonnant, elle-même, les potentialités érogènes de son corps pour aller en quérir le souvenir encore frais dans le contact étroit avec son

119

frère. Mélanie, qui n'est pourtant pas très âgée, a paru, à son tour, avoir trouvé dans le corps de Basile suffisamment d'éléments pour se permettre ces régressions utiles et attirantes.

Utile comme pour tout adulte, bien entendu, qui prend, de la sorte, à bon marché un bain de jouvence et de nouveauté – au sens le plus littéral du terme. Comme aussi pour tout parent qui se trouve impulsé, dans son existence nouvelle, non seulement avec un but et un projet, mais avec une véritable reviviscence. Si tant est – et on aura à le voir – que tout enfant est pour ses parents un moyen de réparation de son existence, ce n'est pas seulement en tant qu'il devient un comparse qui prend le relais dans une histoire inachevée et toujours à accomplir, mais aussi parce que son existence concrète, son corps, sa présence, son contact sont physiquement porteurs de cet effet de réparation. Les mouvements régressifs, identificatoires sont autant de regards portés sur un parcours qui paraît toujours trop bref, encore plus bref à chaque fois, entre cet âge par lequel on est passé et celui où l'on se trouve, coincé et un peu marri. Ce qui en résulte ressemble à la réassurance d'une unicité instantanément recouvrée, à un bilan-estimatif-flash des réserves d'énergie qu'on ne peut pas avoir tout à fait épuisées puisqu'on a été ainsi et qu'elles semblent, là, sur-le-champ, infinies.

Face au corps de l'enfant, dans le contact avec ce corps, de manière plus ou moins consciente, l'adulte récupère une vision de la trame de son parcours corporel, et en a, dans ces moments bénis et trop rares, une intuition vive et ressuscitante.

Le piège de l'érogénéité de l'enfant, qui intéresse tout adulte, intéresse à fortiori, au plus haut point, les parents de cet enfant pour qui il est nécessairement et toujours « le plus beau ».

Et, au premier chef, la mère de cet enfant, qui a eu, avec lui, ce déjà long commerce de la grossesse ; qui le sait issu d'elle, et qui constitue pour lui l'inaliénable acquis offert en guise de tremplin dans l'existence. Elle s'adonne à la caresse, à la jonction des corps, aux contacts indispensables et impulsants sans jamais rencontrer la moindre nécessité d'une pondération ou d'une limite. Elle peut y trouver assez de satisfaction pour s'en sentir comblée. Solidifiant un peu plus le lien naturel qui devient un passage largement perméable, ouvert tout grand au flot par lequel elle risque, elle-même, de se déverser tout entière. Sans la moindre retenue, sans la moindre réserve, sans rien qui freine son débit, si, dans un préalable déjà ancien, elle n'avait constitué, solidement en principe, un contrôle de ses vannes, par le recours à une instance tierce à la parole de laquelle elle aura choisi de se référer.

Aux frontières d'une physiologie qui s'esquisse, se dessine et se précise, de la sorte, un peu mieux, la pathologie guette, qui fait usage du moindre excès, du moindre écart et qui permet de comprendre combien le « métier » de parent est assurément le plus difficile de la création ! Car au nom de quoi trouverait-on à redire à la manière dont les parents de Basile vivent l'attractivité de cet enfant qui les comble ? Et au nom de quelle norme irait-on empêcher ce petit garçon de dire sa tendresse à sa mère, son père, sa sœur, ses copains ou à moi-même ? Comment ne pas être découragé par les effets de ce qui ressemble à une réussite ? Et doit-on s'obstiner à secourir les oreilles ou le pharynx de Basile ? Doit-on continuer de s'interroger sur la signification de ses maladies ? Ne serait-on pas tenté de se mettre du côté des tenants exclusifs du somatique, invoquer les microbes, l'allergie, l'immunité et une série d'autres facteurs ? Je l'ai fait ! J'ai tout fouillé, j'ai même adressé Basile à un de mes patrons dont la sagacité est, pour moi, une référence. J'aurais souhaité trouver une explication. Et j'ai été tout à fait attristé de n'en avoir pas découvert.

Alors ?

C'est sans doute que ce qui se charrie dans cette histoire est trop intolérable pour être admissible là, sur-le-champ, à ce stade du travail. Cela demande encore d'autres relais.

Usons, à cet effet, d'une histoire. Une maman dit toute la violence de sa volonté de bien faire en butte à l'impossibilité de faire barrage au déferlement de déterminants qui la traversent sans qu'elle puisse en avoir le moindre contrôle.

Le souffle court

> « Dis, clou, pourquoi donc t'enfoncer dans le mur ?
> – Si tu veux le savoir, demande plutôt au marteau qui me frappe à coups redoublés... »

... « Être là comme une conne !... En regardant les gens passer... c'est fou toutes les têtes qu'on peut reconnaître. Ils devaient bien se demander pourquoi je les dévisageais avec tant d'insistance. De temps à autre, quelqu'un s'arrêtait. Des femmes plus souvent que des mecs..., heureusement, d'ailleurs. Vous voyez d'ici la trombine que j'aurais faite ! surtout que j'étais toute petite, minuscule. Au début je n'ai pas pleuré. Après non plus je n'ai pas pleuré. Mais j'avais des larmes qui coulaient toutes seules. Ça coulait comme ça, quoi. Je le sentais, mais j'avais pas de sanglots. C'était la première fois que ça m'arrivait. C'est pas près de me reprendre.

Pensez, un coup comme ça, ça vous laisse des dégâts.

Et puis croyez-moi, j'aurais été plus petite, j'sais pas moi, 4 ou 5 ans, ou plus âgée, 15 ou 16 ans, ç'aurait pas pu être pareil. Ce qu'il y a de dégueulasse, c'est tout ce que j'ai remué dans ma tête pendant ces deux putains d'heures. Parce que, quand je regardais la bobine des mecs ou des nanas, c'était pas parce que je risquais de confondre. C'est parce que je me disais : tiens, l'autre jour, celui-là il était arrivé bien avant elle. Alors qu'elle soit pas là, elle est encore dans les temps... Parce que, vous savez, à force, j'en avais pris des habitudes, j'en avais appris des choses.

Putain de putain de putain de merde de chienne de vie ! J'ai même jamais revu sa foutue gueule. Jamais un mot, jamais une lettre. Même pas savoir si elle est morte ou vivante !

Quelquefois, je me dis que, si je la revoyais, je lui foutrais des baffes. Ou bien je refuserais de la regarder. Mais je déconne ! Parce que je me dis aussi que je pleurerais fort, vachement fort, alors, je les aurais, pour le coup, mes sanglots !... Et je crois que je me dirais que j'ai rêvé tout le reste. Que c'était une saloperie de cauchemar et qu'elle est bien là, maintenant. J'aurais attendu un peu plus que d'habitude. Je ne me serais pas tirée au bout de deux heures. Non ! Le temps n'aura pas compté et la voilà qui déboule au milieu de la cohue. Ce serait comme si je l'avais vue de loin descendre les marches de la station. J'aurais levé mon bras et j'aurais gueulé : "Maman" pour qu'elle me voie, des fois qu'elle croirait que je ne l'ai pas attendue, et pas de risque qu'elle ne voie pas ma robe rouge et les rubans mauves qu'elle m'avait mis le matin !... Et puis on serait l'une contre l'autre ! »

(Silence.) « Merde et remerde. Et vous êtes là à me regarder par-dessus vos lunettes sans même vous rendre compte dans quoi vous me retrempez. J'en ai rien à foutre, mais rien, rien !

En tout cas, si mon gamin porte mon nom et pas celui de son père, il courra pas le risque de me voir un jour devenir suffisamment dingue pour lui jouer un tour pendable comme celui que j'ai eu. Parce que, si ma mère elle avait pas trouvé simple de me plaquer à mon père, elle se serait peut-être pas tirée.

C'est que ça en faisait un tabac entre eux. J'sais pas, moi, pourquoi ils s'engueulaient. Mais je les ai toujours connus comme ça. Mon père, c'est un doux comme il dit, un faible comme on lui dit tous. Même qu'après il osait même pas engueuler ma grand-mère quand je venais lui dire ce qu'elle me racontait. Parce que, de temps en temps, j'allais chez elle, ma grand-mère, et, quand je lui demandais si ma mère allait revenir ou quand elle allait revenir, elle voulait pas me répondre. Elle me disait que, si ma mère s'était taillée, c'est parce que je l'ai pas assez aimée et que je lui préférais mon père. Eh bien, quand je racontais ça à mon vieux, il réagissait même pas et il me disait en levant à peine les yeux : "Tu ferais mieux de bouffer plus vite, y a encore la vaisselle à faire..."

Ah çà ! j'vous dis pas. Mon Jules, lui, il est chouette. Et pourquoi vous croyez que je l'ai pris, si c'est pas pour ça. Il a reconnu son fils, mais en deuxième. Moi, je lui ai dit au départ qu'il était pas question qu'on se marie parce que rien à faire, d'abord, je voulais pas changer de nom et puis, si j'avais un mouflet, je voulais qu'il s'appelle comme moi. Remarquez, eh ! il est sympa quand même ! Parce qu'il aurait pu me jouer une entourloupe ! Tu parles, c'est lui qu'est allé faire la déclaration à la mairie. Ça lui aurait pas coûté beaucoup de se mettre en premier et de donner son nom. Mais je lui avais fait promettre, et c'est pas un lâcheur. Ouais, c'est un mec bien.

D'ailleurs tout le monde était d'accord, même sa mère. Elle est adorable ma belle-mère. Une femme de tête, et puis de poigne aussi. Elle a huit garçons. Il faut voir comment elle mène la maisonnée. Les neuf mecs, ils se tiennent à carreau quand ils sont là avec elle. C'est marrant : "p'tite mère" par-ci et par-là. Une vraie reine ! Ça, vous voyez, ça m'botte !

Mais tout ça, ça me dit pas pourquoi mon Tibou il est comme ça. Moi, je vois pas pourquoi vous me faites raconter tout ça. Remarquez, quelquefois, c'est pas désagréable de parler. Ça fait du bien. Et puis on croirait pas qu'on a comme ça des tas de choses à dire. Vous savez, je peux continuer des heures, c'est que vous imaginez pas ce que je peux être bavarde ! Des heures. Parce que, si je devais vous raconter tout ce que j'ai pu baver, vous en auriez des choses à entendre. Mais je vois pas où on en viendrait avec Tibou. Eh bien, quoi, c'est vrai. Ça vous amuse, ce que je vous dis ? C'est quand même pas moi qui lui ai dit d'aller coller ses mains sur le pot d'échappement de la moto de son père. Il était là tout à côté et paf ! c'est arrivé avant même qu'on s'en rende compte. Je m'en suis aperçue quand il s'est mis à gueuler comme un goret. Il faut dire que le malheureux !! Mais enfin, ça arrive non ? C'est pas le seul que vous ayez pu voir comme ça ? Non ?

C'est comme la fois où on vous l'a amené avec le front ouvert ? Je lui avais dit cent fois qu'il fallait pas qu'il grimpe sur le tabouret bancal. Je l'ai repris plein de fois en train de faire le con à vouloir y monter. Il doit avoir quelque chose dans la tête, c'est pas possible. Il y a douze chaises au moins dans la maison et c'est toujours sur celle-là qu'il veut grimper. Il fallait bien que ça finisse par arriver. Remarquez, maintenant, on est tranquille, il est pas prêt de recommencer ! Mais vous, d'un autre côté, vous êtes un peu lâcheur. Facile ! Si au lieu de nous regarder comme si on avait mis dans la tête de Tibou les conneries qu'il fait, vous nous disiez comment lui faire comprendre les choses, vous croyez pas que ce serait mieux ?

Il y a quelque chose qui ne va pas pour ce gosse. Mais je ne sais pas, moi. Je ne sais pas ce que c'est ni comment le savoir... Au fond, c'est vrai qu'il a pas de chance et qu'il collectionne les tuiles. Enfin ! d'un côté, je me dis ça et puis, d'un autre, je me dis que l'autre couillon de médecin qui lui a filé le collyre à la cortisone quand il avait l'herpès dans les yeux, c'est quand même pas de notre faute !... Vous comprenez : on lui a pas dit à ce toubib qu'on connaissait même pas et qui nous avait même jamais vus : "Tiens, notre gamin, il faut lui esquinter la cornée..." Vous voyez le topo. Et cet autre qui nous envoie en pleine nuit faire une radio en urgence parce qu'il a cru que Tibou avait avalé le sifflet de son lapin en caoutchouc. C'était un jeunot et vous nous avez dit comme les gens de l'hôpital que c'était une laryngite et qu'il y avait des épidémies.

Alors, c'est pas facile de s'y retrouver ! Merde ! c'est pas facile en général, mais, là, c'est le bouquet ! Qu'est-ce que je peux faire ? Je fais tout ce que je peux. Y a rien de trop beau pour lui. C'est toute ma vie, ce mouflet. Je sors plus. Dès que je rentre du boulot, je le prends à la crèche et je suis avec lui. Je sors jamais. Pourtant, ce serait pas les possibilités qui manqueraient, mais j'ai pas le goût. Ma belle-mère, elle demanderait pas mieux que je lui laisse le môme. Mais je me dis que, déjà, avec nous, il lui arrive toujours quelque chose, alors, le laisser une soirée ou un week-end ! Vous imaginez, je vivrais pas ! Son père dit que je suis folle et que je m'en rendrai folle. Mais c'est plus fort que moi.

Remarquez, je l'empêche pas de sortir, lui. Mais il veut pas, il reste tout le temps là. Sauf le dimanche ou quelquefois le soir quand il a le temps, il va s'entraîner pour le cross. Ouais, il fait de la course à pied. Compétitions, et tout et tout. Et, là, il s'entraîne dur parce qu'il change de catégorie. Il paraît qu'il réussirait mieux pour le dix mille mètres et le marathon, mais qu'il faut qu'il reprenne son entraînement tout à fait, ou je ne sais pas quoi, quelque chose comme ça. C'est presque plus important pour lui que son métier. Heureusement qu'il a ça, parce que je me dis que je dois pas toujours être marrante avec les soucis que je me fais pour Tibou. Plus ça va, pire c'est ! Parce que, maintenant, avec son asthme ! Dites, vous êtes sûr que c'est ça ? Remarquez, encore une fois, vous vous mouillez pas beaucoup. Mais le mec des urgences qui est venu, il y a un mois, et celui qui est venu la semaine dernière, ils ont dit tous les deux pareil. Vous, avec tous les examens que vous avez faits !... C'est marrant, vous voulez rien dire. Pourquoi ? Parce que ça m'embêterait drôlement qu'il ait de l'asthme. Vous voyez les soucis, les dispenses de gymnastique, l'école manquée et tout le tintouin. Moi, j'en ai connu des asthmatiques, c'est pas une vie ! C'est même tout à fait chiant ! J'ai pas fini d'en baver. Heureusement que j'ai un boulot sympa, parce que si je dois manquer... !

Et puis merde ! Que c'est con tout ça. On fait un môme, on se dit que ça va être pépère. Total, c'est presque pire qu'avant !... »

Une série d'incidents, pour ne pas faire le détail entre les accidents vrais et les maladies, ont émaillé la petite enfance de Tibou, qui a trente-quatre mois au moment où se situe le récit. Récit dans lequel sa mère dit quelque chose comme « trop c'est trop ». Elle est partagée entre le désir de faire appel à la notion de « pas de chance » (l'ophtalmo, le jeune médecin de nuit...) et l'interrogation autour de l'indéfinissable malaise de son enfant (cf. l'incident du tabouret qu'obstinément il choisit). Son récit, lui aussi, s'agence en deux parties : l'une où, avec beaucoup d'émotion, elle raconte comment et dans quelles circonstances elle a compris que sa mère les abandonnait, son père et elle. L'autre où elle articule des interrogations autour des soucis que lui donne Tibou.

La première partie est tout empreinte d'une tonalité cathartique : elle revit avec beaucoup d'intensité ce moment déjà lointain. Elle raconte. Bien sûr, ce souvenir resté vivace, comme tout souvenir, n'est qu'un écran qui masque tout ce qui s'est antérieurement et ultérieurement modifié, dans son économie existentielle. Ce dont on peut deviner quelques composantes dans la dynamique du tissu familial qui est dépeint dans toute la suite : défilent les visages énigmatiques d'un père silencieux et d'une grand-mère guère plus loquace. Puis vient la référence au « Jules », le père de Tibou et, avec lui, des pans de son histoire.

Dès lors, une mise à plat de ladite histoire peut s'effectuer sans rien dénaturer de ce que le texte a tenté de dire par sa forme et son agencement. Et que découvre-t-on ?

Tout d'abord, que la mère de Tibou a mis un temps fou à digérer ce qui lui est arrivé alors qu'elle était fillette. Elle désigne la violence qui lui a été faite comme impossible à réparer. A travers les bouts de propos qu'elle a cueillis chez sa grand-mère et son père, elle finit par se forger une opinion que rien ne peut ébranler : si une mère sait que son enfant n'a qu'elle au monde, elle ne peut pas l'abandonner. Autrement dit, sa mère, à elle, ne l'a abandonnée que parce qu'elle savait la laisser à son père. Ce qui revient encore, pour elle, à garder intact l'amour que sa mère lui a prodigué et dont il n'est

pas question que cet abandon signifie l'entame ou la fin :
« Et je crois que je me dirais que j'ai rêvé tout le reste.
Que c'était une saloperie de cauchemar et qu'elle est
bien là, maintenant. J'aurais attendu un peu plus que
d'habitude. [...] Et la voilà qui déboule au milieu de la
cohue. [...] Et puis on serait l'une contre l'autre ! » La
mère reviendrait et tout serait comme avant. Le temps
n'aurait pas compté. Mais elle sait aussi que ce souhait
est vain. Et elle ressasse la douleur que lui procure la
blessure toujours ouverte. Alors, faisant usage de la leçon
que la vie lui a ainsi administrée, elle se fixe comme
objectif de ne jamais faire cela à son enfant. Elle se
débrouillera pour annuler toutes les tentations, centrer sa
vie autour de Tibou et... le reconnaître la première, refuser qu'il porte le nom de son « Jules ». Ainsi sera-t-elle
suffisamment intimement liée à Tibou, sans la moindre
interposition, conférant à leur destin une seule et même
trajectoire. Ce qui se trouve rationnellement justifié : « si
mon gamin porte mon nom et pas celui de son père, il
ne courra pas le risque de me voir un jour devenir suffisamment dingue pour lui jouer un tour pendable comme
celui que j'ai eu ».

Ce faisant, elle crée les conditions idéales d'étude de
la question essentielle qui la tourmente : que peut être
un enfant pour une mère ? qu'a-t-elle pu être, elle, pour
sa mère ? Ce qui lui permet de n'avoir rien à dire ou
presque de ce qu'a pu être sa vie auprès de son père, et
seule avec lui. Rien à dire ou presque, à peine une ébauche dans l'accusation de la grand-mère : « ma mère s'est
taillée [...] parce que [...] je lui préférais mon père ».
Accusation que le père élude et ne commente pas :
« ... y a encore la vaisselle à faire ».

Si, dans sa relation avec Tibou, elle peut créer les
conditions d'une étroite interdépendance, elle pourra

prendre le temps d'essayer de répondre à la première question, au besoin en enterrant la seconde.

Ce qui, dès lors, permet de comprendre la place qu'elle assigne à son « Jules ». Lequel ne fait rien pour en sortir : « il est chouette [...] il aurait pu me jouer une entour-loupe... ».

On peut supposer que, si cet homme a consenti à occuper la place précise qui lui était désignée, c'est qu'il y trouvait lui-même quelque intérêt. C'est ce que nous apprend la référence à la belle-mère qui est « adorable [...] une femme de tête et de poigne aussi... », qui mène à la baguette sa maisonnée de neuf mâles ; cet homme, accoutumé à voir son père et sa fratrie traiter sa mère en « petite reine » et ayant fait de même, ne peut pas traiter autrement la mère de son fils. Ce dont elle se dit, elle-même, indirectement satisfaite : « Ça, vous voyez, ça m'botte ! » Est-ce seulement l'effet banal d'une habitude qui se poursuit ? Rien n'interdit de penser que le père de Tibou, lui aussi, crée les conditions d'une étude possible de sa propre histoire, d'où émergerait la question clef : comment un garçon peut-il vivre une relation exclusive à sa mère ? Spectateur des débats de Tibou, compulsivement, il examine et cherche, espérant, dans ce qu'il trouvera, récolter des éléments de réponse à l'interrogation qu'il ne peut, bien sûr, pas consciemment formuler.

La collusion, la complicité tacite des stratégies fonde et explique la permanence et la solidité de ce couple. Tibou, en position centrale réparatrice, se cherche une place de sujet là où tout le désigne pour avoir un statut de pur objet. L'expression renouvelée sans cesse de la bonne volonté maternelle, voire parentale, lui est d'un mince secours quand il perçoit, sans pouvoir ni le dire ni le mettre en mots, la nature précise du débat qu'il centre. Alors, il s'en fait l'alphabet et égrène des symptômes. Mettant à mal les recommandations maternelles en montant sur le tabouret bancal, étouffant littéralement pendant les crises dites d'asthme. Restent à expliquer les conduites de médecins qui le voient à l'occasion et l'agressent (la cortisone sur l'herpès cornéen, la radiographie en pleine nuit, etc.). La médecine n'est pas une science. La médecine n'est qu'une collection de discours qui ne sont pas à l'abri de la subjectivité trompeuse. On peut comprendre qu'un praticien, peu habitué aux comportements ou aux discours des parents de Tibou, soit impressionné par tout ce que ces comportements ou ces discours charrient d'angoisse. Il y a bien longtemps que la chose a été mise en évidence même si aucune forme d'enseignement ou de prévention n'en est effectuée dans les facultés férues des seules disciplines fondamentales. Il y a bien longtemps aussi qu'on sait que le patient, en s'adressant à son médecin, choisit les mots qui produiront le résultat qu'il escompte et pas un autre. Ce qui peut expliquer que les médecins s'agrippent aux seules références de leur Savoir et de leurs statistiques pour éviter cette manipulation. Mais certaines situations savent déjouer toutes ces précautions et celles que créent les parents de Tibou en font partie. Leur angoisse, démesurée, peut à elle seule contaminer un praticien et le faire trébucher dans l'appréciation, alors excessive, de la situation. On peut imaginer un ophtalmo pressé qui se trouve dérangé par ce qui ressemble à une banale conjonctivite et à qui cela se trouve présenté comme une catastrophe. Il reçoit la chose comme un défi, ne prend pas le temps nécessaire (et long) de l'examen à la lampe à fente – qui seul peut dire l'atteinte de la cornée – et, pour relever ledit défi, prescrit de la cortisone parce que cela agit quasi miraculeusement sur l'élément inflammatoire des conjonctivites. Le même raisonnement pourrait expliquer un recours à la radiographie d'urgence, sans qu'on ait besoin de le démonter ou de s'y attarder. Car le résultat est là, les médecins malmènent Tibou. Ce qui finit par revenir dans le discours libre de sa maman : « C'est quand même pas de notre faute ! » Protestation qui succède à l'interrogation tacite préalable : « Est-ce de notre faute ? »

Tibou se démène, produit des symptômes, sème le trouble dans une situation qui a pour caractéristique principale que les discours qui la composent ne rencontrent aucune zone d'incohérence. Au contraire, tout « baigne dans l'huile », pourrait-on dire, pour imiter le ton de la mère de Tibou. Longtemps, bien longtemps avant même la naissance de cet enfant, elle savait qu'elle refuserait de lui donner un autre nom que le sien – qui n'est d'ailleurs que celui de son propre père ! Et, à ce projet, elle ne reçoit aucun amendement. Du côté de sa famille, elle ne paraît pas avoir rencontré la moindre réticence. Le père de son enfant est d'accord, et jusqu'à la belle-mère « adorable ». Situation sans le moindre conflit, sans la moindre zone de tension ou de fracture, qui offre à Tibou la jouissance totale et sans réserve de l'acquis que constitue sa mère pour lui, en l'invitant de toutes parts à s'accoler à cet acquis, à s'y conformer et à se laisser conduire. Autrement dit, ce qui lui est proposé dans l'existence, c'est la poursuite indéfinie d'une situation dyadique qui lui a été, certes, nécessaire, mais à laquelle – on l'a vu précédemment – il finit par vouloir échapper et cherche tous les moyens pour y parvenir. Il reste, pendant tout ce temps, sous l'effet de l'impact de l'histoire maternelle dont la force est quasi redoublée par le consensus qu'y apporte le père. Tel un boxeur sur un ring, il prend de plein fouet tout ce qui transite par cette relation, et son corps se trouve arraché du sol, catapulté jusque dans les cordes. Il se relève, on le « médique », on le « répare », et il retrouve cette même position où la violence de ce qui déferle le bouscule à nouveau. L'image, pour exagérée qu'elle soit, rend bien compte de la répétitivité des accidents. De même pourrait-on tenter de mettre en relation les accidents respiratoires aigus (laryngite ou crises dites d'asthme) avec la manière dont le père de Tibou utilise un souffle inépuisable. C'est peut-être une construction ! Certes ! Et l'objection est facile qui consisterait à faire remarquer que les enfants asthmatiques n'ont pas toujours un père crossman, tant s'en faut ! D'où s'explique d'ailleurs ma réserve à porter, à nommer ce diagnostic. Ce que la maman de Tibou relève : « ... C'est marrant, vous voulez rien dire. Pourquoi ? » Car une telle étiquette recouvre des faits tellement disparates qu'on est bien loin de les avoir recensés et encore plus loin de les avoir compris. Alors pourquoi ne pas intégrer ces manifestations à toutes les autres ? Et y a-t-il un quelconque abus à les entendre bêtement comme la preuve que Tibou « s'essouffle » ? Qu'il s'essouffle à continuer de réclamer son dû. De réclamer ce qui le lesterait sur le ring où je l'avais placé un peu plus haut. De réclamer ce qui ferait obstacle à la violence de tout ce que son acquis le charge de reporter, d'extérioriser, de réparer. Son dû dont il paraît avoir une sorte d'intuition, de prescience, probablement liées à la qualité de la relation que sa mère entretient à son père : « Il est chouette, mon Jules... », redoublé de l'intérêt qu'elle manifeste aux exploits sportifs qu'elle semble connaître et quasi encourager : « Heureusement qu'il a ça parce que je me dis que je dois pas toujours être marrante avec les soucis que je me fais pour Tibou... » ; c'est dire qu'il existe certainement, cet homme, pour elle, qu'il compte aussi... Ne serait-ce que comme témoin de la validité de la seconde question que nous avons perçue, enfouie derrière celle qui vient au premier plan : qu'est-ce pour un enfant – une fille – de vivre seule si longtemps avec son père... Mais cela ne suffit pas à revêtir le père de Tibou de la fonction tierce, séparatrice, médiatrice. De le mettre à la place de l'instance que nous avons mis tellement de temps à définir. Néanmoins peut-on noter que la fonction qu'il occupe, la place qui lui est assignée et qu'il prend sans protester limite quelque peu les dégâts. Assurément parce que lui-même est porteur de cette seconde question, placée au second plan elle aussi : « Qu'est-ce qu'un père peut ressentir au spectacle de son enfant vivant avec sa mère une relation quasi exclusive ? »

La seconde série de questions paraît ne pouvoir être abordée que lorsque les réponses à la première auront été obtenues ou, tout au moins, entrevues. C'est la raison pour laquelle les appels de Tibou, les trépignements de Tibou, la multiplication des symptômes qu'il produit mettront longtemps à être perçus dans ce qu'ils expriment. Tibou marquerait une sorte de précipitation à exiger son dû, face à des parents qui non seulement ne récusent pas l'existence de ce dû, mais ont sûrement le projet de le régler ; sauf qu'ils n'attribuent pas à ce problème le même indice d'urgence et de priorité. Ils ne s'en sentent pas concernés de la même manière. Mieux, plus Tibou insistera, et moins ils se sentiront disposés à l'écouter, comme si leur entente initiale s'en trouvait menacée. Écouter Tibou entraînerait, effectivement, la révision du montage topologique qui caractérise le couple. Écouter Tibou équivaudrait à occuper une place que sa présence désigne, mais chacun se trouverait coupé de la trame de sa propre histoire ; or, ce que l'un et l'autre des parents ne cesse de faire, c'est tenter de définir sa place dans cette histoire, même au prix de concessions lourdes de conséquences. Pour la mère, endosser cette responsabilité entière, unique, totale n'est pas plus simple que, pour le père, de ne pas même transmettre son

nom ; et on a vu combien tout cela était littéralement
exigé par les passés respectifs.

Tibou exige de ses parents un saut brutal, un hiatus
qu'ils ne peuvent que lui refuser. Il y met de l'insistance
et un certain art, en quelque sorte, mais c'est sa vertu et
aussi sa mission.

Mission de tout enfant, qu'il n'est pas inutile de voir
plus clairement à l'œuvre. Ce que nous permettra le cas
suivant.

Le mot d'excuse

> « Si tu en vois deux qui s'entendent, dis-toi
> qu'il y en a un qui supporte beaucoup. »

Elle avait une bille toute ronde, mais vraiment toute
ronde, les cheveux coupés court et d'immenses yeux
clairs qui lui mangeaient le visage. Seul son menton était
pointu ; je la saisissais entre deux doigts avant de lui
faire une caresse sur la tête, à la porte, quand toute la
famille s'en allait. Elle me souriait alors, comme pour
mettre une virgule dans le texte muet de nos échanges.

Elle était toujours là, à chaque consultation, à la même
place, au bord gauche de mon bureau. Les parents assis
face à moi me parlaient d'Honoré, son petit frère, pendant que moi, de temps à autre, je glissais un regard vers
elle pour céder au plaisir de constater qu'elle me dévorait
des yeux. Je l'ai, ainsi, vue grandir. Au début, seul son
menton reposait sur la table, puis ce furent les épaules
qui s'y collèrent, la poitrine et la taille enfin.

Clarisse, dont je n'avais jamais entendu la voix, a
toujours eu plus de présence que toute autre fillette.
Jamais je n'ai eu à l'examiner. Je ne lui ai jamais parlé
autrement que pour lui proposer une friandise. Elle

acquiesçait de la tête, je la lui donnais et son regard un peu plus brillant livrait le sourire qui valait tous les mercis que ses parents s'évertuaient, en vain, à vouloir lui faire dire.

Les mois et les années passaient. Le placide Honoré croissait en taille et en poids. Réagissant suffisamment bien à l'existence qui lui était faite pour ne pas sombrer dans les maladies graves ou répétées qui suscitent le questionnement. Je ne pouvais pas dire grand-chose de cette famille. Une parmi d'autres de mon fichier que rien de saillant, hormis la joliesse de Clarisse, ne vient définir et qui sacrifie rituellement et périodiquement à l'inévitable fréquentation du cabinet du pédiatre.

Aussi ai-je été étonné du ton de la maman, quand, au téléphone, elle a demandé à me voir d'urgence. Honoré était-il souffrant ? Non, ce n'était pas pour lui..., mais pour Clarisse !

Clarisse ? On ne m'a pas demandé de la voir depuis les trois ou quatre ans que je la connais, au point que j'avais pensé qu'on consultait, pour elle, un autre confrère. Mais Clarisse, c'est aussi cette longue complicité muette, le spectacle de sa joliesse et les gestes de tendresse que j'avais à son endroit. Clarisse, c'est presque une vieille, une ancienne histoire, dans laquelle nous avons, ensemble, tissé des liens plus forts que ne pourraient le dire les mots que nous n'avons jamais échangés. Sa présence était une fête, et il n'était pas question que je sursoie à cette rencontre à laquelle je me préparais, avec une émotion qui m'étonnait tout de même.

Clarisse allait donc venir. J'étais sûr que l'inquiétude des parents était injustifiée ou, à tout le moins, sans fondement grave. Je ne le souhaitais pas seulement pour autoriser mon plaisir à ces retrouvailles, je le voulais fort, très fort, assez fort pour être quasi confiant dans l'efficience de mon désir. Résidu d'une mécanique de pensée proprement infantile et qualifiée de magique, qui parasite ces situations potentiellement dangereuses, où de la maladie est dans l'air.

Et la voilà de nouveau, là à la même place, dans la même attitude. J'attendais un visage modifié, travaillé par la douleur ou par la fièvre. Je retrouve la même mimique, le même regard clair, vif, et qui m'interpelle avec toujours la même intensité. Honoré n'est pas là, ce qui est logique puisque c'est de Clarisse que, pour une fois, il s'agit. Encore que, pour les consultations d'Honoré, je l'ai dit, Clarisse était toujours présente.

J'emprunte le mode expressif de Clarisse. C'est-à-dire que je ne dis rien. Je la regarde, je regarde ses parents et j'attends.

La maman de Clarisse me tend un papier plié, sans faire le moindre commentaire. C'est une feuille de cahier quadrillé. Une demi-feuille plus exactement, jaunie, froissée, que je déplie et que je lis. J'en reste ébahi. Au coin gauche en haut, il y a mon titre, mon nom et mon adresse, d'une écriture infantile qui ne peut être que celle de Clarisse, avec au moins trois fautes d'orthographe. En haut à droite la date. Puis venait un texte : « Clarisse ne doi fère la gymastic parsquelle ai opéré de la pendisite. » Et, au-dessous, mon nom cerclé, entouré d'une ligne courbe fermée qui le centrait et était censée en faire une signature savante.

Était-ce un jeu ? Sûrement pas, car je voyais mal ce qui fondait la démarche parentale.

J'ai regardé Clarisse : sa physionomie n'avait pas changé. J'ai regardé les parents. La mère a pris la parole :

« Hier au soir, Clarisse était en train de faire ses devoirs et elle m'a demandé comment s'écrivait votre nom. J'ai trouvé la chose curieuse, mais je le lui ai dit. Un moment après, elle m'a demandé votre adresse. Je ne comprenais pas pourquoi, subitement, elle s'intéressait à vous. Je sais qu'elle vous aime bien, mais c'était la première fois qu'elle posait ces questions. J'ai cru qu'elle vous faisait un dessin, puis j'ai cessé d'y penser. Ce matin, la maîtresse m'a téléphoné et m'a convoquée dans le bureau de la directrice. Elle m'a donné ce papier. J'ai été prise de court. J'ai trouvé la chose un peu grosse et tout à fait inattendue et j'étais en même temps un peu amusée, mais je ne comprenais pas pourquoi la directrice insistait pour qu'on montre Clarisse au psychologue de l'école. Elle ajoutait qu'elle aurait sûrement besoin d'un traitement psychiatrique, que c'était sûrement grave et que le traitement serait long. Je trouvais vraiment que ces conseils étaient disproportionnés avec ce qui me semblait une vétille. Je le lui ai dit. J'ai dit que j'allais d'abord vous en parler. Mais il m'a été répondu que ce n'était pas une affaire de pédiatre. Pensez combien j'étais surprise. J'ai cherché à comprendre. Et j'ai appris que ce n'était pas la première fois que Clarisse faisait des choses comme ça. La maîtresse m'a donné alors un autre papier [qu'elle me tend] et que Clarisse lui a donné la semaine dernière. »

Même papier, même format, même écriture. Avec une disposition voulue conventionnelle, et dont le texte était : « Madame la maîtresse, laissé sortir Clarisse à midi aujourdui elle doi allé l'aprémidi à l'enterement de son père. » Suivait la signature : Mme X..., et la date du jour.

Le jeu véniel de la dispense de gymnastique cédait la place à un message d'une nature tout autrement sinistre. Rien n'avait changé dans l'attitude de Clarisse qui écoutait la narration de ses faits et gestes. Elle m'avait circonscrit d'un trait fermé autour de mon nom-signature, comme de son regard tout au long des années de fréquentation. C'est vrai que je ne parvenais pas à mettre en doute sa bonne santé mentale et que je n'étais pas, moi non plus, prêt à la confier aux psychiatres.

Convaincu que j'étais de la possible action d'une intervention ponctuelle et brève qui suffirait à déchiffrer le message par deux fois adressé à son entourage.

Mme X... continue de parler : « Quand la maîtresse m'a remis le papier, elle m'a dit qu'elle pensait que c'était la vérité. Dans nos écoles de quartier, les mots des parents sont souvent écrits par les enfants. Elle a laissé Clarisse prendre son cartable à midi et elle lui a remis pour moi une lettre de condoléances que je n'ai pas reçue. Clarisse est rentrée à midi avec son cartable ; elle m'a dit qu'il n'y avait pas d'école ni l'après-midi ni le lendemain parce que la maîtresse était en stage. Et ça, ça arrive quelquefois. »

L'agencement des événements déroule une histoire à plusieurs personnages dont le dialogue se trouve apparemment bloqué. Quand le message de l'un n'est pas intégrable à l'intelligence ou au vécu de l'autre, la machine déraille et produit de bien curieux effets. De la sidération en l'occurrence : l'institutrice écrit une lettre de condoléances sans s'enquérir apparemment auprès de Clarisse de l'âge ou de la maladie qu'avait son père. Pudeur ou discrétion ? Elle aurait, autrement, bien vite flairé la macabre supercherie. Le premier message – dramatique – de Clarisse est une « lettre morte ». Il n'aboutit à rien. Alors, elle récidive. Elle avait sûrement quelque chose à dire, dont elle ne pouvait parler qu'à un protagoniste situé hors de la cellule familiale. L'institutrice ne réagit pas. Par quel curieux cheminement va-t-elle aller me quérir ? Je fais partie de son monde. Nos échanges, qui pour être muets n'en ont pas moins été intenses, l'en assurent. Vais-je mettre l'ensemble de ces faits sur le compte d'une espièglerie ou bien vais-je tenter de décoder ce qui, utilisant ma personne, s'adresse à moi ?

« Qu'as-tu fait de la lettre de la maîtresse ? » demandé-je à Clarisse. Manière comme une autre d'explorer les dispositions dans lesquelles elle se trouve et que me masque son visage détendu et souriant, comme à l'accoutumée.

« Je l'ai déchirée et je l'ai jetée. »

J'entends pour la première fois sa voix qui ne me déçoit pas. Je me tourne vers le père qui n'a encore rien dit. Je suis un peu gêné de ce silence parce que je pense qu'une partie du message le concerne. Ça ne doit pas être simple d'avoir été, en quelque sorte, enterré par sa fille quelques jours auparavant. Je lui pose la question dans ces termes mêmes.

« Je ne suis pas le père de Clarisse. Je suis le père d'Honoré. »

Son épouse poursuit devant ma surprise évidente. Clarisse ne s'appelle pas Clarisse X..., mais Clarisse F... Son père, M. F... et elle-même se sont très vite mal entendus. M. F... est parti quand Clarisse avait quelques mois. Et il n'a plus donné signe de vie. Ce n'était qu'un « bon à rien, menteur, joueur, buveur et dépensier ».

Je me surprends à associer, à m'extraire, à penser à autre chose qu'à ce qui, sur-le-champ, est censé être mis en mots. Les situations paraissent se réduire tôt ou tard à des schémas toujours semblables. C'est la rencontre, le grand amour, l'aventure, la promesse des lendemains en fête. Ce doit être le jour de son premier mariage que Mme X... a dû être photographiée avec ce grand feutre blanc qui lui fait un visage angélique. Ce portrait, je l'ai remarqué un jour, dans un coin de la chambre, lors d'une visite au domicile. Elle a le regard qui contemple à gauche, au loin – côté cœur ? –, l'avenir dans lequel elle s'engage ; le coiffant du feutre souligne la pureté de son front, et le bord, discrètement cassé et posé sur la droite, fait un harmonieux pendant aux lys du bouquet blanc. Une œuvre conventionnelle, de circonstance, encore que la jeunesse et la beauté des traits de Mme X... ont dû influencer le photographe qui y a mis le meilleur de son art. Un instant est saisi, fixé, encore bruissant de la phrase inévitable qui vient de ponctuer la circonstance : « ... unis pour le meilleur et pour le pire ». Et c'est le jour même, ce grand jour tant espéré, tant attendu que commencent les soucis ! Comme si chacun, enfermé dans les déterminants de sa seule économie, était voué à les faire obstinément reconnaître en se faisant sourd à tout ce qui y est étranger. En refusant l'alternance du questionnement. Les yeux, sous le front pur du portrait, ont vu le « prince charmant » se dépouiller de ses atours, recouvrer une dimension plus commune qui devient vite source d'insatisfaction. Mais qu'est-ce qui, dans la promise, a favorisé la débâcle ? Les masques s'usent-ils dès la chambre nuptiale, pour faire virer la situation au conjugal – qui, rappelons-le, signifie le partage du même joug, lequel terme désigne cet appareil de trait attachant deux animaux à la même charrue. Comment l'amour qui conduit deux êtres à s'unir peut-il si précocement laisser place aux règlements de comptes, où chacun invective l'autre, avec une charge de haine tellement impressionnante qu'elle doit, nécessairement, prendre origine dans un passé lointain.

M. F... a disparu après la naissance de Clarisse. Retraite sans motif autre que ce qu'on peut supposer derrière l'affirmation de Mme X... : « buveur, joueur, etc. ». Mais je n'en suis pas à livrer le contenu de mes associations ! Clarisse ne connaît pas son père. C'est ce que j'entends de nouveau, quand Mme X... poursuit son récit. Elle raconte ce qu'a été sa vie seule avec son enfant jusqu'à la rencontre de M. X... La naissance d'Honoré est venue encore plus les rapprocher, d'autant que Clarisse et M. X... s'entendent, s'apprécient et s'aiment. Mais, il y a quelques mois, le père de Clarisse est réapparu. Mme X... a cru le reconnaître dans la foule d'un supermarché. Il était dans un coin, à distance, se cachant presque. Quand elle l'a regardé, il a tourné le visage et est parti précipitamment. Un après-midi, il a même dû aborder Clarisse qui a raconté à sa mère qu'un monsieur lui avait offert des bonbons, en lui demandant si elle avait des frères et sœurs. Mais Clarisse, avertie des risques potentiels de ce genre de rencontre, n'a pas répondu et a refusé le paquet tendu. C'est alors que Mme X... a pris peur. Après en avoir parlé avec son mari, elle a entrepris des démarches pour déchoir M. F... de ses droits paternels et faire adopter Clarisse par M. X... Or, la signification du jugement dont Clarisse, qui pourtant en était l'enjeu, n'avait pas même été avertie, est intervenue la semaine d'avant. Et Clarisse écrivait son mot d'excuse le jour même où sa mère allait, au greffe et à la mairie, faire procéder aux corrections d'état civil que le jugement, enfin, autorisait.

Clarisse, debout, toute droite, à gauche de mon bureau, assistait au succès de son entreprise. Elle entendait, pour la première fois, son histoire. Elle avait dû cependant en collectionner des bribes. Assez de bribes pour produire le premier billet. Elle signifiait son vécu du changement d'état civil, auquel – à son insu et en la laissant sans explication – elle allait devoir se faire. La déchéance du nom équivaut pour elle à la mort de qui le lui a transmis. Pour hâtive qu'elle soit, sa conclusion est la sienne. Ce nom la différenciait de sa mère et du père d'Honoré tout autant que d'Honoré. Sans que la chose ne lui fût jamais dite, ce nom constituait pour elle ce qui la faisait différente de ses parents et de son frère. Mais rien de plus ne lui en avait été dit. Son nom attaché à elle, comme une différence claire, recelait les mystères d'une histoire jamais contée, tout en attestant la présence de cette histoire. Elle ne peut s'en laisser déposséder sans manifester l'intérêt qu'elle porte à la signification de la transmission dont elle avait été jusque-là chargée. On la retrouve, très tôt, avec des moyens différents, en train de poser la même question que Tibou, mis à l'écart de la transmission du nom de son père. Si bien que, produisant le second papier, elle use des stratagèmes dont elle dispose. Elle s'enquiert auprès de sa mère de l'orthographe de mon nom. Puis, à la fin de son billet, ce nom, elle va l'entourer. Comme pour le fortifier, en faire une citadelle. Ce qui, d'emblée, me frappera dans ce que je prends d'abord comme une tentative maladroite de signature. Ce faisant, elle pose une question simple et nette : « Qu'est-ce qu'un nom ? »

Face à l'irrécusable acquis que constitue, pour elle, le corps et la permanence de sa mère, dont, comme tout un chacun, elle sait être issue, sans le moindre doute, le nom qui la désigne – nom de son père – condense la présence de ce personnage autre qui a dû, à un moment, avoir été suffisamment investi par sa mère pour que, de leur accouplement, elle fût le résultat. Le nom seul, la désignation par le nom, ne suffit certes pas à présentifier ledit personnage dans l'économie existentielle de Clarisse – comme de tout autre enfant –, mais c'est une voie possible. Et il n'est pas aisé pour elle de s'en voir dépouillée pour être affublée d'un autre qui n'a pas du tout la même place dans son histoire.

Clarisse m'est ramenée, à sa demande, quelques semaines après cette rencontre dont je comprendrai un peu mieux le véritable rôle charnière. Les enseignants n'ont pas insisté sur le recours aux circuits psychiatriques. Tout est rentré dans l'ordre, et l'atmosphère familiale est sans anicroche. Par-delà le bénéfice qu'elle a retiré de la consultation où elle a entendu raconter par le détail son histoire, Clarisse, devenue Clarisse X..., a été subitement mise à sa bonne place, fille nommément de M. X..., elle a pu user du recours à ma compétence, se trouver comme Honoré être le centre de la consultation. Fait qui, à lui seul, avait une indéniable efficacité thérapeutique.

Et voilà qu'elle exige de me voir de nouveau, après avoir appris qu'on allait me montrer Honoré pour l'examen semestriel.

Je fais une fiche à son nom. Puis je l'examine. Je remarque alors une atrophie relativement importante de la cuisse droite portant sur la loge antérieure et la loge interne. La cuisse droite est moins épaisse que la cuisse gauche de plusieurs centimètres. Je demande depuis quand c'est ainsi. Mme X... me raconte que Clarisse aurait contracté une forme de poliomyélite un peu avant l'âge de 3 ans et qu'elle aurait été soignée, dans un grand hôpital parisien, dans le service du Pr P... où on lui aurait fait, en quelques années, plus de deux cent cinquante séances de kinésithérapie. C'est dans le service qu'elle était régulièrement suivie quand on m'amenait Honoré et qu'on ne me la montrait pas. L'histoire me choque. Elle me paraît floue, mal définie. Le niveau intellectuel de M. et Mme X... leur permettrait de dire les choses clairement. Et, s'ils en sont à ce point de confusion, il doit y avoir une raison. D'abord, la poliomyélite est rare, elle a disparu grâce à la vaccination, et Clarisse a été vaccinée. Bien sûr, tout est possible et on a décrit des poliomyélites chez les vaccinés. Mais pourquoi dire : « une forme de... » ? A moins que le diagnostic fût bien plus complexe et qu'on ne se soit pas préoccupé de le dire très exactement. Pourtant, je ne vois pas, dans ce que je peux connaître en neurologie, de paralysie périphérique ou centrale qui fût à ce point circonscrite. Bien sûr, mes connaissances comportent des lacunes. Et puis le nombre impressionnant de séances de kinésithérapie n'a pas pu être inventé et devait avoir quelque fondement. Je suis assez troublé et perplexe pour écrire immédiatement au Pr P... une lettre demandant communication des éléments du dossier de Clarisse. Cette lettre restera sans réponse, comme cinq autres qui ont suivi, dont une recommandée avec accusé de réception. Tout cela me gêne, m'embête, me préoccupe, mais je n'ai pas assez d'éléments d'inquiétude pour me déplacer et aller demander la signification de ce silence. D'autant que je n'y suis poussé ni par la nécessité ni par l'empressement de M. et Mme X...

Les années passent. Je vois de plus en plus rarement Clarisse et son frère. Elle m'est amenée un jour, en urgence. Elle a changé, elle a grandi, c'est une belle presque jeune fille. Avec toujours le même immense regard clair et le même sourire. Elle a une tuméfaction spontanée du genou droit, survenue hors de tout effort. L'articulation est rouge, tendue, impossible à mobiliser tant elle est douloureuse. La survenue brusque du phénomène ne peut être due qu'à une effusion de sang intra-articulaire. Ce qu'on appelle une hémarthrose. C'est toujours sérieux et cela peut être grave. Je ne sais pas à quoi c'est dû. Et je me trouve de nouveau gêné par les blancs de l'histoire médicale de Clarisse. Je l'adresse à un confrère orthopédiste à qui je narre par le détail, entre autres choses, ma mésaventure épistolaire avec le Pr P... Comme je le sais titré du même hôpital, je lui suggère d'essayer d'avoir accès au dossier ouvert au nom de Clarisse F..., en supposant qu'il aura plus de chance que moi, et de m'informer de ses découvertes. Je fais cela sans entrer dans les détails du changement d'état civil.

J'ai eu une réponse par retour de courrier. Clarisse souffrait d'un déséquilibre dynamique de son articulation du genou entraîné par la différence de force musculaire des deux cuisses. Ce déséquilibre s'était aggravé à cause du gain de poids et taille assuré par la croissance, au point de provoquer l'hémarthrose. Une intervention de reposition musculaire était nécessaire. Quant à l'espèce de poliomyélite, ce n'en était pas une. Mais la conséquence d'une section malencontreuse, passée inaperçue, d'un nerf au décours d'une appendicectomie subie lors des semaines précédentes. « Un gag chirurgical que le patron, le Pr P..., avait mis personnellement sous le coude. »

D'où l'explication de ce silence obstiné à mes demandes d'information, la multiplication énorme des séances de kinésithérapie... D'où aussi cet extraordinaire génie de Clarisse, cet incroyable phrasé du second message : « Clarisse ne doi fère la gymastic parsquelle ai opéré de la pendisite. » Phrasé qu'elle extrait de tout ce qu'elle a recueilli d'informations hachurées, atomisées que, sans idée directrice, elle parvient à mettre bout à bout... Elle dit à sa manière son ras-le-bol de toutes les mystifications, de toutes les manipulations dont elle est l'objet – au sens le plus étroit du terme. D'où aussi l'explication de son lapsus, l'élision de la seconde partie de la négation dans son message : « ... ne doi fère la gymastic ». Élision qui touche le *pa*, demi-syllabe de papa – enterré quelques jours auparavant et prêt à devoir réapparaître en la personne du père d'Honoré. Mais élision qui fait redondance à ce qu'aurait pu être son histoire médicale : elle n'avait pas à faire de gymnastique – kinésithérapie – parce qu'elle a été opérée de l'appendicite. Et qui désigne l'erreur, la bourde, que le Pr P... « avait mise... sous le coude », mais dont la nature avait dû finir par se savoir par ses collaborateurs et être dite en termes couverts devant cette fillette dont personne ne pensait qu'elle pouvait saisir quoi que ce soit. Renvoi à la légende du roi Midas que nous conte Ovide : « ... Et quand le vent du soir passe dans les roseaux, une rumeur naît et se gonfle, portant au loin les paroles enterrées : "Le roi Midas a des oreilles d'âne." »

Renvoi aussi à ce qui ne cesse tout au long de la vie, cependant encore courte, de Clarisse d'être les effets d'une chape de silence. Silence fait autour de la séparation des parents, silence fait autour de la bourde chirurgicale, silence fait autour du changement de nom. Silence que vient interrompre la question centrale et simple : « Un nom, qu'est-ce ? » Question pertinente, question clef, question qui a permis à Clarisse de trouver et lier les bribes de son histoire, qu'elle ait été médicale ou familiale.

Son regard immense et perméable qui m'avait tant séduit traduisait son appétence à vivre et à se faire acquitter son dû. L'intervention sur le genou et la narration de toute l'histoire ont précédé, de quelques jours, la survenue de ses premières règles.

Basile dit, comme il peut, le revers de la médaille de séduction dont il a été paré par ses deux parents à la fois. Tibou ne cesse de réclamer un dû que ses parents, tous les deux, ne peuvent que lui refuser. Quant à Clarisse, elle profite d'une circonstance classique dans l'organisation familiale pour dénoncer le sort qui lui a été fait et proférer la question en termes capables de lever tous les silences qui ont pesé sur sa vie. Chacun de ces trois personnages déboule dans l'existence avec la même et formidable vitalité. Tenants, sans conteste, de la vérité d'une position, adossés à un acquis qui déverse en eux et l'énergie et l'histoire qui les traverse, ils interpellent sans répit un pôle autre qui les tracterait en leur indiquant la voie du juste milieu. L'idée même de cet autre pôle leur est donnée implicitement par tout ce qui, de la mère, transite par eux, dans l'espace des mots, dans les blancs du message qui leur est dévolu. Si toute la violence de la mère de Tibou est contenue dans ce qu'elle dit de sa relation à sa mère, elle n'en est pas moins habitée par ce que charrie la relation implicite qu'elle a eue à son père. Il en va de même pour la mère de Basile ou celle de Clarisse. A ceci près que la dynamique de leur histoire ne leur permet pas d'investir totalement l'autre pôle de la relation que réclame leur enfant. Elles ne l'excluent pas, ne le dénient pas – sans quoi les troubles seraient infiniment plus graves –, mais le tiennent en second plan, le mettant momentanément au seul service d'une entreprise prioritaire dont elles le font l'instrument adjuvant, le servant.

Est-ce à dire qu'il existerait des recettes, des conseils à distribuer aux pères, pour qu'ils prennent la juste mesure de la place qu'ils doivent occuper ? Y aurait-il des présupposés théoriques, qui leur permettraient de faire usage de leur position pour aider leur enfant, la mère de leur enfant, eux-mêmes ? Ce serait commode et simple. Bien naïf aussi. Car, et on l'a vu clairement pour le père de Tibou, tout homme est aussi porteur d'une histoire dont il n'est que le jouet et qui, invariablement, ne peut que l'impulser et décider pour lui.

Il est encore tôt, bien trop tôt pour mettre à plat ou élaborer les raisons qui motivent les mères à avoir ces attitudes et les pères à leur emboîter le pas en occupant des positions en retrait. Nous avons pu en subodorer dans le traitement de quelques-uns des cas exposés. Mais nous aurons à y revenir encore plus en détail. Tout ce que nous pouvons constater pour l'instant et qui nous apparaît avec la plus parfaite évidence, c'est que l'enfant, lui, ne cesse pas de réclamer. Par tous les moyens dont il dispose : soit comme Basile par la répétition d'épisodes morbides légers mais agaçants, soit comme Tibou par une accumulation d'accidents, soit comme Clarisse par l'usage de subterfuges qui auraient pu la faire croire capricieuse ou dotée d'un caractère fâcheux. Notons que ces appels ne sont pas tombés dans le vide. Ils n'ont pas rencontré

des oreilles sourdes, tant s'en faut. Mais plutôt une sollicitude maternelle extrême toute soutenue par l'infati-
gable volonté de bien faire. Dans chaque histoire, la
mère, rencontrant une limite à son pouvoir ou à sa compétence, est venue répercuter l'appel et formuler une
demande d'aide. Il n'y aurait aucun intérêt à démonter
le mécanisme de cette démarche si ce n'était pour montrer comment la fonction médicale, reconnue par la mère
comme adjuvante, signe en même temps une limite à sa
puissance et équivaut à une parcelle de la fonction tierce,
médiatrice, que nous avons évoquée comme appartenant
en principe au personnage paternel. D'autres fonctions
tout au long de l'existence de l'enfant viendront proposer, ainsi, d'autres parcelles : le personnel de crèche, la
nourrice, la maîtresse d'école, le professeur, etc., quand
ce ne sont pas des grands-parents ou des familiers. La
fonction paternelle atomisée trouvera toujours les
moyens d'établir une séparation entre l'enfant et sa mère,
sans avoir à recourir nécessairement à la personne du
père lui-même. Cela paraît rapide, gratuit et provocateur,
voire scandaleux. Mais il en est ainsi et pas autrement.
Le tissu social [1] par ses contraintes multiples finira tôt
ou tard par produire un semblant d'équilibre dans la vie
relationnelle de l'enfant. Petit à petit, mais avec certitude,
s'opérera un enfouissement véritable – ce que l'on
appelle un refoulement – du sentiment de dépendance
extrême, originé dans un rapport disproportionné entre
la puissance considérable de la mère et la fragilité évidente de l'enfant.

Mais il ne s'agit que de refoulement. C'est-à-dire qu'à
l'âge où les événements touchent nos petits patients,

---

1. Il n'est pas inutile de remarquer que la texture dudit tissu est, elle-
même, fonction des investissements opérés sur les rôles respectifs du père
et de la mère.

Basile, Tibou, Clarisse ou d'autres, on est encore en plein dans le combat, dans la violence de l'exigence, dans l'inventivité... Chacun de ces enfants réclame son dû. Or, un des pouvoirs de la médecine réside dans la possibilité non seulement de faire cesser ces manifestations, mais encore plus de leur trouver toutes sortes de causes exogènes qui sont autant d'alibis. De diagnostics en examens paracliniques, de conseils en traitements, l'ossature de l'appel, sa nature elle-même est perdue de vue, vidée de tout sens. L'extrême efficacité des thérapeutiques peut même se rire de ce à quoi elle aboutit : car cette thérapeutique produit – à ignorer le contenu implicite du message – toutes les conditions de la répétition ; mais qu'importe que cela se répète, les ressources se multiplient tous les jours ! On aura évité, habilement, l'abord du fond du problème, avec, à la fois, de la sérénité et de la bonne conscience. N'est-il pas important que cette mère puisse rapidement reprendre son travail, que cet enfant puisse retourner à la crèche ou ne pas rater son contrôle de mathématiques ? Et est-ce bien le moment de gloser quand toutes les dispositions sont prises pour le départ familial en vacances ? N'allons donc pas nous plaindre de notre richesse et de l'efficacité et l'intelligence de nos moyens ! Remercions plutôt la grande sagesse de nos sociétés qui ont su créer les conditions de ces admirables progrès. Le reste est un luxe hors de portée de l'instant et des problèmes qui nous occupent !

Et voilà ce que l'on appelle un évitement. Les questions posées par tous les Basile ou tous les Tibou ne sont qu'un tissu d'impertinences à rapporter à l'inanité de leur mode de penser ou de sentir. Manifestations protéiformes sans intérêt immédiat. A balayer. Évitons. Les évitements successifs seront les balises les plus sûres pour refouler l'ensemble, faire procéder au deuil nécessaire de prétentions qui ne sont pas de mise. Et, si le père de Tibou a ouvert les yeux dans un univers de mâles « menés à la baguette », a-t-il eu un autre choix que de se plier à la loi que son entourage immédiat lui a indiquée ? Sans doute a-t-il pu manifester sous quelque forme que ce soit, lui aussi, son malaise de ne pas retrouver les conditions de l'alternance constitutive inscrite jusqu'au plus secret de son aventure de vivant. Peut-être, tout comme son fils, a-t-il fait ces bronchites répétées, ces accidents renouvelés, jusqu'à finir par sombrer dans le choix d'une sagesse qui lui a fait préférer une survie estropiée et calme aux soubresauts d'une existence plus digne, mais souffreteuse. Il aura compris le message des évitements successifs. Il aura enfoui le tout dans sa poche et mis son mouchoir par-dessus. Et voilà que Tibou, coquin, maladroit et ignorant des usages, se saisit du mouchoir et le tire. Révélant ce qu'il cache. Ramenant à la surface ce qui a pris tellement de temps à s'enfouir ! D'un geste sec et brutal, le père de Tibou remet tout en place. Il avait bien pensé, au moment, au premier instant où il a remplacé son poing rageur par le mouchoir, qu'il aurait mieux valu se débarrasser de cet encombrant fardeau. Il l'aurait fait s'il n'avait cru pouvoir, un jour, trouver le temps de reprendre tout cela à son compte, hors des contraintes, dans d'autres conditions. Et puis il n'y a plus pensé. Et puis il a été pris par d'autres soucis. Et puis... Et puis... Or, voilà que Tibou commet ce geste ! Va-t-il, lui, adulte, se laisser faire par cet enfant, céder au caprice de son enfant ? D'ailleurs, qu'y a-t-il sous le mouchoir ? Il l'a oublié. Peut-être cela concernait-il un statut de père, oui, de son père ? Mais c'était de l'enfantillage ! Son père, il le connaît bien. Il en a pris l'habitude, il l'a accepté tel qu'il était ! Ça ne l'intéresse plus ! Il ne va pas se remettre à penser à tout ça ! D'ailleurs, il a bien vécu ce père, non ? ouais ! mais ça, c'est parce qu'il aime beaucoup maman ! Maman, tiens, voilà un personnage fascinant et autrement plus compliqué que papa ! C'est marrant, parce que la mère qu'il a choisie pour Tibou, c'est un peu ça : têtue, énergique. Elle sait ce qu'elle veut !

Et Tibou, obstinément, continue de vouloir ce mouchoir. C'est pas possible ! Tu veux un mouchoir ? tiens, en voilà un. C'est le même, fous-moi la paix. Et pourquoi pleures-tu ? ce n'est pas possible. T'es infernal. Tiens, va, tu n'es bien qu'avec ta mère. Allez, va donc chez ta mère. Moi je vais aller me détendre. Me faire un tour de piste !

Et Tibou continuera de hurler, de se casser la figure ou de se faire brûler jusqu'à trouver lui aussi, usant de la plasticité et de l'extrême solidité de son corps, cette forme de sagesse qui sera une mise au pas. Une forme de sagesse qui lui dira qu'il dispose d'une poche et d'un mouchoir. Celui-là même que son père lui a donné. A tâtons, par essais successifs, un jour, lui aussi mettra le tout au fond du vêtement et le recouvrira d'une couche d'amnésie. Reportant, à son insu, à la génération suivante, la résolution du problème qui lui aura coûté tant d'énergie. Espérant sur-le-champ, et s'empressant d'oublier aussitôt cet espoir, que la génération suivante trouvera d'autres conditions à l'exercice de son obstination à légitimer ses réclamations. Il sera là pour y veiller, riche des traces de sa propre souffrance ; mais ignorant à son âge généreux que plus les années passent, plus s'effritera sa détermination, dans le même temps que se confortera son désir de ne plus souffrir, tout engoncé qu'il sera dans la paresse et le banal désir d'adulte de vivre simplement.

Les évitements auront joué leur rôle. Faisant taire, à coups de rationalisations et de thérapeutiques, le message dont la transmission restera dévolue aux générations successives. Générations de pères dus se succédant les uns aux autres. Porteurs innocents de ce qui, remontant le fil du temps, a constitué l'instauration de la toute première forme de dette, à jamais inaccessible.

L'enfant donc réclame le père qui lui est dû, impulsé dans la trajectoire vitale, avec toute l'énergie dont l'auront marqué les processus multiples d'alternance. Et cela n'est jamais sans poser de problèmes, nous le verrons un peu plus loin dans le détail.

Mais qu'un père soit dû à son enfant, est-ce tout ? Ne serait-il pas dû également à la propre mère de son enfant ? Voire à lui-même ?

La mère de Tibou, encore elle, ou plutôt encore lui, serait sûrement soulagée de voir son « Jules » occuper la place qui, en principe, lui revient. Elle n'aurait pas à vivre avec Tibou cette relation passionnelle et exclusive qui lui sert à réparer la violence dont elle a été victime quand sa mère a disparu. Elle pourrait vivre hors du système véritablement obsessionnel qui l'invite à croire qu'à la moindre distraction que pourrait connaître son attention elle risque de disparaître tout entière de la vie de Tibou. D'autant qu'ayant exigé que Tibou porte son nom, c'est-à-dire celui de son père à elle, elle se trouve doublement liée à cet enfant comme dans la suite sans changement du tête-à-tête qu'elle a connu avec ce père. Sans compter que la transmission du nom du grand-père maternel la met au cœur d'une thématique qui, pour en être généreuse, n'en est pas moins trouble. Il n'est que de se reporter aux propos de Mme François dans l'histoire de la « traduction littérale ». Ce n'est pas simple de procréer un enfant qui viendrait comme refaire, remodeler une histoire pénible. Le petit Tibou « quelque chose » serait lui un enfant « quelque chose » qui n'aura pas été abandonné par sa mère. Et le vieux père « quelque chose » serait comme restitué dans un statut plus digne. Le débat emprunterait ainsi une série de faisceaux qui ne s'excluent pas les uns les autres, mais, bien au contraire, confluent sur la personne de Tibou, renforcés par l'exclusivité de la relation que sa mère a à lui. L'action possible du père de Tibou aurait eu un effet clastique, chirurgical, mais sûrement lénifiant. Il pourrait offrir à sa compagne l'image enfin recouvrée d'un père dans toute sa stature, garant de l'avenir de Tibou autant que de celui du couple.

Lui-même, réglant un tel dû, aurait définitivement résolu le problème resté enfoui sous le mouchoir que Tibou s'évertuait à vouloir retirer. Il aurait accompli avec des moyens d'adulte, pouvoir décisionnel, liberté et autres paramètres qui courent les idéologies, la réparation définitive de son histoire d'enfant.

Sauf que, pour repérables que soient les protagonistes dans le destin de la dette, toutes ces belles reconstructions, dans l'après-coup, ne sont que de la théorie. On peut toujours sur le papier, avec quelque rigueur, redessiner les réseaux relationnels et s'adonner à la redistribution des déterminants. Sur le papier. Car, pour ce qui concerne le quotidien de chacun, tout cela est infiniment plus complexe et quasi inatteignable. L'entreprise individuelle d'apurement est longue, fastidieuse et douloureuse. Il n'est pas étonnant qu'on ne trouve pas beaucoup de candidats pour s'y adonner.

La constitution du père dû en une forme de dette à reconduire reste, pour facile qu'elle puisse apparaître, pour regrettable dans ses effets, une solution de compromis qui ménage les économies existentielles en utilisant les facteurs facilitants que sont le temps et la vertu du refoulement. La sagesse populaire offre à tout enfant l'adage consolateur : « Tu grandiras et tu oublieras. » Mérites reconnus d'une amnésie qui construit les instances régentant chacun de nous et qui enseigne du même coup que « si tu n'as pas ce que tu aimes, aime ce que tu as ».

Car déroger à ces règles exige d'affronter les conflits qui émaillent et sous-tendent toutes les relations indivi-duelles. De les affronter avec une certaine détermination, sans se leurrer sur ce qu'on pourra y découvrir et qui ruine régulièrement tout ce qu'un discours ambiant ne cesse d'entretenir autour des mythes tel que celui de liberté, libre arbitre, volonté et force de la pensée.

D'un tel débat, l'histoire seule sort vainqueur.

L'histoire dont la clinique n'est qu'un recueil lacu-naire, mais indispensable.

A continuer de nous y référer, nous serons mieux armés, non pas pour fournir des réponses, mais pour formuler encore de nouvelles questions.

La clinique du père dû

Tout travail axé sur la clinique mérite, en principe, pour des raisons de clarté, de cliver l'exposé des faits de la réflexion que ces faits suscitent et soutiennent.

Ce n'est pas exactement ce qui s'est produit jusqu'ici ; puisque la réflexion a accompagné et éclairé les cas rapportés en même temps que ceux-ci sont venus en raffermir le déroulement. Comme si un trépignement, une espèce de hâte ou d'impatience s'en étaient mêlés, intriquant le tout et faisant renoncer à l'ordre formel, impeccable qu'on eût pu souhaiter, dans la crainte qu'une parcelle du propos eût pu demeurer dans l'ombre, être tue, sacrifiée ou ignorée. La forme d'ambition syncrétique responsable de ce résultat n'est que le reflet d'une déformation originée dans la démarche même du clinicien, soucieux de ne pas négliger le moindre détail. D'autant que l'écriture des cas n'est pas sans produire une mise au jour, surprenante, de ressorts parfois jusque-là ignorés.

Ce qui peut, dans un préalable, paraître une excuse boiteuse à une formalisation entr'aperçue comme impossible est aussi l'octroi payé à la matière vivante, rétive et violente, qui se traite. Autant donc en prendre acte. Car, hélas, toute tentative de mise au point, à distance des cas cliniques, ne devient pas seulement malaisée et inélégante, mais expose à la production d'inévitables répétitions.

Courons donc le risque au lieu de l'ignorer et reprenons ce que nous avons pu avancer jusque-là.

Nous avons pu, en effet, entrevoir comment se constituaient les relations interparentales autour de l'enfant nouveau venu, dans le feu de l'action, par une observation du déroulement des faits, au travers des consultations successives. Ce qui diffère essentiellement d'une théorisation inductive à partir de propos d'adultes.

Les présupposés les plus courants et les mieux ancrés s'en sont trouvés démentis. Ainsi, l'enfant, dans son essence, se révèle être non pas un ciment ou un partenaire jointif pour ses parents, mais un élément qui, souhaité, voulu par chacun d'eux comme réparateur de son histoire, est, avant toute chose, un séparateur. Chacun des protagonistes, au même moment, avec autant de conviction, de force et de bonne conscience, semble ne le vouloir qu'à son usage exclusif, cherche à s'en saisir, à s'en lester, pour parachever son propre parcours, à tirer bénéfice de sa présence, au détriment ou dans l'ignorance possible ou délibérée du partenaire.

Le destin de l'enfant, exposé, partagé, enjeu déchiré d'une lutte qui ne se dit même pas, n'est jamais à l'abri de l'effet des déterminants inconscients qui motivent les actes parentaux. Non seulement il ne peut ni les ignorer ni s'en préserver ou les mettre à l'écart, mais il en a le plus grand besoin. Car ils lui sont nécessaires et absolument indispensables ne serait-ce que pour assurer sa simple survie. Comme s'ils constituaient la matière essentielle, le contenu implicite et indispensable d'une mission qui lui serait dévolue, voire le moteur qui l'aura impulsé dans sa trajectoire existentielle.

Il reste que tout cela est bien délicat, d'un dosage particulièrement difficile, acrobatique, relevant d'un art véritable que chacun croit, à priori, à sa mesure, jusqu'à devoir ravaler sa prétention, par le constat plus ou moins précoce, plus ou moins bien assumé, d'une désillusion toujours amère.

Il n'est pas jusqu'à la succession même des générations qui ne soit redevable à cette mécanique sue ou ignorée, mais toujours efficace et qui n'a pas fini de l'être : chacune veut mieux faire, espère mieux faire, croit mieux faire, est assurée, en multipliant les informations et les moyens, de pouvoir mieux faire que la précédente ; jusqu'au moment où elle aura à prendre acte de la démesure de son ambition. Sans pour autant être amenée à regretter le mouvement auquel elle avait souscrit, sécrétant bien au contraire, par cette acceptation navrée, toutes les conditions pour que la génération suivante reprenne à son compte l'illusion et remette l'entreprise en chantier.

Si ce phénomène est bien connu au point que son énoncé ressemble à une foule de tautologies inutiles, si tout cela reste promis au plus bel avenir, la raison ne s'en trouve pas dans une propension obstinée de l'espèce humaine à ne vouloir que se fourvoyer, mais dans la dynamique relationnelle qui, unissant deux êtres, les rassemble, même à ce prix, dans le but d'une perpétuation de l'espèce.

Les couples ne se fabriquent pas par hasard. Encore moins de nos jours et dans nos civilisations qu'en d'autres temps et sous d'autres climats. On découvre ainsi que l'entreprise « à deux » trouve toute sa raison d'être dans un contrat inconscient qui conjoint les problématiques au point précis où elles ne pouvaient que se rencontrer et se reconnaître. L'expérience montre que, si ces problématiques sont similaires, le conflit reste latent, n'éclate pas, et l'enfant seul hurle pour dire son inconfort, désigner la faille, faire valoir ses droits – c'est le cas de Tibou ou de Basile, par exemple. Par contre, si les problématiques sont complémentaires, le conflit éclate et chacun des partenaires, tout comme l'enfant, réclame une forme de parité d'un héritage difficile voire impossible – Clarisse par exemple – et use de tout ce dont il dispose pour parvenir à ses fins.

Cela nous incite, une fois de plus, à devoir, avec insistance, dénoncer les leurres les plus courants tout autant que les chromos entretenus aussi bien par les légendes lénitives que par les scénarios pourvoyeurs de rêves. Chaque assertion du type « ils vécurent heureux et eurent beaucoup d'enfants », chaque baiser final des conventionnels *happy ends* sur fond de soleil couchant, chaque regard énamouré, humide, ponctué par la musique de circonstance, ne fait qu'entretenir une tromperie lourde de conséquences. Le change ainsi donné à l'amertume du quotidien, sous prétexte de s'allier aux images d'un bonheur universellement souhaité, ne fait qu'accroître cette amertume en la singularisant au point de lui faire sécréter de la violence. Il vaut beaucoup mieux écrire clairement et sans la moindre retenue ce que nous commande de dire le commerce de l'enfant et de ses parents : la vie à deux, ce n'est pas l'unisson. C'est une perpétuelle, quotidienne et inépuisable lutte. Tout enfant le sait et le proclame très tôt avec l'intégralité de ses moyens. Il ne cesse pas de dire l'inanité de la norme autant que de dénoncer toute revendication d'innocence. Il dit que nul ne détient à lui seul une quelconque vérité. Et qu'à croire ou vouloir croire qu'il la détient il ne fait que brandir un impalpable, ridicule et hypothétique sceptre. Inutile et dont il s'affuble sans savoir qu'il est unanimement revendiqué, parasite tous les propos, circule largement, ne se trouve être la propriété de personne, si tant est qu'il existe. L'enfant le dit comme il le peut. Avec sa force, sa puissance, voire sa générosité. Il en sait quelque chose, lui qui, souvent confondu avec cet objet leurrant, risque d'y perdre jusqu'à son identité. Isolé dans

162

sa revendication, démuni des moyens que son entreprise nécessiterait, bousculé par les chocs en retour que lui vaudra son opinion, il verra peu à peu son énergie s'épuiser, sa vitalité faiblir, la lassitude le gagner et les credo ambiants le contaminer jusqu'à avoir raison de lui. Émergeant de l'expérience clastique d'une désillusion dans laquelle il aura usé ses derniers soubresauts, il cédera au bercement nouveau taillé par d'autres à sa mesure : il refoulera, chassera de sa conscience ce qu'il finira par croire sincèrement avoir été un bien vilain cauchemar. Conservant à peine, enfouie tout au fond de lui et inaccessible à une remémoration, la trace minime de ce à quoi il aura prêté foi. Et reportant à un moment ultérieur de sa vie l'occurrence du réexamen approfondi de toute cette aventure. A ce moment où les tensions cesseront d'être aussi grandes, les conflits aussi ouverts et les liens aussi forts. Rien moins qu'à ce moment où son autonomie lui apparaîtra comme possible parce que son tour sera, enfin, venu dans l'échelle sans cesse rénovée du temps.

Ainsi, plus tard, bien plus tard, la rencontre avec un partenaire créera cette occurrence. Rencontre propice, reconnue comme ayant toujours été attendue, car baignée de ce sentiment impérieux, violent, nouveau et fort qui a pour nom l'amour. Sentiment envahissant et suprême, vivifiant. Source nouvelle d'une énergie qu'on avait crue épuisée et qui se retrouve à disposition, intégrale. L'amour, étrange. Les foules de poètes, philosophes, littérateurs l'ont décrit, chanté, décortiqué, dans toutes les langues, sans jamais réussir à en donner une définition transmissible. Sans jamais, d'ailleurs, que cette définition fût nécessaire pour qu'il fût reconnu par qui, brutalement, se mettra à l'éprouver. Différent de l'attente, de la ferveur, de l'impatience ou du plaisir. Les mêlant sans les épuiser et y adjoignant encore bien d'autres choses indicibles. Le partenaire est là, et à son insu vient exhumer la trace enfouie, méconnaissable, mais qui a gardé toutes ses vertus au point de faire reconnaître ce qui advient comme ayant dû toujours et depuis toujours advenir. Le voilà enfin trouvé l'être qui renonce à vous brandir autant qu'on renonce à le faire de lui. Est-ce donc cela ? Se donner, ainsi, dépouillé enfin, dans sa forme native, accessible et simple pour prendre en retour sans le moindre espoir de possession ?...

S'isoler avec lui. Se soustraire à l'ambiant. Se repaître, se nourrir, donner sans compter, recevoir sans prendre et prendre sans recevoir. Se fortifier assez à deux...

Partir, rester, recommencer, refaire. Qu'importe ! Le travail de la trace réveillée est merveilleux.

Mais le temps à affronter expose aux pièges de ce qui a entouré, de toutes parts, la trace, de tout ce qui revient, en force, à la surface, dans le même travail d'arrachement. Ce ne sont pas que des scories, mais des pans d'histoire qui déboulent, des univers entiers qui émergent à nouveau.

Et le débat de reprendre avec la même tonalité. Et voilà qu'à nouveau chacun brandit le sceptre illusoire d'une puissance vide et fallacieuse à laquelle on ne cesse de s'accrocher. Sceptre qui se nourrit de tout et de n'importe quoi, et ne demande qu'à s'hypertrophier de toutes les provendes.

C'est flagrant dans le travail de tous les jours. Interrompre un réquisitoire et dire, pour tenter d'en récupérer l'énergie, en ponctuer la fougue au profit d'une analyse plus constructive : « C'est ce même homme, cette même femme, que vous avez choisi(e) pour être le père (la mère) de votre enfant... » attire invariablement pour réponse : « Il (elle) n'était pas ainsi quand je l'ai connu(e). » Ce qui préserve la qualité du jugement initial et en même temps celle de son énonciateur, tout en dénonçant la tromperie perçue tardivement. Tromperie difficile à ne pas rapporter à la présence, précisément, de ce leurre qui circule de l'un à l'autre de chacun des partenaires qui s'en croit détenteur, comme pour établir une hiérarchie, nécessaire – et empoisonnée –, des rapports. « Je l'ai, je le garde et il me donne des droits, en particulier celui de m'en faire reconnaître la possession par toi, comme un avantage que tu ne peux nier... » ; ou bien : « Je ne l'ai pas, non, je le suis. Je le suis même tellement et tellement brillamment que tu ne peux, à moi, que te soumettre, me marquer ta reconnaissance pour t'avoir donné la chance impertinente de pouvoir m'arborer sans même me déposséder. »

Avoir, être. L'avoir, l'être. L'avoir ou pas, l'être ou pas. Débat inépuisable. Débat qui mériterait d'aller quérir au fin fond du mécanisme des âmes ce qui ne cesse jamais de le produire. D'aborder ces zones obscures où les forces élémentaires se sont agencées méticuleusement et sans rien laisser au hasard. On y retrouverait la question du narcissisme, celle du statut de la perte, le rapport à la douleur et tout ce que poinçonne le désir... Entreprise tentante où la réflexion aurait à se nourrir. Mais éloignée des préoccupations immédiates du sujet présent. Encore que, sans rentrer dans l'exposé des détails, on peut une fois de plus ramener les attitudes d'adultes, les attitudes parentales, à un modèle ancien, enfoui, oublié. Modèle qui a programmé la succession des options et vient être ravivé, sans que rien n'en fût dit, par la présence nouvelle d'un enfant. Lequel enfant sera le lieu d'une effectuation que l'on croit improvisée : chaque parent forge ses attitudes et ses choix sur rien de plus que ce qu'il a connu ; il peut l'enrober de rationalisations, l'enrichir de savoir nouveau, l'orner d'une assurance impertinente, ce n'est jamais, dans l'essentiel, que le même produit qui sera remis en chantier. Et c'est bien parce que l'amour constitue le seul levier assez puissant pour subvertir cet amoncellement menaçant que chacun le souhaite, l'attend, le chante et…, le trouvant rarement, se précipite sur ce qui lui ressemble !

C'est dur !

J'ai cru entendre quelque chose de cette tonalité, assister à une grande première, découvrir un moment extrême, schématique, rare, quand Mme Elvire m'a parlé du père de son premier-né, Luc. Je n'aurais pas donné ma place pour un empire, tant le propos était inhabituel, exceptionnel, tant la physionomie ponctuait chaque dire pour lui donner plus de force et appuyer les assertions :

« Il est solide, serein et stable. Ce n'est pas étonnant qu'il occupe le poste qu'il a. Et on l'apprécie beaucoup. Il est adoré aussi bien par les autres membres de l'équipe que par ses subordonnés. Quand je l'entends à la maison, au téléphone, débattre avec les uns et les autres, je me demande comment il fait pour garder toujours ce même ton. Au milieu des problèmes les plus ardus et les plus épuisants.

Moi, je sais que je peux compter sur lui. Il m'a beaucoup aidée. Jamais mes attentes n'ont été trompées. Et c'est marrant parce que ça n'a pas été le coup de foudre, la folie, la rencontre qui fait croire que c'est arrivé. Ça s'est fait assez lentement, mais dans une progression qui n'a jamais cessé. On s'est connus chez des amis. Et c'est fou, au bout de dix minutes, je lui parlais comme si je l'avais toujours connu. Et, vous voyez, cette attention, ce calme, c'est toujours ce que j'espérais rencontrer, trouver. J'ai toujours voulu connaître quelqu'un comme lui. Au point que je croyais que ça n'existait pas. Ma vie n'a pas été facile. J'avais une mère à moitié folle et un père soupe au lait. Des drames, j'en ai vu, j'en ai vécu et, quand on est fille unique, ce n'est pas la demi-dose qu'on reçoit, mais bien tout le paquet ! Avec mon mari, j'ai compris que je pouvais faire un bout de chemin. J'ai été folle de joie le jour où il m'a demandé de l'épouser. On vivait déjà ensemble, je ne m'attendais pas du tout à ça et surtout si vite. J'étais contente ! Mon Dieu ! c'est bête à dire comme ça. Parce qu'après tout on pouvait aussi bien rester en ménage, simplement. Mais je me disais que ça prendrait un tour définitif et solide. En plus, c'était le meilleur moyen pour que ma mère me fiche la paix. Elle avait très mal encaissé mon départ de la maison et elle n'arrêtait pas de me prédire toutes les catastrophes, à commencer par l'abandon : "Tu commenceras par où moi j'ai fini et tu verras ! c'est pas de prendre de l'avance qui te fera du bien ! ne m'écoute pas, bien sûr..." Vous voyez le tableau. Remarquez, je la comprends un peu, elle n'a que moi, elle ne travaille pas, alors, pour elle, ça doit être dur. Elle est divorcée depuis longtemps. Elle a mal pris la chose et considère, depuis, que les hommes sont soit des lâcheurs, soit des vicieux. Mon père est remarié et j'ai trois demi-sœurs. De son côté à lui, j'étais tranquille, il ne me faisait pas de problème, mais, du côté de ma mère, la situation de concubinage lui permettait tous les jours de me harceler et je n'arrivais pas à l'envoyer bouler. Mais, dès qu'on a pris la décision, mon mari a pris les choses en main. Il a été poli, gentil, délicieux, mais ferme aussi. Il l'a mise au pas, sans brutalité. Et ça a été efficace, elle me fichait la paix. Je crois qu'elle le craignait ou bien alors elle ne comprenait plus rien. Il devait y avoir un peu de tout ça et heureusement, parce qu'à notre mariage une catastrophe a failli se produire. Ma mère, qui n'avait pas revu mon père depuis plus de vingt-cinq ans, s'est ruée sur lui en le harcelant, au mépris de la cérémonie, et j'ai cru que ça allait recommencer comme quand j'étais môme ! Mon père s'apprêtait à partir et organisait déjà sa fuite... Mon mari est arrivé. Je ne sais pas comment il s'est débrouillé, moi, je suis restée en dehors de tout ça. Je l'ai vu leur parler à l'un et à l'autre. Et puis ça a été tout. Tout est rentré dans l'ordre... C'est chouette, non ? Je savais que des gens comme ça existaient, mais je n'en avais jamais rencontré... »

Tout semblait donc, pour Luc, au dire de sa mère avoir démarré sous les meilleurs auspices. Pour un beau récit, c'en était un. Et Luc, pendant des mois, poussant et croissant, frais, rose et merveilleux, ne posera pas le moindre problème.

Puis, un jour, Mme Elvire arrive les traits tirés, les yeux agrandis, le maquillage mal fait. Elle paraît fatiguée, encore que joviale, et je me demande si l'allaitement au sein poursuivi plus que de coutume ne l'épuise pas. Le père de Luc et elle-même avaient prévu de le prolonger jusqu'à sept, huit ou neuf mois. Je me demande si les conditions d'un sevrage ne sont pas réunies. Je pose la question.

« Non, ce n'est pas ça, c'est avec mon mari que ça ne va pas. »

Je tais mon étonnement, tant la situation et les entrevues précédentes ne m'avaient pas préparé à cette évolution. Elle poursuit :

« Il ne veut pas même envisager que Luc aille à la crèche. Et moi, je ne veux pas le garder collé à moi. J'ai besoin de sortir et de m'aérer. Je voudrais ne serait-ce qu'aller voir des copines. J'ai décidé de ne pas reprendre mon travail pendant deux ans, mais je ne veux pas être réduite au seul rôle de mère ! Et lui, à ça, il répond que ce n'est pas le moment, que je peux aller voir mes copines en emmenant Luc. En fait, il dit non à tout ce que je demande. Et le pire, le pire vous savez ce que c'est ?

C'est qu'il ne me donne aucune raison. Aucune explication. Toujours le même, calme, gentil et tout, mais impossible à remuer. J'insiste. Il me dit : "C'est comme ça et pas autrement." Moi je ne comprends pas, je ne comprends rien et je veux comprendre.

– Oui, et que feriez-vous ? Que se passerait-il ?

– Eh bien, j'aurais des arguments contre les siens, je pourrais un peu mieux dire ce que je veux...

– Et que se passerait-il ?

– Je ne sais pas..., un dialogue peut-être. J'essaierais de me faire mieux comprendre, et de le comprendre aussi. Il dit "je veux", je dis "je veux"... Et nous ne voulons pas la même chose ! C'est dur, c'est très dur. Très très dur. Parce que discuter, c'est engager une polémique, et la distance entre la polémique et la dispute n'est pas grande... Au point où j'en suis, je me sens glisser..., glisser ! »

Mme Elvire est sur le point de changer de discours, de modifier le cap. Elle a commencé par tenir des propos empreints de l'amour dans lequel elle s'est sentie inscrite. Puis le ton a changé. Elle s'est sentie menacée parce qu'elle ne pouvait plus comprendre. La manière dont elle décrit le comportement du père de Luc dans les séquences qui ont précédé le mariage, pendant la noce et encore après, ne change pas radicalement quand elle forme le projet de mettre l'enfant à la crèche. On n'a pas assez de matériel pour comprendre les motivations du père de Luc. Elles se résument à une volonté nette, affirmée, tranchée. Cette même volonté a convenu à Mme Elvire pendant une longue période. Elle est au centre de ses propos comme étant ce à quoi elle s'est accrochée et dont elle a pu vérifier l'efficacité, par exemple dans la mise à distance, la mise au pas de sa propre mère. Avant la naissance de Luc et pendant les premiers mois de sa vie, Mme Elvire a perçu la présence de son époux comme une instance tierce présente, efficiente et valable. Luc était et est pourvu d'un père qui n'est pas constitué en dette, d'un père prêt à fonctionner très tôt, à tenir sa place.

Le changement de Mme Elvire pose question. A elle, d'abord, qui n'est pas dupe de la survenue de quelque chose qui défie ses pronostics. Elle cherche à comprendre les motivations de ce qu'elle perçoit comme un diktat. Son mari ne veut rien en dire. Il a ses raisons, bonnes ou mauvaises. Mais il n'entend pas en faire état. Sachant, sans doute, que, s'adonnant à la discussion, il dirait sa non-assurance, chercherait une approbation qui désignerait l'entame possible de ses choix en laissant la voie ouverte à une démission.

Luc, nanti d'un père que lui a choisi sa mère, est au centre d'un débat qui engage son avenir. Sa mère le dit très bien : « Je me sens glisser [...] la distance entre la polémique et la dispute n'est pas très grande... »

Comme nous ne savons rien de ce qui conduit le père de Luc dans ses choix, nous ne pouvons travailler que sur le discours et l'histoire de Mme Elvire tels qu'elle les offre à notre réflexion.

Luc vient jouer son rôle de séparateur. Ne serait-ce qu'en faisant résonner les zones obscures que sa mère – tout comme son père – a constituées à l'âge qu'il a, lui, maintenant. L'indication nous en est donnée par Mme Elvire : « Comment ne pas risquer de finir comme ma mère ? » Comme si le poids du destin de la mère de Mme Elvire vient impérativement, autour du prétexte de la crèche, demander la poursuite de son accomplissement. La phrase est à entendre : « Je veux finir comme ma mère », en même temps que « Je ne veux pas finir comme ma mère » ; « Dans l'une ou l'autre alternative il y a un risque » ; « Si je finis comme ma mère je risque de rendre Luc malheureux comme j'ai pu l'être et devenir moi-même malheureuse comme elle l'a été. Si je ne finis pas comme ma mère, c'en est fait d'une des raisons de ma présence au monde ; il faudrait que je m'en trouve une autre, mais rien ne m'assure que je la trouverai..., sans doute ce qui me lie au père de Luc est une voie possible et féconde, mais c'est un pari à prendre, ma mère aussi a bien été liée à mon père quand j'avais cet âge, et pourtant !... Dans mon entourage immédiat, les relations hommes-femmes ne sont-elles pas que perpétuelles disputes ? »

Si bien que nous nous trouvons ramenés à réfléchir, en les conjoignant, aux deux dimensions précédemment évoquées : l'amour et ce que nous avons repéré comme le leurre de la détention d'un quelconque pouvoir ou d'une quelconque vérité. Nous avons vu que l'amour ne pouvait se définir que dans un rapport à l'écart, précisément, de l'usage du leurre. Mais nous avons vu aussi que l'usage du leurre pouvait emprunter tous les modes, utiliser tous les masques, parasiter les relations interpersonnelles, affecter même les comportements individuels, puisque souvent l'enfant était lui-même brandi comme tel, conditionné à n'être que cela par son parent, au point d'y perdre jusqu'à son identité. Or, tous ces phénomènes s'inscrivent, se mettent en place, extrêmement précocement, dans l'économie psychique de l'individu.

Autrement dit, la disposition amoureuse de l'adulte est en relation avec le dosage de ces deux ingrédients. Dosage resté en lui comme une trace qui vibrera lors de la rencontre attendue. Dosage qui conditionne et façonne, en guise de relais, l'amour que l'enfant ne peut pas ne pas se porter à lui-même, se doit de se porter à lui-même, comme une des composantes de ses mécanismes de survie.

Si l'enfant a été aimé pour lui-même, dans son

essence, et non pas utilisé comme un objet qui renforce la puissance de l'un ou des deux parents, il s'aimera lui-même de manière raisonnable, assez et « assez peu » pour ne pas rechercher plus tard le leurre ou s'obstiner à en faire usage. Si l'enfant a, non seulement été aimé, mais confondu avec le leurre d'une puissance qu'il aurait conférée, l'amour qu'il se portera à lui-même sera hypertrophié et entièrement organisé autour de la présence du leurre. Lequel interviendra, sans relâche, dans sa relation amoureuse d'adulte et la rendra impossible. A cet enfant qui se sera « trop » aimé, non seulement l'accès à l'amour adulte sera problématique, mais la relation à l'enfant qui pourra en naître sera marquée du même sceau de difficultés.

Or, ce sont ces ingrédients et les proportions de leur mélange que tout enfant, dès sa naissance, viendra rappeler, ramener à la surface, étaler sans pudeur ni vergogne par le fait de sa seule présence. Entendons-nous, il n'œuvre pas pour ce résultat, il n'est pas actif au point d'être responsable de cette émergence. Il suffit qu'il soit là, réceptacle neuf dans l'attente de ce qui va lui être apporté pour l'aider à se fabriquer, à survivre. Et sa seule présence a un effet de miroir sur la relation ancienne que son parent a eue, avec son propre parent. C'est cet effet de miroir qui conditionnera, soit dans la répétition méticuleuse, soit dans la répulsion hostile – et non moins douteuse –, le comportement du parent.

On peut, dès lors, encore mieux comprendre, si cela était nécessaire, l'intérêt qu'il y a pour l'enfant à être pourvu de deux parents distincts. Chaque propension de l'un trouvera, face à elle, celle de l'autre comme correctif. L'enfant aura loisir de trouver la bonne distance, médiane, intermédiaire, qui sera sa voie propre et nouvelle.

Ce qui, en théorie, paraît à la fois simple, accessible

et ne relevant que du plus courant bon sens, se heurte, cependant, dans la réalité, à la dissymétrie constitutive de l'accès des parents à leur fonction respective. Nous l'avons déjà mentionné, mais il n'est pas inutile de le reprendre dans le détail.

La biologie fait de la mère un acquis. Quelles que soient son histoire ou les conditions de sa maternité, quels que soient ses difficultés ou son âge, quels que puissent être son niveau intellectuel ou sa maturité, ce qui la lie à son enfant a une consistance certaine. On a largement débattu récemment de ce point pour remettre en question l'instinct maternel comme tel. Je suis loin de prétendre que la biologie, à elle seule, peut contrevenir aux pressions de l'histoire, des mœurs et des lois de certaines sociétés. Je ne cherche qu'à souligner une évidence : le lien entre la mère et l'enfant est biologique et a couru tout le long de la grossesse. La sensorialité – non négligeable – du nouveau-né s'est étalonnée sur la mère. Que les choses puissent changer ou se modifier, ensuite, sans créer d'irrémédiables dégâts, n'est à mettre qu'au compte de la plasticité extrême du nouveau-né et de l'enfant qu'il sera. Là ne se situe pas mon propos. La mère – au prix d'une répétition supplémentaire que je commets sans gêne – est un acquis.

Le père, lui, est un dû.

Et nous avons vu comment et par quels phénomènes concourants il avait à se mettre en place. Il peut ne pas exister, sans pour autant que sa fonction disparaisse. Toute une série d'instances devront, tôt ou tard, venir suppléer sa carence.

Mais cela est un autre débat. Restons dans le cadre le plus banal de la famille biparentale. Père vivant, présent, ayant même donné son nom. Sera-t-il père du fait de ces seules conditions ? Rien n'est moins sûr. Car ce ne sera pas sa définition sociale qui le pourvoira de sa fonction.

Sa fonction, il ne peut l'occuper que dans la mesure où deux conditions impératives se trouvent être satisfaites simultanément. Nous les avons effleurées, il est temps de les reprendre.

La première condition c'est que la mère lui octroie ce statut, qu'elle le reconnaisse comme tel. Qu'elle l'introduise auprès de son enfant par sa parole, ses gestes et ses actes. Manière comme une autre d'indiquer que l'acquis qu'elle constitue n'est pas un tout, mais seulement une partie, à qui il manque le complément qu'ainsi elle désigne. Manière comme une autre de dire, au grand jour, quelque chose qui évacue le mythe, suffisamment envahissant pour avoir même fondé les religions, de la parthénogenèse. Car, si la naissance a lieu toujours sous le regard de tiers témoins, la conception, à l'origine de la procréation, reste toujours quelque chose qui s'effectue dans la plus stricte intimité. Incise apparemment simpliste et superfétatoire si elle n'avait à faire admettre de la manière la plus simple la nécessité d'un rapport de parole médiatisé ; tout autant qu'à ouvrir une voie de réflexion sur les problèmes soulevés par les aspects nouveaux d'une obstétrique hyperréparatrice, et ceux, fréquemment négligés, qui sont le lot des femmes ayant accouché par césarienne. Je ne ferai qu'effleurer au passage ces deux questions. Je les écarte aussitôt d'une réflexion centrée sur la nature du rapport qui unit la mère au père de son enfant. Que la mère introduise donc le père auprès de son enfant, en le lui désignant, cela paraît élémentaire et on trouvera difficilement à y redire. On pourra même trouver mon insistance suspecte tant le fait paraît aller de soi. Mais il ne s'agit pas seulement de désigner un individu de manière conventionnelle. Il s'agit d'aller plus loin, beaucoup plus loin, infiniment plus loin. Car tout individu peut alors jouer ou occuper cette fonction, s'il suffisait de le désigner, et on ne voit pas pourquoi on ne se contenterait pas des conditions requises par l'état civil et la définition sociale. Mme Elvire, par exemple, investit le père de Luc de cette fonction dans toute la première partie de son propos. Et notons que, si elle se réjouit de son efficacité, c'est au premier chef qu'elle a tiré bénéfice de sa présence, par la mise à l'écart de sa propre mère envahissante. Le futur père de Luc paraît avoir été d'abord et principalement un père pour son épouse ! Ce que Mme Elvire accepte de voir sa propre mère subir lui est bien plus difficile à assumer quand la parole à laquelle elle se heurte vise sa relation à Luc. Et pourtant c'est bien le lieu principal où cette parole doit s'exercer. Ce serait tout à fait profitable à l'enfant que sa mère obtempère à ce qu'elle perçoit comme un diktat, parce que ce serait la voie par laquelle, de la manière la plus sûre, elle aurait au père de Luc un rapport nettement hiérarchisé.

Là, les choses se compliquent. Et l'on ne saurait soutenir ce point de vue sans s'attirer toutes les insultes possibles qui, de « machiste » à « facho », sont venues fleurir les discours avec une étonnante efficacité.

Pourquoi ?

Pourquoi ce qui, rationnellement, ne cesse pas de se comprendre, de s'admettre, de ne pas s'ignorer, de se jauger dans ses conséquences, d'être déploré dans les méfaits de sa non-observation, pourquoi tout cela soulève-t-il une si violente et unanime réprobation ? Parce que la rationalisation a toujours constitué le meilleur moyen d'éviter l'affrontement aux nécessités ? C'est vrai. C'est régulièrement vérifiable dans plus d'un domaine. Mais est-ce tout ? N'y a-t-il pas encore autre chose, plus en profondeur, qui édifie cette rationalisation, motive l'évitement qu'elle masque et fait pousser les hauts cris qu'on imagine ? S'agit-il de l'éternel et iné-puisable combat de ces partenaires inséparables qui ne peuvent se passer l'un de l'autre et qui ne peuvent se rejoindre, s'unir sans aussitôt se déchirer : l'homme et la femme ? Oui, certes, mais, à avoir dit cela, en est-on plus avancé ? Il serait aisé de faire usage de toutes sortes de constats, de les mettre bout à bout et de prétendre que leur voisinage doit amener l'ébauche d'une compréhension, à défaut d'une solution. Les deux partenaires ne sont jamais seuls en lice, jamais en tête à tête. Ils peuvent le croire, y prétendre, le vouloir, même, si fort qu'ils s'en trouveront convaincus. Plus ils réussiront à se convaincre et pire sera le résultat ; immédiatement lisible sur le corps de l'enfant qu'ils auront « fabriqué ». Mais, s'ils ne sont pas seuls, quelle est donc la nature de ce qui leur tient compagnie ? On ne va tout de même pas sombrer à évoquer le péché originel et le serpent qui en fut responsable..., encore que la métaphore a constitué, et continue de constituer, une réponse opératoire pour des générations ! On retrouve en fait à l'œuvre le poids de leur propre histoire qui les enrobe et leur colle à la peau, faisant barrage le plus efficace à leur désir de se livrer, l'un à l'autre, nus. Leur histoire cristallisée dans ce qui en constitue l'élément fondamental, dans ce rapport amoureux, à savoir la composition précise, l'équilibre des ingrédients qui forment l'amour que chacun se porte à lui-même.

Où se retrouve notre leurre envahissant, parasitant, circulant et toujours prêt à faire ses ravages, à dicter ses lois, à soumettre tout le montage de l'échange à la satisfaction illusoire de sa seule présence.

Le père de Luc satisfait à la deuxième condition nécessaire à son accession à la fonction de père : il accepte de l'être. Il ne se dérobe pas. Cela nous est très vite dit, avec force détails. Cela lui permet-il d'espérer convaincre Mme Elvire qu'elle est en train de subir les effets du leurre ? Comment pourrait-il le faire et y aurait-il lieu de le faire ? Ce ne sera certes pas en lui faisant une analyse dont il doit, sûrement, ignorer les moindres détails. Mais en tenant un cap. Sans plus.

On pourra trouver l'assertion judicieuse, élégante et formellement réussie, mais néanmoins hâtive, sinon abusive. La chose mérite un autre niveau de démonstration. Ce n'est tout de même pas une décision de crèche qui va faire verser dans ce galimatias ! Soyons sérieux : un simple souhait est exprimé, pourquoi aller chercher à lui faire dire bien plus qu'il n'en dit. Les raisons de Mme Elvire ne sont-elles pas recevables, alors qu'elle les exprime, les étale, les énonce, les argumente et même les soutient.

Justement, justement, c'est bien cela. C'est tout ce qu'elle dit autour de cette chose simple qui fait problème. Comment précisément autour d'une chose aussi simple peut-il y avoir tout ce remous ? La décision n'a pas une importance décisive ou capitale. La décision est une décision de confort pour Mme Elvire qui a envie de s'« aérer, d'aller voir des copines... ». Décision avec laquelle le père n'est pas d'accord et le dit : « Il répond que ce n'est pas le moment, que je peux aller voir mes copines en emmenant Luc », à quoi succède immédiatement : « En fait, il dit non à tout ce que je demande. » On ne sait pas ce que c'est que ce « tout ». On ne peut pas le confondre avec la seule et squelettique question de la crèche. A moins que Mme Elvire ne condense, dans ce débat apparemment simple, précisément ce « tout » qui est refusé : refuser que Luc n'aille à la crèche fait partie de « tout » ce que refuse le père de Luc. Mais cette affirmation est elle-même démentie deux phrases avant par : « Il répond que ce n'est pas le moment, que je peux aller voir mes copines en emmenant Luc. » Il reste à penser que le vécu de Mme Elvire est d'un tout autre ordre que celui d'avoir eu à subir une entrave à sa volonté. Et elle s'en expliquera un peu plus loin en se plaignant du silence de son mari et en rapprochant la situation de celle qui a auguré la mésentente de ses propres parents. On comprend alors combien se trouve salutaire, pour Luc, le cap que son père tient à tenir.

Ce qui ne doit pas être facile d'ailleurs. Cela aurait été bien plus simple de dire oui à la crèche ou, en tout cas, tellement plus « sympathique » de donner ses raisons. On imagine la violence à laquelle l'expose son silence obstiné : « J'ai regretté d'avoir eu un père pleutre, j'ai souhaité un mari solide, j'ai cru l'avoir trouvé et je finis par me rendre compte que j'ai affaire à un homme têtu qui n'a pas même assez confiance dans ses arguments pour les exposer. Dis, dis seulement un peu, tu sais, je suis capable de comprendre et d'accepter, si j'ai compris !... » Le père de Luc finit par se retrouver seul, sans même rien pouvoir dire du débat qui se déroule, en lui, entre céder au confort du partage des décisions et assumer totalement ses choix. Débat douloureux s'il n'était fondé sur la certitude que ledit partage des responsabilités augurerait rapidement un délitement, une disparition du rôle qu'il entend jouer. Partager les responsabilités, les décisions avec ce que Luc a d'acquis, sa mère, c'est n'être plus que la moitié, la moitié seulement, de ce qui est dû, c'est laisser l'autre moitié vide. Vide avec une demi-dette reportée à une date ultérieure et indéterminée. Mais c'est s'exposer et exposer Luc à être envahi par les effets du leurre, que sa mère revit et ne peut que vouloir appliquer à son tour. La semi-vacuité de la place du père de Luc permettra à Mme Elvire de brandir justement, à son tour, Luc comme lui appartenant principalement, comme elle-même fut brandie à cet âge-là, et encore longtemps après. Tout cela paraît spécieux. Après tout, dire ses raisons n'empêche pas d'assumer l'entière responsabilité du choix. D'ailleurs Mme Elvire n'en demande pas plus. Sauf qu'en l'occurrence elle reconnaît qu'elle ne saurait se contenter de l'exposé des raisons. Ce que le père de Luc pressent comme le désir de Mme Elvire de savoir la voie et les moyens à utiliser pour contourner l'injonction de son mari. Grâce à quoi elle se sentira autorisée à utiliser Luc « issu de ses tripes » comme ce qui, enfin, lui confère la puissance et la vérité après lesquelles elle court depuis son plus jeune âge – assurée de les avoir fait détenir à sa mère qui, comme tout le monde, sauf elle-même, s'en trouve pourvue. Elle pourra enfin modeler l'amour que se portera Luc sur le modèle de celui qu'elle a reçu et dont il faut bien qu'elle le croie bon et excellent, sous peine de se sentir démolie. C'est cela qu'elle demande, ni plus ni moins. Et la demande paraîtra sans doute pour beaucoup fondée et non déraisonnable. Le père de Luc fera l'unanimité – ou presque – contre lui, ce qui ne le rendra qu'un peu plus seul, si tant est qu'il y ait, dans la solitude, des gradations.

C'est dur. Ainsi ai-je appelé cette histoire. C'est dur, à ceci près que les conditions de la cellule familiale de Luc sont relativement optimales et n'ont rien de comparable avec ce qui se rencontre en pratique quotidienne.

Mais tout cela est tu, méconnu ou délibérément ignoré. Il existe de volumineux traités sur la carence des soins maternels. Les conséquences en sont étiquetées, catalo-guées, détaillées. L'analyse en est poussée très loin et même des mesures préventives y sont préconisées. Il n'est pas jusqu'à l'enseignement donné aux pédiatres qui ne s'en préoccupe, dans la foulée des derniers cours que les étudiants sèchent parce qu'ils savent que ça ne sortira pas aux examens, tout comme les autres cours qui concernent ce qu'il est convenu d'appeler la psychologie et qui n'est pas au centre des préoccupations des forma-teurs de médecins. Mais il n'y a pas, dans ces traités, mention des carences paternelles, autrement que pour les signaler comme possibles et croire avoir, ainsi, à bon compte, fait une question complète.

A quoi tient ce fait, nécessairement et à juste titre mal vécu par les femmes ? Est-ce parce que ces chapitres ou ces traités sont écrits par des hommes qui préfèrent masquer, derrière leur science, leur propre défection ou leur impossibilité à occuper une telle fonction ? Est-ce parce que ces carences ne sont pas objets de science tant leurs manifestations sont protéiformes et inclassables ? A moins que la « question » du père ne donne le vertige et ne soit laissée aux seules prérogatives des poètes, des écrivains ou des psychanalystes ? L'ombre du père de Daniel-Paul Schreber, du père de Kafka, du spectre d'Elseneur exerce-t-elle à ce point une fascination telle qu'on préfère la fuir ? Ou bien alors pense-t-on que de tels phénomènes dépassent, de très loin, le simple secteur des malheurs de l'enfance pour se confondre avec l'immensité insaisissable des problèmes de culture, de civilisation, voire de politique ?

Et si c'était toutes ces raisons à la fois, mêlées à d'autres encore de la même veine ? Pourquoi pas ?

Cette incise n'est pas une distraction. Elle doit nous ramener au cœur même du sujet, au travers de l'exploration du fait dans une pratique pédiatrique de tous les jours. Autrement dit, au recours aux cas cliniques qui donnent toujours une dimension plus concrète et plus vive à un exposé qui se débat avec une complexité extrême.

Les deux conditions, dont nous avons vu qu'elles devaient être satisfaites simultanément, se trouvent être en cause, en proportions diverses, dans la clinique du père.

La mère peut refuser au père l'octroi de son statut et passer toute sa vie à caresser l'enveloppe qu'elle n'a pas cessé de peaufiner autour de son enfant et dont elle refuse la moindre entame. L'enfant tient lieu d'objet qui confère la puissance, et il n'est pas question d'en effectuer le moindre partage. Le père – notons qu'en principe il a choisi sa partenaire telle, mais imaginons que son évolution l'ait modifié – peut toujours trépigner, s'impatienter, hurler, s'adonner à toutes les violences, rien, rien n'y fera. Tout ce qu'il réussira à faire, s'il persiste, sera de conférer à la mère un peu plus de puissance au regard de son enfant, puisqu'elle l'aura acculé à un échec que, de surcroît, il offre en spectacle. Sa demande excessive et obstinée du partage ne le conduira qu'à renforcer un peu plus le pôle unique qu'il aura combattu en vain. Ou bien il peut accepter le fait et rester à l'écart, spectateur convaincu de son impossibilité à pouvoir jouer un autre rôle que celui d'alibi ou de faire-valoir.

Le père peut refuser de jouer son rôle. Soit la mère en est ravie et cela nous ramène au cas de Tibou, par exemple. Soit elle est contrite – effet d'un choix initial, dans lequel aura interféré une modification – et c'est un autre cas de figure : elle ne cessera pas de réclamer la séparation qu'elle souhaite de son enfant. Cette éventualité est, de loin, la plus difficile à aborder, car plus la mère réclamera, moins le père sera prêt à consentir, et un véritable cercle vicieux s'installe, d'où il est difficile d'extraire, pour les aider, les partenaires. Le résultat produira, là aussi, des effets contraires à ceux que la démarche de la mère visait : le père sera refusé, devenu pour l'enfant effrayant puisqu'il aura rendu la mère malheureuse à ce point.

Nous verrons trois cas cliniques, les uns à la suite des autres. Nous aborderons, pour chacun d'eux, les points que l'exposé général aura passés sous silence, pour parvenir à en extraire encore de nouvelles questions. Mais, déjà, il apparaît – il faut le dire et encore le redire – que la question du choix mutuel des partenaires n'est jamais un hasard, même si nous demeurons étonnés pour n'avoir pas encore trouvé, dans l'examen des différents facteurs qui interviennent, le ressort secret de ce qui ressemble, ainsi, à une rencontre de destins.

Mme Hildegarde

La première fois que je l'ai vue, je l'aurais crue sortie tout droit d'un tableau de Brueghel. Une vraie matrone sans âge, blonde et grasse, qu'on imaginerait pouvoir trôner derrière la caisse d'une auberge du Nord. Avec un fort accent germanique, elle m'a présenté Helmut qui ne pesait que 2,6 kg et ne faisait vraiment pas le poids dans ses larges mains.

Elle l'a posé sur la table d'examen, bien au fond, contre le mur, « pour ne pas qu'il tombe » – ce dont je lui sais, d'ailleurs, secrètement gré, bien que cela m'étonne tant j'ai souvent à expliquer la nécessité de cette précaution élémentaire. Elle est allée vers son sac d'où elle a sorti un papier qu'elle m'a tendu et, sans s'attarder, s'est mise à déshabiller son bébé. Consultation qui commence au pas de course et qu'elle commente en me tournant le dos : « Il paraît que vous êtes débordé, alors, j'ai pensé habile de procéder ainsi. » Le Bottin lui a fourni mon adresse et elle mentionne ce détail à cause des difficultés qu'elle a eues à obtenir un rendez-vous aux heures qui lui convenaient. Mme Hildegarde avait très vite repris son travail après l'accouchement et avait mis Helmut en nourrice. Elle était... maîtresse de ballet dans une organisation confessionnelle !

Helmut était son premier enfant et les questions qu'elle posait sur le papier n'étaient pas très différentes de celles des autres mères, sauf qu'elles étaient extrêmement précises : « Ses réveils se produisent à intervalle de deux heures quarante-six à trois heures dix-sept, est-ce normal ? » ou bien « Y a-t-il plus intérêt à donner le bain à 19 h 20 qu'à 18 h 30 ? » Et face à ces questions des cases à cocher : oui, non et un espace libre dans une colonne sous la rubrique : « autre réponse ».

Je mettrai du temps, pas mal de temps, à défaire Mme Hildegarde de ces systèmes méticuleux. Elle se défendra toujours en arguant des excellents résultats que lui vaut cette organisation parfaite, et pour elle et pour moi. Sans compter que Helmut pousse admirablement, ayant largement rattrapé la courbe de poids des enfants mieux pourvus à la naissance. Cela nous a valu quelques échanges dont je garde peu le souvenir, tant ils étaient pris dans un mouvement toujours extrêmement rapide. Je n'avais aucun motif de m'en plaindre et nous avions pris l'habitude, si j'avais du retard, de faire attendre Mme Hildegarde ailleurs que dans la salle d'attente parce qu'elle ne supportait pas d'avoir à patienter. Aussitôt le cabinet libre, elle rentrait en coup de vent, déshabillait Helmut et, quand elle repartait, moi, j'étais un peu essoufflé.

A la fin de la première année, Helmut a fait la première d'une série d'otites qui aura battu tous les records que j'avais observés. On imagine comment Mme Hildegarde a supporté la chose. Elle avait appris par cœur les prospectus des médicaments : tel antibiotique, quel que fût son nom commercial, était dénoncé comme inefficace. Celui-là, par contre, faisait effet à condition de ne pas être donné plus de dix heures après le début de la fièvre ! Bien sûr, les oto-rhinos étaient interviewés, toujours dans la précipitation et avec des questions tellement inhabituelles qu'« ils répondaient n'importe quoi », « se contredisaient d'une fois sur l'autre », « n'étaient pas d'accord entre eux ». Mme Hildegarde avait même réussi

à discriminer, par les cris de Helmut, les otites qui néces-
sitaient une paracentèse de celles qui n'en avaient pas
besoin. Ce qui faisait qu'elle conduisait son enfant, avec
une grande assurance, tantôt chez moi, tantôt chez l'ORL
contre lequel, ce jour-là, elle ne se sentait pas trop en
révolte. Bien sûr, les propositions de traitement chirurgical étaient refusées : « C'est inutile puisqu'il est né
avec, ça doit lui servir, et j'ai lu que, si on ne faisait rien,
de toute façon ça passe vers sept ans, car les végétations
ont disparu spontanément à cet âge-là. On attendra... »
Je subissais littéralement toutes ces conduites, ayant
renoncé depuis longtemps à tenter d'imposer un point
de vue à Mme Hildegarde qui était devenue très savante
et qui croyait on ne peut plus à la science. Je n'espérais
qu'une chose, sans me l'avouer, c'est que, me jugeant
inefficace, elle aille choisir un autre pédiatre. Peine perdue. Ma passivité devait lui convenir ou bien alors
effrayait-elle suffisamment mes remplaçants occasion-
nels pour sécréter en eux des contre-attitudes telles
qu'elle les haïssait et me le disait en me reprochant mes
absences.

A la fin d'un été, les otites cessèrent. Sans qu'aucune
explication satisfaisante du fait ne fût possible. Mais
Mme Hildegarde était agacée par un état d'agitation
considérable de Helmut qui, effectivement, non seulement ne tenait pas en place, mais additionnait les bêtises,
comme pour viser le même record qu'il avait établi avec
ses otites répétées ! Je soulevais la possibilité d'un défaut
d'audition résiduel. Hypothèse balayée par la musi-
cienne. « Il entend très bien. Je vous le dis. » Je réussis
cependant à imposer un audiogramme, en faisant référence aux basses et hautes fréquences, à toute une science
de l'audiologie dont je sais qu'elle est chez moi lacunaire
et fort modeste, mais bien moins, tout de même, que

chez Mme Hildegarde. Elle revint avec l'examen, triomphale :

« Je vous l'avais bien dit.

– De quoi croyez-vous qu'il s'agisse ?

– Je n'en sais rien, c'est vous le médecin, pouvez-vous lui donner un calmant pour les nerfs ? Il paraît que, dans ces cas, le magnésium ça fait du bien. Qu'en pensez-vous ?

– Vous êtes toujours certaine de ce que vous proposez, vous voulez que je donne du magnésium, n'est-ce pas ?

– Pourquoi pas, puisqu'il paraît que ça fait du bien. »

En tout cas, un bout de dialogue commençait, informe et difficile. Même si Helmut, s'agitant pour se dégager de l'emprise conjuguée des cuisses et des bras maternels, risquait de le rompre.

« Est-il ainsi aussi chez vous ?

– Bien sûr, quelle question !

– Je veux dire, comment parvenez-vous à le maîtriser, à stopper son agitation ?

– Comme je le fais maintenant, et quelquefois pendant des heures ! Vous comprenez pourquoi il faut lui donner du magnésium ?

– Et avec son père ?

– Pfft !

– Ça veut dire ?

– Son père a décidé de ne plus rentrer que lorsqu'il dormirait, lui, il n'arrive pas à le tenir plus de cinq minutes, de toute façon, il n'a aucune patience avec lui.

– Il ne s'en occupe jamais ?

– Jamais, il en est bien incapable ! »

L'interrogatoire prenait quasi un tour inquisitoire. Il fallait arracher chaque réponse à Mme Hildegarde qui n'attendait qu'une chose : une ordonnance de magnésium. Helmut ne m'inquiétait pas beaucoup. Il n'avait pas le regard fuyant des enfants menacés par la folie. Au contraire, il était bien développé pour ses trois ans. Il n'avait qu'une sorte d'instabilité de l'attention qui le faisait aller de l'un à l'autre des coins de la pièce et voleter d'un objet à l'autre comme un papillon, sans rien prendre, rien jeter, rien casser. Ce n'était peut-être qu'un comportement réactionnel contre les interdits sans nombre que sa mère devait lui imposer à longueur de journée quand ils étaient ensemble. Je me hasardai :

« Et chez la gardienne ? Comment ça se passe ?

– Elle ne m'en dit rien. Elle a plusieurs enfants en garde, elle les met dans une pièce ensemble et je ne crois pas qu'elle reste tout le temps à les surveiller ! »

Question de tolérance ? Quelle est la signification de cette agitation qui succède aux otites ? Mme Hildegarde n'a jamais rien fait d'autre que m'agacer et je crois que je serais prêt, moi aussi, à aller d'un coin à l'autre de la pièce, dans l'attente de son départ. C'est la raison probable pour laquelle j'ai toujours béni son désir de consultations rapides et brèves.

« Pourriez-vous revenir avec le père de Helmut ? Nous pourrons reparler de cela et je verrai alors s'il est nécessaire de prescrire du magnésium ou un calmant.

– Ça ne sert à rien, je ne vois pas où vous voulez en venir, mon mari ne viendra sûrement pas, il n'aime pas aller chez les médecins et, pour ce qui concerne la santé de mon fils, il m'a toujours fait confiance.

– Ce n'est pas une question de confiance ou de défiance, j'aimerais savoir ce que votre époux pourrait avoir à dire de tout cela.

– Ce qu'il aurait à dire, je peux vous le dire, non ? »

La discussion devenait difficile et le marchandage sordide. La logique de Mme Hildegarde m'échappait et, bien que répugnant à laisser la situation, encore plus, se pourrir, je rédigeai une ordonnance de magnésium et une lettre au père de Helmut que je priai Mme Hildegarde de lui remettre.

Trois jours plus tard, Mme Hildegarde saisit un prétexte banal pour me voir seule. C'est une grande première, me dis-je. Et je comptais ne pas laisser passer l'occasion, ne serait-ce que pour comprendre quelque chose aux symptômes de Helmut.

« Je n'ai pas encore remis votre lettre à mon mari. Je ne vois pas pourquoi vous tenez à le voir. Vous vous méfiez tant de moi ou de ce que je vous dis. Mon mari, lui, me fait toute confiance et ne me dit jamais un mot de ce qui se passe pour Helmut. Il semble satisfait et je ne tiens pas à ce que vous semiez le trouble en lui par votre intervention.

– Peut-être Helmut n'est-il pas, lui, satisfait du silence de son père ?

– Non, je crois que vous vous trompez, j'en suis même sûre. »

Mme Hildegarde ne me donnera plus de nouvelles pendant des semaines et des mois. Et c'est le hasard qui me vaudra notre ultime entretien. En effet, tombé subitement en panne, je me fais remorquer vers le garage le plus proche. On effectue la réparation et je passe à la caisse régler la facture. Je donne mon chèque et m'apprête à partir quand le caissier m'interpelle : « Vous soignez mon fils depuis longtemps..., je suis le papa de Helmut. » Je ne l'imaginais pas ainsi : grand, maigre, voûté, avec de grands yeux tristes et bleus, constamment fuyants, des cheveux filasse et rares. Il quitte son guichet, vient vers moi en jetant des regards de tous côtés, comme craignant de se faire surprendre. Il me tend une main molle que je serre, et répond à ma question d'un air un peu las : « Oh, c'est comme d'habitude ! si ce n'est pas une chose, c'est l'autre. Mais vous connaissez ma femme ! Alors, comment voulez-vous que ça change ?

J'en ai pris mon parti. » La conversation ne pouvait aller plus loin, deux clients au guichet s'impatientaient.

Le lendemain, Mme Hildegarde demandait à me voir.

J'eus beaucoup de mal à lui faire comprendre que la rencontre avec son mari était du plus pur hasard. Elle n'avait pas construit la moindre explication, mais en cherchait obstinément une. M'aurait-il appelé pour m'indiquer où le voir, des voisins s'en seraient-ils mêlés, aurais-je poussé si loin mon indiscrétion ? Son agitation traduisait la perception d'une sourde menace vague et incernable. Je lui fis part de mon impression.

« Mais je n'ai peur de rien. Je trouve simplement que tout va pour le mieux, si ce n'est l'agitation de Helmut qui passera comme les otites, j'en suis persuadée. Et je ne vois pas pourquoi on chercherait à aller plus loin, à enquêter, à comprendre. Votre entêtement m'irrite. Vous croyez que c'est facile de vous faire comprendre, et que vous pourriez comprendre ? Vous avez bien deviné qu'un enfant, à mon âge, ce n'est pas une chose simple. Je sais..., je sais que d'autres femmes que moi ont eu des enfants à un âge encore plus élevé. Je sais, vous avez réponse à tout. Je vous connais bien, depuis le temps que je vous vois. Mais moi, docteur, je ne devais pas avoir d'enfant... [Long, très long silence, le regard de Mme Hildegarde, perdu au loin, se mouille, doucement, tout doucement. Des larmes silencieuses se forment sans couler. Elle a alors un curieux geste : elle joint ses mains à plat, les relève depuis son giron, les met contre sa poitrine dans un geste d'incompréhensible prière.] ... Je ne devais pas avoir d'enfant, je ne devais pas même connaître d'homme, j'avais prononcé mes vœux depuis vingt-deux ans. Je faisais partie d'une congrégation missionnaire au sud du Cambodge. Vous savez, vous savez ce qui s'est passé... Vous avez entendu parler de toutes les horreurs. Vous comprenez, vous comprenez maintenant, vous devinez ? Le père de Helmut, Helmut ? Si vous n'avez pas compris, c'est tant pis pour vous, mais vous devez comprendre que, quand je demande du magnésium, c'est ça que je demande et pas le secours de vos paroles. »

Elle s'est levée, du même pas décidé, paraissant à peine remuée par ce qu'elle venait de me livrer, et est partie précipitamment.

Je ne l'ai plus jamais revue...

Qu'étais-je censé avoir compris ? Que Helmut était comme une fracture dans la vie de Mme Hildegarde ? Qu'il était entaché d'une formidable transgression ? Que, portant et faisant porter le poids d'un irrémédiable péché, c'était miracle qu'il fût si peu atteint ? Je n'avais pas assez de précisions sur le scénario qui a présidé à sa naissance, sur le rôle de son père que j'ai à peine entrevu. Père alibi, présent pour faire obstacle au fantasme apostasique d'une nouvelle immaculée conception ? Son rôle ne devait pas outrepasser les limites que Mme Hildegarde entendait lui reconnaître. Pour le reste, elle était là, toute science, toute compétence, tout dévouement. A payer.

Ce niveau de lecture, certes correct et admissible, n'en exclut pas un autre bien plus enfoui et comme aboutissant à une conclusion insensée : Helmut issu du corps, en principe clos – clôturé par les vœux prononcés vingt-deux ans auparavant –, de Mme Hildegarde devient le lieu sur lequel précipite le poids du remords et du péché, mais, en contrepoint, aussi, la notion d'une puissance et d'une mission dont la détention n'est pas partageable ; Helmut a le privilège lourd de conséquences d'avoir fait d'une religieuse enceinte une mère (en) sainte. Toute intervention de son père, récusée violemment, crainte et honnie, qui, quand elle survient, par hasard, ne peut être attribuée qu'à une forme de complot, toute intervention de son père est rendue impossible, car visant un éventuel partage, et ne fait qu'accroître le martyre de la sainteté, muer un peu plus en sainte une mère qui n'a jamais cessé de l'être et qui affirme sans conteste sa volonté de ne jamais renoncer à cet état. Mon insistance, mon scepticisme, mon parti pris pour l'enfant ne pouvaient que conduire à cette rupture. Tant que ma passivité ne menaçait pas les règles établies dans la topologie familiale et la distribution des rôles, j'étais acceptable. Dès que j'ai eu marqué le pas, je devenais gênant, alors que mon rôle eût dû, dans cette logique, être celui d'un individu neutre et interchangeable.

Les colonies de vacances

Christine, qui a douze ans, ne va pas bien. A son âge, alors que ses camarades fréquentent les boums, collectionnent les cassettes de disco ou s'inventent des toilettes originales, Christine n'a qu'un seul sujet de préoccupation. Un seul sujet, mais difficile à accepter, à admettre ou à tolérer. Christine est obnubilée par la mort. Elle a peur de mourir, elle a peur que sa mère ne meure, ou bien son père. Elle pose des questions saugrenues et se livre à des calculs étonnants : la grand-tante est décédée à tel âge, les grand-mères ont tel autre âge, il leur reste, donc, respectivement à vivre... A chacun de ses parents, elle livre le résultat de ses calculs et elle le fait pour ses quatre frères et sœurs.

Ce n'est pas un sujet très réjouissant. Et les parents, qui l'encouragent à penser à autre chose, ne réussissent pas à la détourner de cette envahissante et sinistre préoccupation. Laquelle n'a pas toujours été aussi insistante. Elle était survenue déjà une fois, trois ans auparavant. Cette fois-ci comme la précédente, il y a eu un choc grave dans l'entourage de Christine. La première fois, c'était le père de sa meilleure amie qui avait été tué dans un accident de voiture. Et, cette fois, elle a appris au retour de ses vacances, justement, le décès de la grand-tante.

« Ses vacances ?

– Oui, elle était en colonie parce que, cette année, nous ne pouvions pas partir et il fallait bien lui faire changer d'air », répond la mère de Christine.

Le père assiste à cet entretien, mais n'a pas encore ouvert la bouche. Et Christine intervient, brutalement, ajoutant à ce que sa mère vient de dire :

« C'est comme il y a trois ans. Mes parents n'avaient pas pu partir et j'ai été envoyée en colonie de vacances. »

Comment réunir l'impact des décès qu'apprend cette jeune fille avec le facteur coïncidant qu'elle vient de signaler : les colonies de vacances ? Je m'aventure :

« Tu aimes ça, toi, les colonies de vacances ?

– Oh, oui, c'est chouette, j'adore. »

Incursion inutile. Ce n'est pas la tristesse engendrée par l'éloignement ou la séparation qui fait le lit des pensées obsédantes autour de la mort. Mais la mère de Christine intervient :

« Tant mieux pour elle, d'ailleurs. Parce que moi, pendant son absence, je ne vis pas.

– Elle téléphone à la colonie trois fois par jour ! Ainsi intervient le père de Christine, muré jusque-là da[ns] son silence. Manifestant, sans doute, comme il le p[eut], sinon sa désapprobation, à tout le moins ce qui, pour [lui], fait problème. Et, comme la maman de Chri[stine] minaude en baissant les yeux, je dis :

« Vous entendez ce que vous dit le père de votre [...]

– Oui, je sais, il n'est pas d'accord, il ne trou[ve] ça normal. Mais, que voulez-vous, je ne peux p[as l'] empêcher. Lui, il dit que ce n'est pas nécessai[re ...] bon, il parle pour lui, il n'a pas peur, d'acco[rd ...]

moi, je ne vis pas. Je me dis que, loin de moi, il peut arriver tellement de choses à Christine ! C'est facile, lui me dit que c'est notre dernière, qu'elle n'est pas là, qu'on est ensemble, qu'on peut essayer de se parler, de s'occuper enfin l'un de l'autre. Mais, moi, je suis une mère. Et vous devez bien savoir ce que c'est qu'une mère, vous qui en voyez tant. Je ne vis pas à l'idée que Christine est loin de moi.

– Et les autres ? interviens-je.

– Les autres, ce n'est pas plus facile. Ils sont partis de la maison. C'est curieux d'ailleurs, on dirait que mon mari a pris un malin plaisir à les éloigner, à leur faciliter leur départ. Et je te paye un studio et je te donne ce qu'il te faut pour te marier, et je t'encourage à partir pour l'étranger. Il a tout fait contre moi. Il s'est allié ses enfants au moment où ils se sont manifestés. Mais, pour moi, à chaque fois ça a été un arrachement auquel je me refusais et que je continue de refuser.

– Que pensez-vous de tout cela ? dis-je en m'adressant au père de Christine.

– Que voulez-vous que j'en pense ? C'est bien la première fois que quelqu'un se préoccupe de ce que je pourrais penser. Je peux dire et redire à ma femme des choses, elle n'entend rien. Elle refuse d'entendre. Ce que je dis ou rien, c'est du pareil au même. C'est vrai que je n'ai rien à redire de son dévouement, de ses qualités, de ses soucis. Elle est une mère parfaite à tous égards. Et je ne peux pas lui faire de procès de ce côté-là. Elle exagère un peu. Elle exagère tout court. Elle est comme ça. Et ça fait des années que ça dure. Ce n'est pas pour moi que je parle. Parce qu'il y a longtemps que j'ai compris que j'ai épousé une mère et pas une femme. On eu nos enfants et, dans l'ensemble, ça ne s'est pas trop mal passé. Le moment venu, les grands ont compris. J'ai compris que je devais les aider. Mais, pour Christine, c'est différent, c'est notre dernière. Et je suis un peu embêté. Parce que vous avez compris que ma femme a tenu le coup en se disant pour chaque enfant que celui-là, il fallait le lâcher et que le suivant ferait l'affaire. Mais, après Christine, il n'y a plus personne. Il n'y a qu'elle et moi et notre solitude à deux. »

Le gouffre dessiné par ces propos est immense. Que signifient les trois coups de fil quotidiens de la mère de Christine pendant le séjour de sa fille en colonie de vacances ? Chasser le spectre d'inquiétudes immotivées, mais lancinantes et impérieuses pour la mère ? Désigner pour l'enfant que le danger la guette. Le danger que seule la présence de sa mère saurait écarter, présence matérialisée par les coups de fil. En même temps que la crainte extrême des dangers, quelque chose qui ressemble à ces mêmes dangers serait comme souhaité. « Vous savez ce que c'est qu'un cœur de mère », phrase qui tente de m'absorber, d'attirer ma sympathie, mon approbation sous la forme de l'émission d'une soi-disant vérité universelle : « Un cœur de mère est fait pour saigner, il faut bien alimenter sa propension par quelque moyen que ce soit. Une mère se définit par la contamination d'une horrible et insoutenable certitude : son enfant est menacé. S'il ne l'est pas à cette heure-ci de manière patente, il le sera nécessairement à l'instant suivant... » Ce que le père de Christine comprend, perçoit et analyse, sans pouvoir y mettre un frein, en se mettant en cause, en prenant acte de son échec à convaincre son épouse de sa présence, de l'aide qu'il se propose de produire et d'assumer. Espérant pour chaque enfant grandissant que la leçon portera ses fruits et finissant par délivrer le message ultime et navré : « J'ai compris que j'ai épousé une mère et pas une femme. » Autrement dit : « Je sais par expérience – sans doute celle qu'il a acquise dans le commerce avec sa propre mère, nous aurons à y revenir, ultérieurement – qu'à une mère on ne peut pas faire entendre raison, quelle que soit la place qu'on veuille occuper. » Comme si l'enfant, pourvoyant redoutablement la mère, était lié à elle définitivement d'une manière telle que rien ne peut entamer ce lien. Elle le revendique comme nécessaire, salutaire, vital pour elle comme pour lui. Mais aussi suffisant et devant être éternel. Tout éloignement, toute distension de ce lien, en fait, constitue une menace de destruction, parce que l'édifice est remis en cause. Ce dont joue habilement Christine en désignant que, autour d'elle, chacun est mortel. Et en cherchant à convaincre au moyen de calculs précis et non moins convaincants que l'attitude de sa mère. Ce qui équivaudrait à formuler, en réponse à la certitude maternelle, quelque chose comme : « Chacun meurt un jour ou l'autre. Ma grand-tante, le père de ma copine. Il reste à vivre un temps compté pour tout un chacun ; y compris pour moi-même. Alors, il est inutile que tu t'offres avec ta loi, tes obsessions et ta force, sous prétexte de vouloir me préserver de cette inéluctable échéance. De ta menace, je me joue. Je m'en joue d'autant plus volontiers que tu acceptes mal que je dise tout haut ce qui t'effraie et fait tes délices. Écoute mon père. Entends-le depuis trente ans qu'il hurle à tes oreilles des choses qui devraient t'apporter d'autres satisfactions. Écoute-le, reçois-le comme une femme. N'avez-vous pas épuisé ensemble les satisfactions de votre contrat implicite ? Il le dit suffisamment claire-ment, non ? Il comprend qu'il t'a voulue mère, pendant un temps, mais, quand les autres ont voulu partir, s'il n'avait eu que cela en tête, il aurait pris ton parti et non le leur. Combien de temps resteras-tu sourde, ainsi, à l'invitation qu'il te fait ? Je sais, moi, ce que je risque et je ne tiens plus, mais plus du tout à continuer ce jeu. Tu brandis la mort ? Eh bien, nous serons deux ! Toi avec ta crainte, parce que c'est cette crainte qui fait ta trouille et ton plaisir. Mais, moi, je n'en ai rien à faire. Je sais que c'est loin et que ça ne me concerne pas. Alors, je vais dire tout haut ce que, à penser tout bas, tu crois pouvoir utiliser, pour régner sur nous tous. Les autres ont sûrement dû penser comme moi à mon âge, mais ils se sont tus parce qu'ils savaient qu'ils pouvaient patienter. Mais, moi, je sais bien que, si je reste immobile, c'en est fini de moi. »

C'est un bien long chemin que les parents de Christine ont parcouru. Dans une position absolument immuable, que la succession des enfants a rendue possible sinon tolérable. Et, au moment où la question se pose à eux, elle n'emprunte pas n'importe quel symptôme. Il ne s'agit ni plus ni moins que de la mort, en tant que possible. Menace, fin de toute chose, de tout débat. Christine ne peut que la sentir brandie par sa mère, à l'appui de chaque formulation de crainte, à chaque coup de téléphone. Que signifierait, pour la mère de Christine, ce que son enfant vit comme une menace, voire un souhait ? Sinon l'expression appendue à cette tentative de me circonscrire – « Vous savez ce qu'est le cœur d'une mère » : « Je ne peux être que cela. Je ne peux être que mère. Alors pourquoi donc mon mari vient-il me censurer, me tracter vers lui ? Pourquoi essaie-t-il depuis si longtemps de me dire sa présence, ses choix, ses vœux ? Ne nous sommes-nous pas unis sous un contrat tacite, établi sous cette forme ? Ne le dit-il pas ? Il a épousé une mère. Eh bien, qu'il en prenne son parti. Une mère, ce n'est pas une femme, une mère, c'est tout pour son enfant, et un enfant, c'est tout pour sa mère ! Qu'il reste sur la berge de cet échange, en spectateur et parfois en pourvoyeur, mais qu'il ne se mêle pas de nos échanges. D'ailleurs, de quoi se plaindrait-il ? A-t-il subi quelque affront, quelque rebuffade, quelque mauvais traitement ? Sûrement pas, puisqu'il est là. Le débat ne se situe pas entre lui et moi sur fond de soins ou de présence, mais sur fond de rôle. Il m'a voulue mère, qu'il m'accepte jusqu'au bout comme je suis, avec mes trois coups de fil par jour ! Parce que ces trois coups de fil me satisfont, me tranquillisent, me rassurent. Vous en savez quelque chose, vous qui connaissez les mères, qu'elles sont affublées de cette inquiétude constitutionnelle. Il me veut femme ? Mais, qu'à cela ne tienne, je ne demande pas mieux, moi aussi, mais comment puis-je devenir ce que je n'ai jamais, jamais été ? Que faire de ce qui fait ma définition et ma mission ? Comment ne plus être mère ? Sinon en voyant disparaître ce qui me définit, mourir mon, mes enfants. Est-ce cela qu'il veut ? Je ne le crois pas. Mais c'est ma seule façon de pouvoir lui dire que c'est impossible. Qu'il se débrouille avec cela. A son obstination, je réponds avec mes moyens ! »

Le père de Christine l'a compris. Quand, sortant de son silence, il énonce : « Je peux dire et redire à ma femme des choses, elle n'entend rien. » Ce qui mérite d'être associé aux débats ouverts par la position du père de Luc (« C'est dur »). Le père de Luc disait une fois, sans donner d'explication. Le père de Christine dit et redit. Une ou plusieurs fois de trop. Mécanisme tout à fait sensible à son épouse : elle sait ce que signifient les redites (trois coups de fil par jour exprimant la crainte finissent par ressembler au contraire, c'est-à-dire à une menace, un souhait). Redire annule le dire au lieu de le renforcer. Et, si le père de Christine redit, ce n'est pas par hasard, mais pour annuler lui-même la crainte qu'entraîne son dire : et s'il était satisfait ! que ferait-il ? Quelque chose ne lui permet pas d'assumer sa fonction trop tôt dans la vie de ses enfants. Quelle est cette chose ? On n'en sait rien puisqu'il n'y a pas de matériel qui permette de la désigner, autrement que cet aveu : « J'ai épousé une mère. » Renvoi probable à des conditions historiques passées sous silence. Mais qui en dit long sur l'assomption de cette impossibilité que Christine met à jour et dénonce, dans un moment où, face à la menace, elle réclame un recours.

La maternelle

> Jésus intervient en faveur de la prostituée condamnée à la lapidation : « Que celui ou celle qui n'a jamais péché lui lance la première pierre ! » Une vieille dame sort du rang, prend un énorme projectile et trouve la force de le lancer. La prostituée, atteinte à la tête, s'écroule sur le coup. Alors Jésus se retourne et s'écrie : « Maman, tu sais, quelquefois tu m'énerves, tu m'énerves [1] !... »

C'est une tension extrême et une émotion à un très haut niveau, l'une comme l'autre difficilement maîtrisables, qui ont marqué cette première entrevue. Perceptibles dans les attitudes, avant même que ne se fût échangée la moindre parole. Je les avais invités à s'asseoir. C'est le père qui portait dans ses bras un bébé de quelques mois, noyé au fond de vêtements trop grands. Ils se tenaient très droits l'un et l'autre. Alors que je prenais place, la première phrase vint me confirmer dans le malaise que j'avais déjà perçu : « Je vous remercie d'avoir eu la bonté de nous accorder ce rendez-vous. » Ce n'était pas ma modestie qui s'en trouvait froissée, cette précaution oratoire ne pouvait m'atteindre ni directement ni par antinomie. J'y percevais l'attente et l'espoir exprimés à un niveau démesuré, suspect, difficilement tolérable. Le ton était haché, le timbre de la voix était

---

1. Cette blague n'est pas extraite du folklore judéo-libyen !

voilé et sa musicalité était rendue encore plus grande par un tremblement fin sur les dernières syllabes des mots. Une voix qui devait forcer la boule noueuse présente au fond de la gorge avant même que la parole ne s'exprime. « Bonté », « accorder » : des mots qui, par avance, même s'ils pouvaient être suscités par toutes sortes de raisons, indiquaient quelle qualité de rapports était souhaitée.

Puis, sur le même ton, se poursuivit la présentation d'Alexandre. Commencée par l'exposé précis et méticuleux de toutes les circonstances et démarches, classées, définies, en ordre impeccable, qui ont conduit le couple à se plier à la seule solution qui leur restait pour être parents : l'adoption. Ils rentraient, depuis la veille, de Manille où ils étaient allés chercher ce petit Philippin de quatre mois. « Manille », c'est bien loin, mais c'est, aussi, cohérent avec « bonté » et « accorder ». Un certain nombre de questions d'ordre pratique étaient égrenées, avec netteté et clarté, montrant qu'on avait déjà longuement pensé à tout et fait le tri entre ce qui relevait du plus courant bon sens et ce qui devait faire appel à une compétence extérieure.

Comme c'est le père seul qui a fait cet exposé impeccable, je tourne mon regard vers la mère, comme pour savoir simplement ce qu'elle avait à ajouter, avant de me livrer à l'examen proprement dit d'Alexandre. Avant même que j'aie prononcé le moindre mot, elle dit : « Je suis stérile. » Rien de plus, sinon le regard humide, la tête littéralement vissée à un corps tout raide, et le visage parcouru de frémissements à peine perceptibles. Rien d'autre, ensuite, que le silence. Un silence lourd qui aura fait claquer ce bout de phrase comme un coup de fouet, en indiquera l'importance et situera, pour toutes les années suivantes, un des axes du débat. Une précision de taille. Une précision que le discours du père d'Alexandre avait soigneusement omise et qui venait d'être lancée, peut-être même de lui être lancée au visage, un visage qui se ferme, des yeux qui s'échappent, dans le vague. Énoncée brutalement, sèchement, comme pour dénoncer, avec la vigueur nécessaire, l'ambiguïté de l'omission et l'inanité des précautions que ce silence pouvait supposer utiles. Condensé, réussi, de tout ce qui avait pu se débattre pendant des années résumées en quelques phrases, tranchant sur les rationalisations et la maîtrise des propos qui venaient de m'être servis pour dire l'existence d'une ligne de partage à ne pas occulter. Défi, aussi, en contrepoint de ces mots de l'époux : « bonté », « accorder ». Défi lancé à l'instance que je constitue : « Ainsi suis-je. A prendre ou à laisser. Je ne vous ferai, moi, aucune politesse. J'assume. Difficilement. Mais ça me suffit, merci. A vous de vous débrouiller. » Autre manière de dire qu'à mettre un grain légitime dans le jeu, comme mon simple regard pouvait inviter à le faire, il fallait prendre acte de cette vérité première et ne pas la noyer au milieu du formalisme de l'autre discours : « Je suis partie prenante et intégrale du tout, avec cette position précise que je ne crains pas de vous indiquer, moi. Méfiez-vous. Ne vous laissez pas trop vite ni trop facilement convaincre. Demandez à vérifier. Je vous dis cette chose ainsi pour que vous sentiez combien son omission a de sens. »

En tout cas, j'étais averti. Pour chasser le malaise et prendre le temps de la réflexion sur ce matériel déjà lourd, je demandai qu'Alexandre fût déshabillé. Son père le fit. Avec des gestes très assurés, précis, doux, sans la moindre précipitation. Il le rhabilla de même quand l'examen fut terminé. La mère, pendant tout ce temps-là, était restée soudée à sa chaise, contemplant le spectacle de ces deux corps d'homme s'affairant autour de l'enfant. Les prescriptions banales et habituelles suivirent.

Les consultations suivantes furent mornes ; consacrées aux préoccupations d'usage. Aucun recueil de matériel nouveau ne fut possible. En réponse à mes questions, habiles ou insistantes, franches ou déguisées, je n'obtenais que des réponses brèves ou des monosyllabes. Comme si cette première consultation avait fait atteindre, au dialogue qu'elle était censée instaurer, un point de rupture. L'investissement restait de qualité, mais la méfiance le parasitait. Je n'avais pas d'autre solution que de me plier à cette dimension nouvelle, et qui m'était imposée, de la relation. Les soins d'Alexandre étaient assurés tantôt par sa mère, tantôt par son père, dans une distribution qui ne paraissait due qu'au seul hasard.

Des mois passèrent.

Plusieurs mois, avant que je n'aie été conduit à remarquer que c'était son père seul qui conduisait cet enfant à mes consultations. A une de mes questions sur ce fait indéniable auquel j'avouais attacher quelque importance, il me répondit que son couple s'était défait. Qu'il avait la charge totale et entière de son garçon. Le mot « charge », même s'il exprime un contenu relativement courant, vient là mal à propos ; parce que le papa d'Alexandre, avec beaucoup de sincérité et une chaleur que je ne lui connaissais pas, m'expliqua par le détail combien sa vie avait changé par la présence de cet enfant et quel bonheur il connaissait à avoir avec lui un commerce et des échanges qu'il attendait depuis si longtemps. Si longtemps que, parfois, il s'était surpris à se demander ce qui lui en avait en quelque sorte interdit l'accès. Il me raconta par le détail l'organisation matérielle du temps. Il était fréquemment chez lui, son métier de céramiste le lui permettait et, quand il avait des rendez-vous de chantier, il confiait Alexandre à une voisine de palier pourvue d'une nombreuse famille. Alexandre paraissait trouver la solution à son goût et ne manifestait son désaccord ni par des maladies répétées ni par un quelconque trouble de caractère. Il poussait harmonieusement et avait régulièrement acquis toutes les performances de son âge. Quant à la maman d'Alexandre, elle avait préféré partir et habitait avec une de ses sœurs, célibataire, dans un appartement spacieux que la banque où elles travaillaient toutes deux avait mis à leur disposition. Elle voyait épisodiquement Alexandre et leurs échanges étaient des plus satisfaisants.

Le souvenir de la tonalité de la première rencontre me revint. Les mots « bonté », « accorder », « stérile » m'étaient restés en mémoire et je me demandais comment intégrer ces confidences enthousiastes. La mère d'Alexandre avait-elle mal supporté cet enfant ? Comment s'étaient redessinées les relations du couple ? Quelle avait été la suite du débat qui avait failli me prendre pour témoin et que j'ai sûrement mal su amener au jour ? Quelles zones d'ombre, dans moi-même, cet échange avait-il à ce point bousculées pour que, des mois, des années après, la situation me demeure aussi obscure qu'au premier jour ? Étais-je sorti des prérogatives de mon travail ? Quelles avaient été mes erreurs ? En quoi me trouvais-je aussi crucialement questionné par le destin d'Alexandre ?

J'aurais pu continuer, ainsi, de recenser et d'égrener toutes sortes de questions encore longtemps si, par un hasard originé dans des problèmes d'emploi du temps difficilement conciliables, je n'avais été conduit à ne pouvoir examiner Alexandre, en urgence, que chez sa mère. Le problème somatique bénin réglé, j'eus droit à l'autre versant de l'histoire. La maman d'Alexandre me présenta son époux comme un fin politique, parfaitement à l'aise dans la menée de ses ambitions. Certes, il désirait depuis longtemps un enfant, certes, elle n'avait pas pu lui en donner et portait à cet égard une charge de culpabilité que m'avait bien fait percevoir son message initial, bref et lourd. Certes, avait-elle marqué quelques regrets à consentir à une adoption, mais regrets tempérés par la notion que, parfois, comme dans son cas où la stérilité n'avait pas reçu l'explication de son mécanisme, des grossesses survenaient après le contact avec un premier enfant adopté. Mais tout cela lui avait été décompté minutieusement et sans la moindre grâce par son époux, aussitôt Alexandre venu au foyer.

Cet enfant, biologiquement étranger à ses deux parents, les séparait, comme l'eût fait n'importe quel autre enfant de ses géniteurs. A ceci près que le père, dépassant le noyau de doute qui réside dans chaque père, fortifié même par son attente et son désir, ne trouvait pas, face à lui, la force de l'irrécusable acquis maternel et s'adonnait, sans retenue, à sa condition nouvelle et longuement espérée. La mère, sans aucun doute gênée par ce que pouvait profondément signifier, pour elle, une stérilité vécue au-delà de l'échec, avait cédé le terrain.

Qui croire ? A quelle version prêter crédit ? Sinon devoir admettre comme un à priori valable le fait que chacun des protagonistes avait raison, en même temps que chacun était tombé dans l'excès, en exposant sa version de la même histoire. Car au nom de quoi serait-on fondé ici plus qu'ailleurs à récuser la place du malentendu fondamental qui entache toute relation duelle ?

Néanmoins, il semble intéressant de noter et la place du biologique qui structure les montages topologiques et l'illustration de tout ce qui a été dit, jusque-là, sur les rôles respectifs du père et de la mère dans la relation centrée par l'enfant. La mère ne pouvant se réclamer d'un acquis que, dans les conditions habituelles, elle eût pu constituer, se verrait éjecter par un père qui ne se contente pas de se constituer en dû, mais qui entend d'emblée et sans retard occuper sa fonction et toute la place, quitte à combler le vide laissé par sa partenaire.

Vide que, au dire de celle-ci, il va même jusqu'à provoquer. Pourquoi ? Voilà que rien n'explique, dans le matériel recueilli. Ce qui ressemble à la suite d'un règlement de comptes, illustré par le contraste « bonté », « accorder »/« stérile », l'est peut-être. Mais rien ne fonde une quelconque certitude à cet égard. Tant on sait combien ces moments sont propices aux retours violents des histoires respectives laissées en suspens et qui, dévalant avec force du point même où elles étaient restées à l'état d'une trompeuse quiescence, s'affrontent, voire tentent de s'annuler. Autrement dit, si quelque chose pouvait expliquer l'éviction de la mère d'Alexandre par son mari, cette chose devrait être cherchée du côté du passé de l'un et de l'autre. Seulement alors seraient trouvées les raisons respectives qui ont abouti à cette séparation, dans le même temps suscitée, subie et consentie tout à la fois. C'est-à-dire imposée, à l'un comme à l'autre des protagonistes, comme la seule attitude convenable à leur économie du moment.

Mais comment accéder à ce passé, alors même que la lenteur du mouvement, à l'intérieur du processus thérapeutique déjà engagé, en signe le côté ardu et douloureux. Les tentatives répétées n'ont abouti à rien et l'activisme a dû entériner son échec. Illustration supplémentaire de la difficulté des interventions et de la patience nécessaire à voir se dessiner la ligne de bascule dont on a vu qu'elle seule peut modifier et l'évolution des discours et le devenir des situations.

Elle vint un jour. Au détour d'une conversation aux apparences futiles et anodines. A la fin d'une de ces consultations où Alexandre m'était amené pour la rentrée. Son père me raconta son intégration à la maternelle : orageuse ! Il ne s'y habituait pas. Il pleurait, refusait violemment, et aucune réassurance n'était efficace, pas même les longues demi-heures que son papa passait avec lui à l'intérieur des locaux. Le contact avec la maîtresse, surtout, était absolument refusé, fui, provoquant des scènes encore plus pénibles que les précédentes.

« Ça, ça m'a frappé. J'ai eu l'impression de comprendre vaguement ce qui se passait. Et poussé plus par une intuition que par une certitude, j'ai demandé à mon épouse de réintégrer la maison. Elle a accepté sans la moindre difficulté. Dès le lendemain, il n'y avait plus de pleurs et, depuis, Alexandre prend même plaisir à aller à l'école. »

La maternelle. Le contact avec la maîtresse. Les difficultés. Le père d'Alexandre non seulement va saisir avec beaucoup d'acuité les tenants de la situation, mais va y porter remède avec une efficacité certaine, doublée d'une inventivité étonnante si elle ne renvoyait, précisément, à tout un mouvement de maturation de la relation triangulaire. Que dit-il en substance ? Sinon que Alexandre, malheureux, a mobilisé l'amour qui centrait leurs échanges. L'amour qui fait levier au point de susciter une démarche qui n'a dû être ni simple ni facile. Le même amour qu'on retrouve dans l'acceptation de la mère d'Alexandre à revenir dans des lieux qu'elle avait dû quitter. L'amour de l'enfant qui, faisant basculer tout ce qui avait été imposé par leur histoire à l'un et à l'autre des parents, fait renoncer le père à occuper la place de la mère et fait accepter à celle-ci de revenir à son poste laissé vide. Vide dont Alexandre ne peut que réclamer qu'il fût occupé, quand la confrontation avec la maîtresse, dans l'atmosphère d'une école nommée précisément « maternelle », vient le lui désigner comme tel.

C'est après avoir installé, avec leur consentement enfin obtenu, ses parents à leur place juste et bien définie qu'Alexandre peut, sans crainte, affronter ce milieu extérieur à sa cellule familiale, puisqu'il sait que cette cellule en ordre est désormais sienne et que plus rien ne peut la lui ôter.

Ce qui permet de reprendre, en l'illustrant ainsi, la difficulté du père à trouver et occuper sa juste place. Car, si le cas a l'avantage d'offrir, de manière quasi épurée, une lecture édifiante des processus de mise en place des rôles respectifs, il ne faudrait pas tempérer son enseignement par la référence à la situation particulière de ce couple de parents adoptifs. Il est des parents adoptifs chez qui rien de tel ne se produit. Mais il est aussi des parents naturels chez qui les faits se déroulent avec une similitude confondante.

On pourrait rétorquer à cette dernière affirmation que l'acquis maternel devrait faire quelque obstacle ou créer quelques problèmes, puisque les liens qu'il forge sont réputés d'une solidité difficilement entamable. Mais ce serait faire preuve d'une bien grande naïveté quant à la richesse des ressources dont certains pères disposent pour contourner cette difficulté. Qu'on songe aux disparités sociales ou intellectuelles, à certaines différences d'âge notables, à l'intérieur des couples. Si on ne les réduit pas à de simples problèmes d'attirance ou de hasard, on pourra y trouver les signes précoces de ce qui se manifestera dans les conflits que l'enfant viendra mettre au jour. De même, certains propos, ouvertement, renvoient à des projets identiques. A les prendre en considération, on pourra pratiquer une lecture aisée d'une foule d'événements qui défient la logique. Quand un père déclare : « C'est injuste, la grossesse devrait être partagée, on devrait pouvoir, par tirage au sort, désigner celui des deux qui la débuterait. A quatre mois et demi on interchangerait. Peut-être un jour la médecine parviendra-t-elle à combler cette inégalité naturelle, insupportable et quasi rétrograde de nos jours » ; ou qu'un autre, bien d'autres même, affirment : « Pourquoi nous, les hommes, n'avons-nous pas de seins ? Moi, je le regrette. Je regrette de ne pas pouvoir allaiter et j'ai hâte qu'elle arrête pour pouvoir donner le biberon », ce n'est pas un résidu actualisé des temps lointains de l'être bisexué, c'est le témoignage de bien autre chose. De ce qui ne cesse de fleurir dans les modes nouvelles des sacs ventraux dans lesquels les pères sont fiers d'arborer leur progéniture, dans le partage des soins, dans le plaisir clamé qu'il y a à changer, laver, pouponner, qu'ils découvrent et dont les médias se sont emparés pour forger une catégorie exemplaire et jusque-là inconnue : les « nouveaux pères ».

Or, si tout cela véhicule, de manière bien suspecte, une dangereuse dénégation de la différence des sexes, ce n'est pas qu'un signe des temps. Mais le résultat de l'efficience grandissante d'un piège qui guette chaque homme au moment de son accès à la paternité.

En effet, nous avons vu, à propos de l'érogénéité du corps du tout-petit, de quelle façon ce corps pouvait faire procéder à des régressions instantanées, violentes et fugaces vers les zones les plus éloignées de l'histoire individuelle. Chaque humain a été porté dans les bras de sa mère. L'acquis l'a en quelque sorte modelé. Si ce modelage s'est exercé avec force sans avoir été atténué ou contrebalancé par un dû qui ne s'est jamais manifesté, cet acquis restera prodigieusement présent et servira en quelque sorte d'étalonnage de base. Prêt à entrer en action à la moindre rencontre de ce qui pourra le faire résonner : un corps tout petit. Si cela peut constituer une aide précieuse pour la mère, au point de lui faire accueillir son nouveau-né avec une familiarité insoupçonnée, cela sollicite également le père et constitue pour lui précisément un piège. Cette vieille identification, gardée inutilisée au fond de lui et qui remonte brutalement à la surface, l'émeut et l'inonde de tendresse. Mais c'est cette même identification dont il devra tôt ou tard – mieux vaudra tôt que tard, mais cela ne dépend pas d'un simple effort de volonté – se débarrasser pour accéder à la plus juste définition de sa fonction de père. Autrement dit, pour devenir père, la première et indispensable condition c'est de renoncer à être mère, de renoncer à être une « autre mère »[1]. C'est ce à quoi parvient, besogneusement, mais enfin, le père d'Alexandre quand celui-ci refuse le contact avec l'institutrice d'école maternelle. Et nous avons vu que la chose s'est passée principalement en raison de l'amour qui unissait ce père à cet enfant. Mais combien de pères parviennent-ils à ce renoncement ? Combien de pères resteront des années durant en train de guigner la position de la mère de leur enfant en ne sachant pas comment se situer ? L'enviant et la haïssant tout à la fois, désireux d'occuper sa position et malheureux de recevoir le démenti catégorique d'une biologie qui ne se plie ni aux cultures ni aux caprices des sociétés. L'effet de la trace initiale de la relation à leur mère est-il seul en cause ? C'est le tout premier élément d'un enchaînement comportemental balisé tout au long de la vie par les rôles respectifs des deux parents. Autrement dit, tout comme la mère le fait dans ses gestes, le père dans ses conduites et ses attitudes est tributaire des avatars de sa propre histoire.

---

1. Offrir, ainsi, à son enfant, le bénéfice d'une alternance authentique qui pourrait s'inscrire : « il y a maman »/« il y a *pas*-maman ».

La dynamique de la dette

I

Un vieux père retire de son plat un bon morceau et le tend à son fils. Lequel le prend et
le donne à son propre fils qui assiste au
repas. Alors le vieux père : « Je voulais me
faire un plaisir, tu m'as frustré car c'est toi
qui te l'es fait. »

La haine des colonels

« Paul, mon chéri, il ne faut pas remuer comme ça la
balance du docteur. Tu risques de la casser et il ne pourra
plus s'en servir pour peser d'autres petits enfants comme
toi... »

« Paul, mon chéri, il ne faut pas que tu vides la poubelle ou que tu la renverses. Dans une poubelle, on met
les choses sales qu'on va jeter. Si tu les touches, tu
risques de te salir et d'attraper mal... »

« Paul ! Paul ! Mon chéri, viens près de moi. Viens là,
sois gentil, viens, viens. Non, Paul ! Il ne faut pas faire
tomber les chaises. Tu te rends compte ? Tu risques de
les casser. Allez, viens, on va les ramasser ensemble, toi
une et moi l'autre... »

« Paul, viens donc ramasser les chaises et laisse ce
stéthoscope. C'est un instrument du docteur. Si tu le
casses, il ne pourra plus s'en servir et il ne pourra plus

211

te soigner. Voilà bien un grand garçon qui ramasse la chaise... Mais, Paul, il ne faut pas monter ainsi sur le bureau. Le bureau, c'est au docteur et ce n'est pas fait pour que les petits enfants montent dessus. C'est fait pour que le docteur puisse écrire ses ordonnances... »

« Paul...

– Dites, vous ne pourriez pas lui dire non sans lui donner d'explication ? Après tout, il n'a que 3 ans !

– Quoi ? C'est ça que vous me demandez de faire ? C'est ça que vous me conseillez, en tant que pédiatre ! Mais c'est une plaisanterie, je l'espère en tout cas ! Et elle n'est pas même de bon goût. Vous voulez quoi ? Que je dresse mon fils, que je fasse avec lui ce que les colonels grecs veulent faire avec leur population ? Que je le dresse, que je le mette au garde-à-vous, déjà ! Et d'où vous vient qu'il pourrait ne pas comprendre ? Ne pensez-vous pas qu'il peut faire de chaque explication un enrichissement ? Croyez-vous que j'aie milité tant et tant d'années pour appliquer à mon fils des principes d'éducation nazie ?... »

Le temps qui passe

« Je l'ai pris à la crèche et je suis venu directement. Il a pleuré toute la nuit dernière, il a de la fièvre, mon Jérôme. Pauvre chéri ! On dirait qu'il comprend lui aussi, déjà, à son âge ! Allez donc savoir ce qui leur passe dans la tête. Au fond, c'est comme une grande personne, sensible et tout. Déjà qu'on dort pas beaucoup, ces derniers temps, alors, quand lui aussi se met de la partie !...

– C'est vrai que vous avez l'air fatigué. Et pourquoi ne dormez-vous pas ?

– J'ai perdu mon père.

– Je suis désolé, je comprends. Quel âge avait-il ?

– 88 ans. Mais j'en ai rien à foutre. Vous aussi vous posez la même question que les autres. C'est pas croyable. Mais qu'est-ce que ça peut bien foutre l'âge ? Hein, dites-moi ? Y en a pas qui vivent jusqu'à 100 ans et plus ? Et puis même ! Pour moi, il n'était pas vieux et je n'avais pas fini d'en avoir besoin. J'en avais encore besoin, moi. Et personne ne veut comprendre ça ! C'est pas possible ! J'étais son petit dernier. Ouais ! Vous voyez ce que je veux dire. Il m'a eu à 62 ans, d'accord... Mais alors ? Hein ? Vous vous rendez compte de l'exploit ? Vous comprenez ce que j'étais pour lui et ce qu'il était pour moi ? Alors, qu'il ait disparu comme ça, moi, je ne trouve pas ça juste ni normal. Bordel, j'en avais encore tellement besoin, tellement ! Et je vais être seul maintenant, tout seul, comme un con ! Dis, Jérôme, qu'est-ce que tu en dis, toi ?

Tu n'en dis rien, tu ne sais même pas parler ! Peut-être que, si tu me disais, toi, un mot, je pourrais prendre patience. Mais je vais devoir me farcir encore un bon bout de temps de silence... »

On tire un trait, puis on fait les comptes

« ... Ça s'est si bien passé que je n'ai rien à dire. Ou, en tout cas, que des bonnes choses. Ma femme a un peu moins bien supporté l'attente que moi-même. Je ne crois pas qu'il puisse s'agir d'une simple question de tempérament. Il faut reconnaître qu'une opération à cœur ouvert, ce n'est pas rien. Même si la télé et les journaux nous ont habitués à l'idée ! Quand ça vous arrive, ce n'est pas tout simple. Mais, moi, je suis comme ça. Je ne vois pas pourquoi j'irais mettre en doute les assurances qu'on m'a données. Ce que vous m'avez dit et ce que m'ont dit les chirurgiens, ça se recoupait. Après tout, pourquoi pas ? Pourquoi ne pas vous croire ? Pourquoi se méfier ? C'est une règle que j'ai appliquée jusque dans mon travail. Je fais confiance. Je fais confiance, je le dis et je le fais sentir. Je suis sûr que ça joue pour beaucoup dans ce qu'on peut construire. Et les résultats de mon entreprise me font, tous les jours, penser que j'ai parfaitement raison. Vous savez que je suis en passe d'accéder à la troisième place nationale et je suis parvenu à ce résultat en même pas cinq ans d'exploitation. Je vous dis, tout ça, c'est une question de disposition d'esprit. Pour Conchita, on n'avait pas le choix. Et encore, c'est heureux qu'on ait pu trouver une solution. J'imagine ce que ç'aurait été il y a vingt-cinq ou trente ans ! Quelle folie !

Vous savez, moi, quand je suis né, mon père était un vieux bonhomme, 40 ans. Non, je sais, ça n'est pas vieux dans l'absolu, mais, pour l'époque, ça l'était. Parce que, généralement, à cet âge-là, à ce moment-là, dans ces pays, on était en passe d'être grand-père. Et vous savez ce qu'il a fait, mon vieux père ? Il a pris une nourrice à demeure. Ce qui se faisait de mieux. Allemande avec plein de diplômes, et tout et tout. Quand il m'a entendu pleurer pour la première fois, il lui a demandé pourquoi je pleurais. Elle lui a répondu que c'était normal, que les bébés pleurent. Eh bien, il l'a tout simplement renvoyée, sur-le-champ. Foutue à la porte. Et il n'a rien trouvé de mieux à faire – tenez-vous bien, vous ne devinerez pas – que d'acheter, oui a-che-ter, un médecin. Vous entendez bien. Il a acheté un médecin. Il l'a pris à demeure. Vous imaginez le reste !... Il était comme ça ! On s'est expatriés, j'avais 16 ans. Ce n'est pas simple. Tout ça, je ne l'ai appris que plus tard, vers l'âge de 20 ans ! Ça a été dur pour moi. Parce que c'était au moment où je remuais des idées politiques qui ne lui plaisaient pas beaucoup.

Alors j'ai eu droit, en quelque sorte, à mon *curriculum vitae*...

C'est fou, c'est étonnant tout ça. Il m'arrive parfois de me retrouver avec des compatriotes. Je n'en reviens pas. Ils vivent, tous, dans la nostalgie. Ils chantent leurs chansons de là-bas. Ils parlent la langue de là-bas et moi, moi, je me trouve tout con. Parce que je ne ressens rien. Je suis sec. Je n'ai pas même le moindre souvenir des maisons que j'ai habitées... »

La complicité

« Dites donc, ça fait une paye qu'on ne s'est pas vus. Je ne compte plus ! Vous étiez inquiet, hein ? En tout cas, vous avez un peu plus de cheveux blancs !

Vous m'avez rendu un bien fier service, la dernière fois qu'on s'est vus. Vous devez même pas vous en souvenir. Bordel, qu'est-ce que j'étais dans la merde ! Vous ne vous en souvenez pas ? Ouais, tout de même ! Eh bien, je m'en suis remis grâce à vous. Et ça, je le sais, j'en suis sûr, puisque j'ai cessé d'avoir peur dès que vous avez quitté la maison. Je ne suis pas foutu de vous dire ni pourquoi ni comment, ni ce qui a pu se passer ou se dire. Ça faisait des semaines que je débloquais et que je rendais fou tout le monde avec ma putain de trouille du cancer. Et, pffuit, tout ça a disparu. Alors, faut pas vous biler, si je ne suis pas revenu, c'est que ça collait au quart de poil et que les gamins, c'était dans le même mouvement. Pas un rhume, pas la moindre broutille ! Là, ma femme m'a dit qu'il y avait un vaccin à faire à Nicolas. Je me suis dit que j'allais y aller.

J'en avais pris plein la gueule. Mais, vous voyez, j'ai compris quelque chose de très important et c'est comme ça que je me suis remis de la mort de mon père. C'est qu'il y a un âge pour vivre et un âge pour s'arrêter de vivre. Un âge pour avoir envie de vivre et un âge où on n'a plus envie de vivre, alors on meurt. Ça m'a pris du temps à comprendre, ça. C'est comme quand j'étais môme. Déjà, mon père, il me posait question. Je me souviens que, quelquefois, je me mettais à le regarder sans qu'il me voie. Je le regardais longtemps et sous toutes les coutures. Je cherchais à comprendre et j'étais triste. Je me disais que ça ne devait pas être normal, qu'il n'était pas normal et que, sûrement, il avait dû lui arriver quelque chose. Quelque chose de grave, en plus ! Parce que je ne pouvais pas m'expliquer autrement comment il pouvait ne pas adorer, comme moi, jouer au ballon. C'est con, les mômes, hein ? C'est con, ce qui peut leur passer par la tête. C'est chié comme ça peut penser connement ! Peut-être que Nicolas, il a aussi des choses dans la tête, comme ça. Hein, Nicolas ?

Et pourtant, c'est ça qui m'a fait comprendre combien on avait été proches. C'est un peu comme s'il avait compris ce que j'avais dans la tête. Parce que, à défaut de ballon, il me proposait autre chose. Il m'emmenait avec lui, le soir, dans des matches de boxe. Au grand désespoir de ma mère qui trouvait que l'atmosphère des salles n'était pas saine. Et, moi, je ne le quittais pas d'une semelle. C'est comme quand il m'emmenait à son travail, avec lui, dans les maisons... Je crois que c'est ça qui a été très fort et c'est ça qui m'a bousillé vers la fin. C'est un peu ce qui m'a foutu dans la panade après sa mort. Vous savez, c'est moi qui m'en suis occupé, jusqu'à la fin. Et un soir qu'il s'était particulièrement souillé et que j'ai mis du temps à le nettoyer, quand j'ai eu fini, il m'a pris le bras et l'a serré très fort. Et il m'a dit : "T'es un bon gars..." Vous voyez, eh ben, c'est ça qui m'a foutu en l'air. "T'es un bon gars", qu'est-ce que ça veut dire ? Ça veut rien dire. Rien ! Et il est mort, ce con. Dans les deux heures. Sans rien me dire de plus, sans que j'aie pu lui demander la moindre explication... »

Quand des pères prennent la parole, que se passe-t-il ?
Rien moins que la tenue d'un discours !

D'un discours où se dessinent des tentatives de faire un pont, de trouver des points de jonction, des zones de voisinage, entre ce qui fut leur expérience et qui vient hanter, voire conditionner, leur conduite, et ce qu'ils cherchent à transmettre à leur enfant.

En quoi cette démarche aurait-elle la moindre spécificité ? Après tout, elle s'entend, tout aussi bien, au travers des paroles des mères. A première vue, on pourrait croire que ce n'est qu'une banale symétrie.

Sauf qu'on y décèle une nuance !

La mère, elle, vit intensément ce qui se transmet à travers elle. C'est un phénomène qu'elle subit avec toute sa violence, qu'elle ne peut pas contrôler, qu'elle peut vivre parfois dans une authentique terreur. Ce qui la met dans une véritable position d'appel.

Le père, en revanche, semble seulement chercher à transmettre. C'est-à-dire qu'il est actif, volontaire et en même temps sceptique. Comme dans une tentative, sans cesse renouvelée, de balayer le noyau de doute qui l'habite. Hésitant et pensif, craintif tout autant, il s'aventure dans un univers fuyant, mal défini, insaisissable, où il espère trouver un point d'ancrage. Un univers dans lequel il se demande comment il pourrait fortifier ses assertions, donner du poids à sa parole. Le père de Paul (« La haine des colonels ») opte pour une application domestique du système politique auquel il adhère. Il est, dans la vie, pour une démocratie éclairée et il la pense suffisamment juste pour être profitable à son fils. Lequel, désespérément, se trouve réduit à explorer ce qui pourrait

lui offrir une quelconque limite. Le père de Conchita
(« Le temps qui passe »), lui, résume, dans sa collabo-
ration confiante avec les médecins, un parti pris d'opposition flagrante à son passé qui finit par se signer dans
sa confidence finale : « ... Et je n'ai pas même le moindre
souvenir des maisons que j'ai habitées. » Quant aux deux
autres, ils disent, chacun à sa manière, l'intensité d'un
travail de deuil autour d'une mort qui leur a ôté ce qui
leur semblait être une forme d'assise.

Qu'il y ait de l'histoire et encore de l'histoire ne suffit
pas à éclairer ces positions, pas plus qu'à donner une
idée précise de la nuance qui colore cet ensemble de
propos. Il y manque une irremplaçable certitude, celle
que confèrent les exploits du corps. Ce qui expliquerait
la propension, de plus en plus répandue, de certains pères
à vouloir jouer les mères, voire à disputer aux mères leur
place.

Exploits du corps ?

Qu'en est-il ?

Exploits d'une parturition que les regards des témoins
rendent irrécusable (« Cet enfant est bien issu de cette
femme », qu'on repense aux accouchements royaux dans
la France du Grand Siècle). Alors que l'acte de procréation, qui s'est produit dans la plus stricte intimité,
réclame le témoignage de la mère (« Cet enfant, je ne
l'ai pas fait seule, en voici le géniteur. » Et notons que
le père commun est loin d'avoir le statut fiable d'un roi
de droit divin). L'assertion du fait ne peut pas être simplement traduite dans une banale et formelle reconnaissance. Car cette reconnaissance, dite par chaque mère
implicite et allant de soi, ne résout rien du problème. Il
faut qu'elle soit accompagnée d'une manière de hiérarchie consentie par la mère, dans l'ordre de la parole.
Cette hiérarchie, seule, signifierait que l'octroi de la
place du père par la mère est définitif et irrévocable. Car,

on l'a vu, c'est par le défilé de ce préalable que toute mère, désignant à l'enfant son père, crée ce père, dans le même temps qu'elle introduit l'enfant au monde symbolique. A condition, bien sûr, que le père le veuille – rappel de notions déjà commentées.

Point, donc, où se retrouvent les conditions d'accès aux fonctions parentales. Dissymétriques par essence.

Le vécu de l'absence de certitude peut, parfois, mener un père, dans la recherche d'une certaine cohérence, aux conduites les plus étranges et les moins compréhensibles. Ce que ne peut dénoncer l'ordre logique de la pensée consciente ! Car chercher une certitude avec tant d'acharnement, n'est-ce pas le meilleur moyen de s'assurer constamment ne jamais pouvoir y parvenir ? Si la démarche emprunte une autre voie, comme celle de la dénégation obstinée des différences biologiques, tôt ou tard, la réalité viendra, en force, d'une chiquenaude, restituer les protagonistes à leurs places respectives. Si bien que la ligne de partage, entre les deux parents, doit pouvoir s'admettre, par l'un comme par l'autre, comme n'usant pas des mêmes matériaux. L'enfant le sait, le clame et le réclame : un père, c'est avant toute chose un « pas-mère ». Et ce « pas-mère » c'est aussi ce qui définit ladite mère dans une opportune et rassurante incomplétude.

C'est sur cette ligne de crête théorique que se placent et peuvent se lire toutes les distorsions dont peut témoigner la clinique. Les histoires respectives – les réseaux signifiants de chacun des protagonistes, pour utiliser un langage savant – viennent faire de la condition nouvelle de parent le lieu d'un affrontement d'où se transmettent, par bribes, lesdites histoires. Lesquelles – il ne faut pas cesser de le rappeler – sont indispensables à l'enfant.

Le cordon ombilical :
une aventure de jeunesse

Il avait quelque chose d'effrayant, de hiératique. Adossé à la rampe, figé, sous la lueur blafarde de l'ampoule de la minuterie. C'était une véritable apparition cauchemardesque, qui m'extrayait instantanément du sommeil dans lequel je pensais pouvoir rester installé, comme je le faisais d'habitude, après avoir marmonné les quelques phrases rassurantes que ce genre d'inquiétude nocturne réclamait.

« Encore lui », pensais-je. Et je savais que j'allais devoir m'habiller et sortir. En le maudissant, en maugréant contre ma lâcheté et contre les conditions de ce métier, à ces heures-là plus que jamais impossible.

Il ne s'excusait pas. Il ne disait rien. Il me faisait simplement un signe : un mouvement brusque et saccadé de la tête, pour me désigner l'escalier. Puis il ajoutait : « Allez, il faut venir ! » Rien d'autre. Une fois, la toute première, j'ai osé un timide : « Ça va pas, Béatrice ? » auquel m'a répondu un sec, agressif et dur : « Vous croyez que c'est peut-être pour le plaisir que je suis là ! » Réponse efficace puisqu'elle m'a réduit à un silence furieux et dépité, mais à un silence durable et soumis, à chacune de ses apparitions.

Il m'attendait. Sur le palier. Il attendait que je sois prêt. Non pas pour me faire un bout de conduite, mais pour vérifier simplement que j'obtempérais, que je n'allais pas traîner ou, par hasard, me rendormir.

Il était toujours ainsi. Et je ne comprenais, d'ailleurs, pas grand-chose aux attitudes de M. Mirault, qui m'irritait et m'intriguait tout à la fois.

Il était présent à chaque consultation de sa fille. C'est

lui qui prenait les rendez-vous. C'est lui qui régissait le déroulement des rencontres. Il n'intervenait pas beaucoup verbalement, mais occupait beaucoup, beaucoup d'espace. Il restait debout, déclinant mon invitation à s'asseoir sous prétexte qu'il était « assis toute la journée..., alors, vous savez ! ». Il ne me quittait pas des yeux le temps que j'écrivais, parlais ou examinais Béatrice. Sous son regard, je sentais chacun de mes gestes maladroit, entaché de suspicion ou malhonnête ! J'étais sous une inquiétante surveillance.

Il était grand, massif, barbu et avait un accent méridional marqué qui ne tempérait pas, pour autant, l'extrême sévérité de son personnage. J'osais à peine m'adresser à son épouse qui m'avait paru avoir voulu établir quelque complicité en se présentant immédiatement comme infirmière dans un centre de puériculture. Quand, une ou deux fois, j'ai pris le risque de lui parler en usant du jargon technique qui nous était commun, M. Mirault est intervenu : « Et en français, tout ça, ça se dit comment ? »

Était-ce une singulière et torturante angoisse qui justifiait ses conduites ? Ou bien quelque chose d'autre ? Une déformation professionnelle, ai-je pensé. Quand je lui ai demandé quel était son métier, il m'a répondu : « Pourquoi ? C'est important ? En quoi ça peut concerner Béatrice ? » Et, comme j'ai dû ne pas pouvoir m'empêcher de marquer le coup, il a ajouté, anticipant sans doute le malin plaisir de l'effet de surprise qu'il était sûr de provoquer : « Si ça vous intéresse tellement, je suis flic..., commissaire, pour tout vous dire. »

Ainsi donc, la chape de suspicion qui m'entourait avait quelque consistance. Je l'ai sentie comme se desserrer sous l'effet de cet aveu. J'ai compris et le mouvement de tête et l'attente sur le palier, le côté fouineur tout autant que la massivité et la lourdeur du personnage qui ne cessait pas de jouer sa fonction dans tous les registres du quotidien. Il aurait pu, tout aussi bien, ajouter : « Les questions, c'est moi qui les pose... » que je n'en aurais pas été plus étonné.

Je me félicitais de n'avoir jamais fait de difficultés à le suivre en pleine nuit. Même si les motifs d'inquiétude étaient le plus souvent exagérés. J'ai pris le risque, la toute première fois, de faire remarquer que cela aurait pu se résoudre par quelque indication verbale et économique pour tout le monde. Je me suis attiré une réponse cinglante : « Vous, vous pouvez savoir, c'est vous le médecin, c'est votre métier. » Ce qui n'avait pas laissé le temps à Mme Mirault de se justifier, de s'excuser, ou de s'expliquer comme toute son attitude invitait à lui en supposer l'intention. Elle n'osait pas même désigner l'origine de la montée de l'inquiétude.

De toute évidence, c'est M. Mirault qui décidait toujours de me faire venir. On imagine la scène. Que pouvaient valoir les tentatives de réassurance de Mme Mirault quand elle recevait les commentaires de son époux ? Que pouvait-elle savoir, elle ? Était-elle médecin ? Elle n'était que mère. Et ce n'est pas parce qu'elle était infirmière que son avis de mère, ses impressions, ses sensations étaient plus fondées que celles du père de Béatrice. Les tergiversations ne sont qu'une inutile perte de temps. Les médecins sont là pour faire leur métier et l'enfant ne choisit pas l'heure de son rendez-vous avec la maladie. Nuit ou pas, inutile d'attendre. L'appel précoce n'est-il pas le meilleur garant de l'efficacité d'un traitement ? Ne vaut-il pas mieux prévenir que guérir ? Et déranger pour rien plutôt que de laisser évoluer, sans contrôle, un potentiel menaçant ? Et l'ordre n'est-il pas la valeur suprême de nos sociétés soucieuses d'efficience ?...

L'élevage de Béatrice, même dans ces conditions, n'a

pas posé de problème majeur dont j'aurais gardé quelque souvenir. Je crois que son symptôme principal résidait dans ces rhinopharyngites qui avaient la mauvaise idée d'éclore, toujours, en pleine nuit.

J'ai bien vite compris que toute discussion avec M. Mirault était non seulement inutile, mais, à la limite, dangereuse. Je l'imaginais me traînant devant les tribunaux pour « non-assistance à personne en danger », si j'avais manifesté la moindre réticence à sa réquisition.

Pour tout dire, non seulement il me mettait mal à l'aise, mais il me faisait peur.

Si bien que, ce matin-là, quand il a demandé à ma secrétaire une visite de « toute urgence » (« Insistez, mademoiselle, sur l'expression "toute urgence" », lui avait-il dit) à la maternité, où sa femme venait de mettre au monde leur deuxième enfant, je ne me le suis pas fait dire deux fois.

Mme Mirault venait à peine de regagner sa chambre quand j'y arrivai moi-même. Surprise de me voir si vite à l'œuvre, elle me dit, dans un sourire entendu, qu'elle soupçonnait la précipitation de son époux à la base de ma présence : « Pensez donc, a-t-elle ajouté, vous l'avez vu avec Béatrice, alors imaginez-le avec un fils, oui, un fils, Benoît !... vous savez, c'est un monde ! »

« Un monde, certes ! » pensais-je. Et qui me coûtait beaucoup en stress et en inconfort. Je préférais ne pas anticiper les consultations ultérieures. Je ne me trouvais soutenu que par un violent désir de comprendre. Car j'étais certain que, tôt ou tard, M. Mirault m'apprendrait quelque chose. Ne serait-ce que sur l'investissement qu'il faisait sur mon rôle et ma personne. En effet, jamais mes avis n'étaient discutés ou mes prescriptions malmenées dans leur suivi. Au contraire, j'étais – je peux le résumer ainsi – d'une remarquable et étonnante efficacité.

Je me suis mis à déshabiller Benoît, à l'autre bout du

lit où s'installait sa mère. Et, très vite, avec une précipitation que j'avais beaucoup de mal à masquer, je lui ai remis ses langes, en prétextant, de l'air le plus dégagé que je pouvais prendre, que je préférais les conditions d'examen de la nurserie. En effet, sur le devant de la brassière, j'avais repéré une énorme tache de sang gluant et poisseux qui ne cessait pas de grandir. Fébrilement, à la nurserie, j'ai défait le pansement ombilical : la pince de Bar, qui sert à clamper le cordon, était mal fermée et du sang s'écoulait par l'artère ombilicale, en saccades successives, faibles mais efficaces. J'ai resserré la pince, l'hémorragie s'est arrêtée. Puis j'ai mis tout mon art de manipulation, d'admonestation, de culpabilisation et de réprimande auprès du personnel, pour obtenir des vêtements propres – ce qui n'a pas été une mince affaire. Nous avons fini par ramener Benoît dans son lit, avec des vêtements absolument identiques à ceux qu'il avait auparavant. Car je tenais à ce que l'accident ne soit pas connu de ses parents. J'ai dit son excellent état à Mme Mirault en la chargeant de le dire, elle-même, à son époux.

J'imaginais, avec effroi, le scandale que M. Mirault aurait fait s'il avait su l'existence de cette énorme faute professionnelle. Néanmoins, devais-je m'avouer que, pour une fois, son angoisse avait conduit à des mesures d'une irrécusable efficacité. Il venait, sans le savoir, de sauver la vie de son fils. Ni plus ni moins.

Je pourrais disserter longuement sur ce que produisit, chez moi, cet incident, dans la fréquentation déjà vieille du couple de M. et Mme Mirault. Le tout jeune praticien que j'étais en avait beaucoup appris et on imagine la nature des effets maturants d'une semblable expérience. A ceci près que, mû par la crainte des conséquences de sa révélation, j'avais tu l'incident, sans supputer les retombées de ma décision. J'ai comme réorganisé toute la suite des événements autour, précisément, d'un secret, d'un non-dit. Et cela a été sûrement regrettable, je peux le dire, à cette distance des faits. Car on n'efface pas une maladresse en la qualifiant comme telle, sans examiner les conditions de sa survenue. Même dans l'univers médical hautement spécialisé, formellement impeccable et d'une logique qui se veut à toute épreuve, il existe un moyen d'intégrer ce qui s'est passé : c'est la logique elle-même. Car quoi de plus rigoureux que le démontage d'un acte manqué ?

Or, l'annulation de cet acte m'apparaît, à présent, comme découlant des conditions non maîtrisées de ce qui s'est déroulé avant son avènement.

M. Mirault était, comme cela se faisait déjà, alors, présent dans la salle de travail. La sage-femme, réagissant à mes remontrances, m'a dit combien son attitude avait été ressentie comme pénible par toute l'équipe : « ... Il était tout le monde à la fois. C'est lui qui accouchait, c'est lui qui perfusait, c'est lui qui respirait pour faire respirer sa femme, au moment des contractions. C'était même lui l'accoucheur. Jamais, je n'ai vu ça ! » On imagine le trouble créé, dans l'équipe, par cette attitude inhabituelle qui venait faire échec au déroulement réglé, hiérarchisé et jaloux de chacun des gestes. Un patient ne doit-il pas être, par définition, dans la « pas-science » ? Ce n'était pas le cas de ce singulier mari. Le clampage défectueux du cordon ombilical paraît, alors, pour monstrueux que ce soit, dans l'ordre impeccable d'une logique de mise en échec, de vengeance, de restitution à chacun de sa place de pouvoir : « Ainsi donc nous niez-vous dans nos fonctions, car c'est cela que vous faites par votre méfiance extrême, eh bien, soit ! Il ne nous reste plus qu'à vous nier dans la vôtre, celle à laquelle vous visez d'accéder, car c'est ce fils vivant qui vous fera le père que vous attendez d'être ! » Dès lors, l'appel urgent qui m'est lancé ressemble étrangement à la poursuite de cette forme de dialogue en un rite propitiatoire. Comme si, par mon attitude soumise et sans révolte au comportement sempiternellement inquiet de M. Mirault, j'avais fini par constituer un ingrédient de sa propre fonction parentale. Sa confiance, sous cet éclairage, prenait un sens nouveau : « J'en appelle à mon complément, à celui que j'ai choisi et éprouvé, et au savoir duquel je prête crédit. Lui supporte, conçoit, accepte ma défiance et ne m'en tient pas rigueur. Voilà des mois et des années qu'il me le prouve, il ne saurait me trahir. D'ailleurs, il faut qu'il soit là immédiatement. Parce que je veux bien croire à l'efficacité de chaque membre de l'équipe obstétricale, mais il y a bien une raison pour que la médecine soit clivée en plusieurs spécialités. C'est cela l'ordre. Le bébé, c'est au pédiatre d'en dire quelque chose. Il faut qu'il vienne, et tout de suite. Il ne sera pas dit qu'un quelconque détail aura échappé à mon attention. »

Aurais-je pu, dans ce contexte, avoir une autre attitude ? J'aurais continué le déshabillage en présence de Mme Mirault, elle aurait compris ce qui se passait. Et n'aurait-elle pas, alors, définitivement souscrit à l'attitude systématique de défiance de son époux, au point de l'adopter elle-même ? A cette crainte, il peut être opposé que l'union de Mme Mirault à cet homme recèle, en elle-même, le signe d'une adhésion à cette composante. Certes, mais disons que toute nuanciation de cette adhésion eût été immédiatement exclue pour ne laisser place qu'à une duplication massive.

Toutes ces bonnes raisons avaient, de mon côté, une composante économique. Mon aura personnelle y a perdu. Je n'aurai pas été le sauveur comme on n'aurait pas manqué de vouloir me sacrer. Par contre, je ne me voyais pas affrontant chaque appel comme un renvoi répété à cet exploit. Ce n'aurait plus été : « Allez, il faut venir », mais un autrement plus pesant : « Dites, vous ne voyez pas que ce soit aussi grave qu'à la clinique ? »

Et pourtant, dès le lendemain de l'incident je me retrouvais harcelé. M. Mirault, au téléphone, m'intimait l'ordre de revenir, immédiatement, à la clinique.

« Qu'y a-t-il ? ai-je demandé.

– Je ne peux rien vous dire, il faut que vous veniez. Tout de suite !

– Mais enfin...

– Tout de suite. Je ne peux rien vous dire. Je vous attends ! »

Puis il a raccroché. J'étais agacé, certes. Mais intrigué, surtout, et relativement confiant. M. Mirault m'accueillit dans le hall. Rapide poignée de main.

« Qu'est-ce qui ne va pas ? ai-je encore essayé de demander.

– Montez, examinez Benoît et revenez me voir.

– Mais y a-t-il quelque motif d'inquiétude ?

– Montez, vous dis-je, ils sont toujours dans la même chambre ! Moi, je vous attends ici. »

Toute discussion n'étant – je commençais à le savoir – que temps perdu, j'obtempère. Benoît est dans son berceau et Mme Mirault me reçoit avec un sourire surpris : « C'est gentil de passer nous voir. Vous avez été appelé pour un autre bébé ? » Elle n'était manifestement pas au courant de l'appel de son époux ; je n'avais donc pas à le lui dire. M. Mirault avait-il appris l'incident de la veille ? Je voyais mal comment ce qui s'était réglé, assez durement, entre la sage-femme-chef et moi-même dans le secret de la nurserie, avait pu transpirer. Je déshabille Benoît au pied du lit de sa mère, cette fois. Peut-être était-ce cela qui avait inquiété le soupçonneux commissaire qui ne néglige aucun indice ? Il aurait appris mon départ précipité à la nurserie et aurait construit une série d'hypothèses. Se dessinait, alors, pour moi la perspective désagréable d'avoir à raconter par le menu l'incident et risquer d'avoir à réagencer toutes mes options. Je me surprenais à me demander quel crime pouvait donc être le mien, enfoui au fond d'une mémoire inaccessible, qui me rendait sensible, à ce point, à cette attitude. Car pourquoi supportais-je, sans révolte, ces caprices de comportement ? N'était-ce qu'une infinie tolérance ? L'ombre inquiétante de quelque personnage de ma propre constellation familiale s'est dessinée, un moment, sans m'avoir éclairé pour autant sur mes propres déterminants.

Benoît va bien. Il va même très bien. Je le dis à sa mère dont je prends congé.

M. Mirault, fébrile, m'attend dans le hall. Il se précipite à ma rencontre. Hormis son pas accéléré, pas plus sa silhouette que sa physionomie ne trahissent la moindre angoisse.

« Ça va bien ?

– Parfaitement bien. Dites-moi, maintenant, ce qui vous a inquiété.

– Non, laissez tomber. L'essentiel c'est que Benoît aille bien. »

Il me prend la main qu'il serre à la hâte et se dirige vers la sortie. Je ne supporte pas, mais pas du tout cette attitude. Je ne peux pas rester dans ce mystère. Je le rattrape par la manche.

« Mirault, lui dis-je, faisant l'économie du "monsieur" que je lui octroie habituellement et m'adressant soudainement, de ce fait, à lui dans une promiscuité dont il use sans doute parfois et d'une manière calculée dans ses interrogatoires, Mirault, lui dis-je donc, vous n'allez pas partir comme ça, j'ai besoin de savoir ! »

Il s'arrête, gêné. Revient à petits pas dans le hall. Je suis, pour ma part, tout entier dans l'incident de la veille.

De quelle manière pouvait-il en avoir eu le moindre soup-
çon ? Tant pis ! J'étais prêt à expliquer, à négocier. Il
cesse de marcher, me regarde avec un air contrit que je
ne lui ai jamais vu et me dit : « Vous allez certainement
trouver ça bête, mais, pour moi, c'est très important.
Figurez-vous que, ce matin, mon père est venu voir mon
fils... » Il se tait, ému. Je le suis aussi. Pour toutes sortes
de raisons et, entre autres, celle de ne l'avoir jamais vu
dans cet état.

« Et alors ? ai-je repris.
– Alors, rien...
– Rien ? Quoi rien ? Qu'est-ce que ça veut dire, ce
que vous me racontez, là ? »

Situation quasi irréelle, c'est moi qui menais un véritable interrogatoire !

« Eh bien, mon père est venu voir mon fils ce matin,
c'est tout !
– C'est tout ? c'est tout ? Mais, non, ce n'est pas tout !
Les grands-pères qui viennent voir leurs petits-fils ne
mettent pas toujours les pères dans votre état !
– Oui, mais vous ne savez pas ce qu'il a dit, mon père.
– Et alors, qu'a-t-il dit ?
– Ce n'est pas la peine ! Laissez tomber, vous ne pou-
vez pas comprendre.
– Dites toujours, j'essaierai.
– Il a dit, en s'adressant à moi : "Ton fils, il est beau."
– Et alors ? Qu'est-ce que vous attendiez qu'il vous
dise ?
– Mais vous ne savez pas ce que ça veut dire, vous !
Vous n'y connaissez rien, vous n'y comprenez rien !
C'est pour ça que j'ai préféré me taire. Voilà, c'est tout.
– Expliquez-vous, je suis prêt à entendre. Allez-y !
– Mon père, dans la région où il habite, il est connu,
très connu même. Il est célèbre pour la force de son
mauvais œil. Son père, déjà, était comme ça. Il gagne sa

229

vie avec ça. Si un éleveur est jaloux de la concurrence de son voisin, il va chercher mon père et il le paye. Mon père se débrouille pour aller chez le voisin, il se fait montrer le troupeau et, une fois devant le troupeau, il dit : "Ça, c'est un beau troupeau !" C'est tout. Comme je vous le dis. Et, vous savez, le troupeau, trois mois après, y en a plus ! Vous n'y croyez pas, vous ! Bien sûr ! Vous ne pouvez pas y croire. Personne n'y croit d'ailleurs, c'est ce qui permet à mon père de gagner des mille et des cents. Mais ça marche, ça marche même très bien ! Alors, vous comprenez, quand il m'a dit : "Ton fils, il est beau", j'ai imaginé la catastrophe qui devait arriver. »

J'aurais pu raconter, alors, l'événement de la veille. Encore eût-il fallu que je sache quelque chose des mécaniques propitiatoires qui soutiennent la logique de ces systèmes. Peut-être aurait-ce été possible, voire efficace de dire les choses de manière à convaincre M. Mirault du fait que Benoît avait, en quelque sorte, payé d'avance l'octroi qui le situait dans la descendance ? C'eût été le débarrasser, peut-être définitivement, du souci de valider la parole de son père pour se sentir père, à son tour, de son fils. Car n'est-ce pas ce qu'il dit, à travers ses références folkloriques ? N'est-ce pas comme une malédiction impossible à écarter qu'il entend le compliment : « Ton fils, il est beau » ? Compliment référencié à un vécu déjà ancien, notoire et terrifiant. Mais ma surprise était bien trop grande pour me permettre une prise en charge des aspects prospectifs de la situation. Je venais de recevoir le plus long discours que j'aie jamais entendu de cet homme silencieux, secret, autoritaire et torturant. J'étais bien trop perdu dans la saisie nouvelle de notre passé récent et commun, qui se trouvait éclairé par ces propos, pour maîtriser quoi que ce soit. Et sans doute me trouvais-je, aussi, sous l'effet du soulagement de n'avoir pas à reconsidérer l'incident de la veille. Le malentendu continuait de se perpétuer. La narration qui venait de m'être faite, de cette histoire particulière, faisait appel à un système logique incompatible avec celui auquel ma fonction médicale m'invite à m'accrocher.

Ce ne sera que des années plus tard que je comprendrai l'importance de ce récit. Quand je m'interrogerai sur l'entêtement du petit Benoît à faire des otites dont la répétition se jouait de l'ingéniosité thérapeutique que je déployais. Comme si, défiant toutes les prétentions scientifiques, quelque chose originé dans l'énigmatique message du folklore venait nouer les fils d'un inévitable destin.

Car autant Béatrice continuait de grandir et de prospérer à l'ombre de l'image de sa mère, autant Benoît ne cessait, à sa manière, de poser une question informulable. Mme Mirault souriait de cette replication : « C'est un tourmenté, comme son père ; Béatrice, elle, me ressemble. » Énonçant, en même temps, une singulière ligne de partage et d'incommunicabilité des sexes. La mère transmet à sa fille, le père à son fils. Lequel père lui-même demeure, au faîte d'une carrière toute vouée à l'application de la loi, torturé par les effets d'une réputation menaçante. Il s'en est revêtu, en a fait une caractéristique de sa personnalité, qui m'a assez malmené. Mais il y reste lui-même sensible quand il se trouve visé par elle. Comme s'il y était massivement soumis, sans la protection ou, tout au moins, la relativisation qu'assurerait la présence d'une autre instance qui en permettrait la dialectisation. Soumission reconduite au niveau de Benoît que Mme Mirault situe dans une stricte et uniforme identification à son père. Lequel a parlé et reparlera d'abondance de son propre père sans jamais faire mention de sa mère, sans en dire le moindre mot. Tout comme il se révélera subissant la paternité de Béatrice pour ne vivre vraiment que celle de Benoît.

Encore faudrait-il comprendre ce que contient, là, le terme de paternité. Reconduction d'un corps biologique homosexué et réceptacle obligé d'une parole à transmettre, d'un destin à accomplir, d'une histoire à parachever ? Le grand-père de M. Mirault était déjà célèbre, tout comme son propre fils, le père de M. Mirault, pour son mauvais œil. M. Mirault, lui, tout en ayant, par sa fonction, les gens « à l'œil » et « l'œil sur tout », s'éloignera de la reconduction appliquée de cette forme de tradition. Pour quelle raison ? De quelle manière ? A quel prix ? Nous ne pouvons pas le savoir, faute de matériel. Mais nous savons que le fait s'est produit sans pour autant évacuer cette croyance au mauvais œil qui n'en devient que plus formidable. Notons que cette croyance n'est pas qu'une superstition négligeable, mais un système profondément ancré dans l'inconscient, dans l'imaginaire et qui possède une logique admirable dans ses articulations. Si bien que son éloignement, M. Mirault craint d'avoir à le payer dans le corps de son fils. Ce qui, d'ailleurs, paraît se produire, ne serait-ce qu'au niveau du symptôme otite qui a sûrement trait, là, aux paroles non audibles, non proférées, à l'incident tu, tenu secret, du second clampage ombilical.

Le cordon ombilical clampé sépare les corps biologiques de la mère et de l'enfant. Séparation sanglante, parasitée tout entière par la menace (le corps peut se vider par là, et perdre la vie). Le corps de la fillette, désormais semblable à celui de sa mère, est voué à la reproduction méticuleuse. Corps nouveau désemboîté d'un autre corps similaire, le tout illustré par le système des poupées russes nommées *matriochka*. Corps voué à la reproduction, alors que celui du petit garçon paraît destiné, lui, à l'identification par l'existence de l'appendice pénien qui désigne l'asymétrie, mais aussi, curieusement, comme une attache coupée d'emblée et dont l'autre morceau se trouverait à distance. Ne serait-ce pas une perception de cet ordre qui aurait fait germer l'idée de la pratique de la circoncision ? Circoncision à partir de laquelle seulement, dans les différents rituels, le garçon peut être compté au nombre des sujets du peuple. Comme si le processus sanglant, là aussi, ramenait en force et en silence la référence à la menace. Référence instaurée précocement, au moment même où les forces sont les plus vives et où le capital énergétique est suffisamment puissant pour aussi bien la déjouer que vivre avec.

Un ombilic qui saigne. Un médecin (homme) qui le clampe pour la deuxième fois et vient reprocher à la sage(-femme) l'erreur qu'elle a commise... Mais qui tait l'incident aux parents pour des motifs qui, même à être exposés, épluchés, analysés, n'en masquent pas moins d'autres plus suspects et moins perceptibles ! La narration de toute l'histoire à M. et Mme Mirault aurait sans doute provoqué des remous, mais aurait aussi donné à la suite une tout autre tournure. Le geste aurait pu charrier la symbolique ultime de sa signification, il l'aurait mise à jour et l'aurait imprimée à toutes les séquences ultérieures : il est dérisoire de penser qu'un fils n'a besoin que d'un père, une mère lui est tout autant indispensable.

Scénario qui, au premier degré, et dans le lointain de la mémoire, ne cesse d'être « glorioleux » ! Mais quelle leçon de modestie n'administre-t-il pas en montrant combien l'agencement de ses séquences restitue à chacun la dimension de son essence : un pantin aux ficelles disponibles. Qu'elles s'embrouillent et se nouent, dans le désordre d'une observation parcellaire ou économe, et les années ne seront pas suffisantes pour en démêler l'écheveau.

L'histoire de M. Mirault, comme celle des autres pères dont ont été rapportées les paroles, met au jour et illustre la quantité d'investissement que des pères peuvent effectuer sur leur enfant. Est-ce une tautologie, une précision inutile ou une affirmation gratuite et indécente ? On pourrait le croire tant le fait paraît évident et immédiat, ne nécessitant pas d'être souligné. Mais qu'on songe à tout ce qui se passe autour des divorces ; à la manière délicate dont se déroulent les procès et à la façon dont les arrangements s'effectuent dans les systèmes de garde des enfants... Garde alternée, droit de visite, les week-ends et les demi-vacances !... Le législateur n'a pas eu la partie simple à vouloir régir un ensemble qui se disloque sans léser personne ou bien en faisant à chacun le plus de plaisir que la situation autorise. La situation n'étant ni plus ni moins que redevable au statut fait au père dans la société incriminée. Car les règles, les lois et les références invoquées renseignent plus sur le statut respectif des parents, dans chaque société, que toute approche théorique ne pourrait le faire. Conséquence du système dit « culturel » – en opposition au système dit « naturel » du lien mère-enfant – qui définit le rôle et la fonction du père et se trouve, en retour, défini et impulsé par ladite fonction. On peut, dès lors, dans notre ère de brassage culturel, imaginer les difficultés qui se greffent sur ces problèmes quand un couple se forme dans l'ignorance délibérée de ces références et croit pouvoir défier l'impact du social dans lequel il s'inscrit, avec un malentendu surajouté.

Relevons, au terme de cette incise, que, c'est certain et nul ne viendra le contredire, la situation de divorce ne fait que des victimes. Ce qui ne veut pas dire qu'il faille, nécessairement, la bannir pour préserver la cellule familiale à tout prix, mais que l'éclatement de cette cellule, entériné par une sanction judiciaire ou subi dans les relations du quotidien, produit autant de victimes qu'il y a de comparses. Sans doute, pour beaucoup, cela reste une solution économique qui préserve de dégâts encore plus importants. Mais des dégâts existent, ne serait-ce que comme dans toutes les histoires d'amour déçu. Car il en est bien question, d'amour, aussi, même et peut-être surtout, là. D'amour de l'enfant qui ne se marchande pas, ne se référencie pas, ne se spécifie pas en fonction de la distribution des sexes. Un père n'aime pas moins bien son enfant qu'une mère, il ne l'aime pas autrement ou différemment. Un père, tout comme une mère, aime. Un point, c'est tout.

Aime. Ce qui est un point de départ. Et cet amour, pour composite qu'il soit, est concaténé à un projet. Un projet de vie, un projet de futur... Un rêve, en quelque sorte ! Or, ce rêve n'est pas fortuit. Pas plus qu'il n'est issu *ex nihilo*, mais complètement résultant des forces qui s'agencent dans une histoire. Forces auxquelles le culturel ou le social ne sont pas étrangers. En effet, si la société dans laquelle s'inscrit la cellule familiale est de type patriarcal, faisant une place définie au père, celui-ci pourra se contenter de jouer le rôle de séparateur entre son enfant et la mère de son enfant. Le tissu social se chargeant d'assurer à cet enfant la direction de ce que j'ai énoncé, plus haut, comme projet, faisant faire au père comme à l'enfant l'économie de débats usants et toujours durs. Par contre, si la société est de type matriarcal, comme celle qui s'offre à l'étude d'un pédiatre parisien, par exemple, la fonction du père se trouve avoir un singulier handicap dont le soutien d'un projet apparaît comme encore la plus simple compensation.

C'est alors que prend toute sa signification le travail de réparation assigné, par son statut, à l'enfant. Nous nous sommes longuement attardés sur le travail de réparation de la mère. Le travail de réparation du père se trouve articulé, lui aussi, immanquablement, à chaque difficulté rencontrée, à celle que ce père aura connue, dans son passé, sue ou tenue secrète.

De ces deux tentatives conjointes de réparation naîtra la direction dans laquelle, un jour, l'enfant pourra totalement s'inscrire.

La tâche du père ne s'en trouve que plus ardue. S'il n'occupe pas sa place, pour quelque raison que ce soit, l'avenir de l'enfant s'en trouvera compromis. S'il s'évertue à vouloir occuper une place qui ne lui a pas été faite, le résultat sera aussi mauvais. D'où la réputation résignée qui lui est faite de ne pouvoir qu'être carent ou postiche. Où s'explique le choix, de plus en plus fréquent, des pères à ne vouloir que jouer les mères, les imiter, les concurrencer, se mettre à leur diapason, pour, en contrebande, essayer de récupérer un bout de relation par où faire passer leur discours. La lutte à l'intérieur des couples cède le pas à une organisation autrement plus préjudiciable à l'enfant dans ses effets proches et lointains. Organisation qui sécrète les mutations brutales des sociétés et les malaises durables qui s'en engendrent.

S'il n'y a pas de radicalisation et de démarquage net de chacune des positions, maternelle et paternelle, celle qui se trouve la mieux lestée l'emporte sur l'autre, prévaut et marque définitivement la dynamique ultérieure de la transmission. Nous avons vu comment la défaillance, même relative, d'un des deux personnages peut créer un déséquilibre, générateur lui-même de défaillance à la génération suivante. Le point précis d'équilibre théorique n'est atteint, quant à lui, que de façon miraculeuse. Ce qui a pour conséquence immédiate qu'on ne peut isoler, dans ce domaine, de règle codifiable. Chaque histoire ne peut qu'être singulière et devra mobiliser, pour sa compréhension, une attention qui aura renoncé à tout préalable.

Ainsi peut-on se trouver face au cas où la naissance d'un enfant peut mobiliser assez le père pour l'amener à reprendre toute son histoire et à abandonner une position passive dans laquelle il s'était jusqu'alors tenu. Son évolution ne pourra pas se faire dans le secret de ses seules options. Elle implique un réagencement considérable dans les relations du couple. Car que signifierait, pour la mère, le choix d'un tel père pour ses enfants sinon précisément que c'est celui-là et celui-là seul qui ne peut occuper la fonction qu'elle l'autorise à briguer. Autrement dit, si le père s'évertue à combattre ses difficultés – qui lui ont valu, autant, sinon plus que ses vertus, d'être élu –, il en rencontrera de nouvelles et non moins redoutables : sa partenaire surprise, voire déconfite, risque de remettre en cause sa concession préalable, fût-elle, cette concession, chiche et étroite.

Payer le prix fort...

28 janvier. « ... J'ai senti le souffle du couperet sur la nuque. C'est rien de le dire ; et même à le répéter des quantités de fois, personne ne pourra jamais rien en savoir. J'ai senti le souffle du couperet sur la nuque. Et j'ai passé mes nuits, pendant deux ans, recroquevillé au fond de mon lit, sans fermer l'œil, luttant sans cesse contre l'envie de laisser mes doigts collés aux aines pour être averti du grossissement du moindre ganglion. Quand j'avais recouvré un peu de sang-froid et que je savais pouvoir me fier, alors, à mes sensations, j'y allais. Tout doucement. Je commençais méthodiquement : de dehors en dedans, avec l'index et le majeur. Je les laissais glisser le long de la peau, puis je les appuyais, ensuite, sans brutalité. L'exploration me prenait un siècle de trois minutes. Je n'avais rien senti et je me disais que j'étais bon encore pour quelque temps. Je gambergeais tout seul. Je pensais à une chose ou à l'autre. A mon travail, à mes connaissances. Ça ne durait pas. Mes mains d'elles-mêmes retournaient vers mon bassin. Et de découvrir l'involontaire de leur mouvement ne faisait qu'accroître ma frayeur : existerait-il un circuit inconscient qui les avertirait, sans que j'y prenne garde, de la présence nouvelle du ganglion fatal ? C'est déraisonnable, ça ne tient pas debout. Il vaudrait mieux pour moi pouvoir dormir, à cette heure où tout le monde dort. Mais, moi, je transpire. Mes mains sont moites parce que je les ai retirées, violemment, du chemin qu'elles prenaient et que je les ai croisées, les faisant gardiennes l'une de l'autre. Et si j'étais en train de perdre la raison ? Si je desserre mes mains, je les retrouverai là-bas, en bas, où je leur ai interdit de se fixer. Si je les garde jointes, je ne peux pas dormir. Et je ne comprends pas non plus pourquoi je lutte tant. Je vais encore une fois me palper. Il n'y avait rien dix minutes avant, mais sait-on jamais ? Ai-je bien tout senti ?

L'enfer.

Un enfer dont je ne savais même pas que c'en était un. Pied à pied, minute par minute, j'ai affronté et j'ai examiné ce que je vivais. Mes nuits cauchemardesques et mes journées moroses. Des mois, des mois et encore des mois. On m'avait donné un cap, une date. Il fallait que je l'atteigne pour me sentir soulagé. Mais était-ce possible que j'y parvienne ?

A qui expliquer ça ? Qui peut y comprendre quelque chose ? Qui ? Parler ? Dire les choses comme elles sont ? Mais quel sens ça aurait ? Ma femme ? Jamais je ne lui ai rien raconté. Je me suis débrouillé pour rester dans mon coin, mesurer tous mes mouvements pour ne rien trahir de mes insomnies. Qu'est-ce que j'y aurais gagné ? Quand nos regards se croisent, je sens chez elle une interrogation muette. Ça ne peut pas être autre chose ou être pire. Vous la voyez, vous imaginez la question ? Stupide, inutile, répétitive ! Disque rayé !... "Ça ne va pas ?" ou bien : "Ça va pas mieux ?" ou bien encore : "Je peux faire quelque chose ?" Les réponses sont connues depuis les tout premiers moments et rien n'est venu y changer quoi que ce soit ! Quelles réponses qui puissent s'écarter du couperet suspendu, là, au-dessus de ma tête ? Qu'en dire ? Y aurait-il quelque intelligence ou quelque admirable marque d'esprit à dire que chaque jour qui passe est un jour gagné ? Parce que c'est ça qui peut se dire tout haut quand tout un chacun y pense tout bas ? Mais irai-je raconter ce que ce jour qui passe a fait de moi, le long de l'interminable nuit ? Je n'aurai plus l'interrogation pudique, muette et inutile. Elle se mêlerait de l'apitoiement, et bientôt il n'y aura plus que cela : l'apitoiement...

Qu'est-ce que je pourrais en faire ?

Ça m'avancerait à quoi ?

Est-ce que ça viendrait empêcher mes mains, des dizaines de fois par jour, d'y aller voir ? Est-ce que ça saurait de quelque manière que ce soit me fixer une date, une direction, une solution, une échéance ? Je ne suis pas seul à être démuni, tout le monde l'est et c'est le plus atroce de cette saloperie de maladie. Charitablement, on vous donne des assurances statistiques, mais, bordel, qu'est-ce qu'on peut en faire ?

Vous me voyez, sortant de cette inévitable solitude pour aller prêter l'oreille à ce que ma femme aura décidé de me dire ? "Tu t'affoles, prends patience", "Tu verras ça ira très bien, on a fait tout ce qu'il fallait", "Il n'y aura pas de métastase, pas de récidive parce que je le souhaite très fort !". Non, mais vous imaginez ? Parce que voilà ce que ça fait, tout ça : c'est que non seulement on ne peut plus rien dire, mais en plus on ne peut plus rien entendre. C'est comme vous raconter tout ça. Ça n'a aucun sens, d'abord parce que, même si vous êtes doué pour imaginer, vous ne pourrez jamais, jamais comprendre ou atteindre un iota de ce que je peux vivre. Et puis parce que je ne vois pas ce que ça peut vous faire, ou me faire, que j'en parle, et ce que vous pouvez en dire. Vous ne voulez pas comprendre ? Avant, je réagissais, je prenais des colères ; il y avait des choses qui me plaisaient et d'autres non ; je pouvais être content, heureux, enthousiaste, haineux ou vindicatif devant des comportements, des histoires ou des paroles. Mais, maintenant, tout ça, c'est rien, pfft ! Mais rien ! Ça n'a aucun sens, je m'en fous. Et complètement. Je me fous de tout : de mon travail, de mes parents, de mes enfants, de mes copains. Mais de tout, de tout ! Et comment voulez-vous m'amener à ne pas m'en foutre, quand tout ça devient ridicule et inutile, insensé face au couperet !... »

4 février. « Vous savez, je ne veux pas vous faire de peine. Si je reviens vous voir, c'est un peu pour ça. Pour ne pas vous faire de peine. Parce que, pour ce que ça change pour moi !... J'ai beau me dire que le tout c'est de comprendre, je ne vois ni ce que ça peut faire ni ce que ça peut changer... Comprendre une maladie que personne ne comprend ! Et comprendre quoi, puisque personne n'y comprend rien. Moi, ce que je sais, c'est que, quand je passe mes mains dans mes aines, j'ai une trouille noire. Ça dure le temps que je me palpe. Après, je suis soulagé. Mais, tant que je ne suis pas arrivé à l'échéance, je ne me laisse pas aller à un grand soulagement, puisque, de toute façon, si ça n'est pas pour cette fois-ci, ça peut être pour la fois suivante. Ma vie est découpée en tranches d'attente. Plus personne ne me reconnaît. Toutes mes connaissances disent que j'ai changé, que je ne suis plus le même !

Ouais !...

Mon père, aussi, il paraît qu'il avait beaucoup changé, quand il était rentré de captivité ! Je ne le connaissais pas... Lui non plus, d'ailleurs, ne me connaissait pas. Il est parti à la guerre au tout début, il est revenu en 45. Je ne pouvais pas dire, moi, ce qui avait changé pour lui. Mais j'entendais tout le monde le dire. J'ai été élevé par ma mère, ma grand-mère et ma tante. Mon grand-père était mort, mon père était prisonnier de guerre. J'étais choyé, adulé ; le petit roi. Quand mon père est revenu, on est allé habiter ailleurs. Puis une sœur est née, et une autre encore. Puis ça a commencé à aller mal entre mes parents.

Tout ce que je comprenais, c'est que mon père, c'était pas un type bien. J'ai souvent vu ma mère pleurer. On disait qu'il n'avait pas une vie exemplaire, qu'il la trompait. C'est pour ça aussi qu'on disait qu'il avait changé. Alors, il y a eu des pressions sur ma mère pour qu'elle divorce. Elle, elle ne voulait pas. Mon père non plus, à ce qu'il paraît. Enfin ! Je vous passe sur les détails. Je ne garde pas un souvenir agréable de cette époque. Je détestais mon père et nous ne nous parlions jamais. Il s'est lancé dans les affaires et il a réussi brillamment. A ce moment-là, tout le monde a dit à ma mère qu'il fallait en profiter, lui soutirer de l'argent, en faire une pompe à fric. Lui, donnait sans compter. C'était sa manière de payer. Payer quoi ?

C'est maintenant que je me pose la question.

Payer quoi ? Faire quoi ? Il n'a jamais parlé de sa captivité. On n'a jamais su comment il avait vécu pendant six ans. Nous, là-bas, nous l'attendions. Le temps était suspendu à cette attente. Vous savez, comme ces images fixes, dans les films comiques : la scène se fige avec le bras en l'air de l'un, l'équilibre incroyable de l'autre, la silhouette suspendue en l'air d'un troisième.

Et plus ça dure, plus on rit. Jusqu'au moment où le mouvement reprend, avant que ça ne bascule dans l'irréel. Et chacun de rire de sa frayeur toute récente et par la réassurance qu'il reprend grâce au mouvement de la vie qui vient à nouveau se signifier. Le succès de la formule tient au fait qu'on croit, sans y croire, qu'à la reprise du mouvement quelque chose aura changé et on est soulagé de prendre acte que tout continue comme auparavant. C'est la loi du plus grand nombre. Il faut suivre le mouvement. Mon père, il devait revenir, effacer ou taire tout ce qui, dans sa captivité, l'a menacé, l'a modifié et reprendre sa place dans le lit de ma mère avec l'allégeance habituelle à sa belle-mère et à sa belle-sœur. Il devait être le mâle pourvoyeur d'un gynécée bétonné et bardé de certitudes, tout entier exposé au verdict du qu'en-dira-t-on.

Mais je vous en parle comme ça maintenant. Maintenant que j'ai senti, sur ma nuque, la sueur glacée le devenir un peu plus, sous le souffle de ce putain de couperet. Mais c'est récent tout ça. Ce sont des choses qui me reviennent par bribes, dans l'intervalle de mes palpations, au fond de mon lit, pendant mes interminables nuits.

Parce que moi, mon père je l'ai toujours fui, je l'ai toujours condamné, j'ai toujours été contre lui. Il faisait le malheur de ma mère et de ma grand-mère qui m'ont élevé seules, en son absence, pendant six ans, ce n'était pas juste. Il faisait aussi mon malheur. On ne m'a rien dit de précis, mais j'ai cru entendre dans le filigrane des propos une sorte d'injonction : "Toi, tu n'es pas comme lui ; tu ne seras pas comme lui ; il ne faut surtout pas prendre exemple sur lui." Vous savez ce genre de propos qui n'a pas besoin de mots, mais qui se dit très bien avec les mines et les soupirs : "Grandis bien, mon fils, et venge la dignité bafouée de ta mère !" Et encore, j'insiste, ce n'est pas ma mère qui induisait cela. Parce que ma mère n'a jamais voulu demander le divorce. Elle l'aurait accepté, s'il le lui avait demandé, mais, pour elle, il n'en était pas question. »

20 février. « Je ne comprends pas ce que vous cherchez ou ce que vous attendez. Ça fait quoi, de vous dire tout ce que je vous dis ? A moi, rien. Parce que j'ai vécu deux semaines encore plus effroyables que les précédentes. Non, je n'ai rien découvert de plus dans mes aines. Mais c'est presque pire ! Parce que j'ai découvert, sur le devant de mon bras droit, une tache qui n'y était pas. On m'avait averti qu'il fallait que j'examine ma peau et que je vienne montrer toute tache suspecte. J'y suis allé. Pour être sûr que je n'exagérais pas, j'ai regardé à la loupe toutes les photos qu'on a faites de moi, sous tous les angles. Cette tache n'y était pas. Elle n'était pas là, la veille, j'en étais sûr.

Comprenez que ce n'est pas un simple problème de détection. C'est qu'en plus c'est un problème de moi avec moi-même et seulement avec moi-même. Vous comprenez ce que je dis, quand je parle de la solitude ?... Quand je me palpe les aines, je sais chaque centimètre du parcours, depuis le temps. Une tache, c'est quoi ? Dites, vous pouvez le dire ? Je peux n'en pas vouloir, je peux m'illusionner. Je l'ai regardée dans la glace, à la loupe. J'ai tout fouillé ? Alors, le couperet ? Hein ?

J'y suis allé. Je l'ai montrée. On m'a rassuré, immédiatement et sans hésitation. Ce n'était pas suspect. Je ne demandais rien de plus. J'étais tranquille. Je comptais la photographier pour la compter comme présente à l'avenir. On m'a dit que ce n'était même pas la peine. Je croyais que j'avais simplement laissé fonctionner ma trouille.

Mais, deux jours après, je reçois un coup de fil du

médecin. Il avait montré au chirurgien la photo qu'il avait faite à la consultation, et il me disait qu'il valait mieux l'enlever pour en faire l'analyse. Il m'a cueilli. D'un uppercut, à froid. Il m'a cueilli après m'avoir calmé. C'est inhumain ! S'il m'avait dit ça tout de suite, pensez, j'y étais préparé. C'était ma manière à moi de m'agripper au cordeau pour ne pas que tombe le couperet. Mais, là, il m'a éloigné de la machine, il m'a dit que c'était rien. Et voilà qu'il m'appelle, qu'il me dit que c'est peut-être en train de glisser. Pensez comment je suis prêt à piquer un sprint pour me retrouver à tenir le bon bout. J'étouffe sous la chape de ce qui n'est même plus de l'effroi. Je dis que je suis prêt à venir, sur-le-champ. Le chirurgien ne peut pas, il me propose de faire ça dans dix jours. Dix jours ! Vous vous rendez compte ! "Mais comment voulez-vous que je tienne dix jours ? ai-je demandé. – Oh, ne vous effrayez pas, ce n'est qu'une simple précaution, il n'y a pas de quoi s'affoler !" m'a-t-il répondu.

C'est le même coup que pour la tumeur initiale ! On me dit que c'est bénin, alors que j'ai eu le mérite de l'avoir décelée très vite. On me l'extirpe, "par précaution", "pour me rassurer". Et, trois jours après, on me rappelle en m'imposant une intervention d'urgence très large, parce que c'était malin et qu'on avait été imprudent d'agir si légèrement.

Et les mêmes personnes recommencent le même scénario. J'ai beau dire que je ne pourrai pas supporter dix jours d'attente, je me heurte à un refus. On s'excuse, on "est surchargé", etc. Il y a des lois contre toutes sortes de tortures, celle-là, qui est la pire, on l'a oubliée. Il m'a fallu changer d'équipe, jouer d'appuis, utiliser du piston. J'ai même failli vous appeler. J'ai fini par trouver quelqu'un qui m'a opéré dans les quarante-huit heures. Après, il a fallu attendre pendant trois jours les résultats d'analyse ! Je vous laisse imaginer... Ce n'était rien, je respire. Mais comment puis-je vous dire par quoi je suis passé ?

Ça paraît dérisoire, que voulez-vous, dans de pareilles circonstances, d'aller se torturer les méninges sur le sens de sa vie. Quand tout ce qu'on fait ne vise qu'à simplement survivre.

Du coup, ça m'a fait repenser à l'histoire de mon père. Survivre, il a dû savoir, lui, ce que cela pouvait vouloir dire. Je me suis dit que je n'avais pas fait tout le tour de mon rapport à lui. Je crois que j'ai dû l'attendre, que je l'ai attendu. Et je pense qu'il ne devait pas être comme je l'imaginais. C'est la raison du fait que j'ai marché dans ce qu'on disait du côté de ma mère. Je n'ai pas de souvenir précis à raconter de cette époque, et puis, avec tout ce que j'ai dans la tête, ma mémoire est plutôt défaillante. Mais je sais qu'à plusieurs reprises, au cours de mon existence, j'ai cherché à rencontrer quelqu'un qui fût à l'image qu'on avait forgée pour moi. J'ai cherché à vérifier que le père qu'on m'avait fait attendre existait quelque part.

J'ai trouvé mon beau-père. Un homme extraordinaire. Une présence, une allure, une immense douceur et une grande fermeté. En plus, un homme important. Un chevalier d'industrie, président de conseil général. Affable, bon, juste. Extraordinairement juste. Nos contacts ont toujours été excellents. Il me manquait un père, il lui manquait un fils... Vous comprenez, je l'ai vénéré. Et je peux dire, sans exagération, que, de toute sa famille, je suis celui que sa mort a le plus atteint. Je m'en remettais à peine ou je n'en étais pas encore remis, quand j'ai découvert ma tumeur... Parce que j'ai remarqué, alors, combien son absence, sa disparition me condamnaient à ce que je vous dis être ma solitude. S'il avait été là, je suis sûr que j'aurais pu, avec lui, parler en toute lucidité. Comme lui-même, jusqu'au dernier moment, l'a été, lucide. Il est mort chez lui. Il savait que c'était la fin. Son cœur était usé. Il a refusé l'hospitalisation et il disait au médecin présent : "Faites donc votre travail, parce qu'il ne faut pas que vous ayez à vous reprocher quoi que ce soit, pour moi, je sais que c'est fini." On était tous, là, ensemble autour de lui. Et il se préoccupait de chacun bien plus que de lui-même. Vous voyez, ces hommes rares, ça existe. Et vous savez ce que j'ai compris, ça existe en chacun. Mais c'est rare parce que les hommes, c'est bête, ça cherche à convaincre, à livrer bataille. Celui-là, ses seules batailles, c'est sur lui-même qu'il les livrait. Et moi, au cours de mes nuits, affrontant mille peurs, terré au fond de mon lit, que croyez-vous que je fasse ? Je me dégage de ma gangue de protection qui me colle au corps depuis mon tout petit âge, et j'apprends patiemment à livrer bataille à moi-même, à ma trouille, au couperet..., à ne pas me laisser atteindre par la connerie des autres, à les accepter comme ils sont, à renoncer au désir forcené de les changer. Ils changeront d'eux-mêmes... quand il sera temps. »

1er mars. « J'ai repensé à tout ce que je vous ai dit la dernière fois. Vous n'avez pas dû pouvoir me suivre facilement. Parce que, moi, je résume. Je ne peux pas me mettre à vous raconter ma vie dans le détail, jour après jour et chronologiquement. Je me suis dit que vous risquiez de trouver que j'exagérais la stature de mon beau-père. Mais c'est tout de même de vous en avoir parlé qui m'a fait comprendre des choses. J'ai compris que les formules se forgeaient sur des faits bien classés et qui ont recouvré un sens. Vous pensez bien que, si j'aborde avec indulgence le changement de mon père, qui m'a si longtemps révolté et tenu à l'écart de lui, c'est parce que j'avais fait, moi-même, une expérience similaire. Et que j'ai découvert combien il avait dû avoir toutes les raisons pour être devenu ce qu'on lui reprochait d'être. Mais il m'a fallu traverser tout ça pour accéder à cette vision nouvelle de lui. Je me suis longtemps tenu dans une hostilité ouverte. J'ai collé à la mission de héros vengeur dont la famille de ma mère m'avait investi. Et sans même me rendre compte.

Quand j'étais célibataire et jeune marié, j'ai joui d'un bonheur, comme on dit, sans tache. J'étais jeune, j'avais un beau métier que j'aimais. Je gagnais de l'argent, je voyageais... J'ai fait un mariage d'amour, le vrai, l'enviable. Ça a capoté à la naissance de ma fille. Oh ! tout doucement, sans brutalité, quasi sans bruit. Insensiblement, je me suis mis à épuiser l'intérêt que je portais aux choses. Rien, objectivement, ne justifiait ce revirement. J'avais toujours un beau métier, une épouse ravissante, de l'argent, des amis et même une fillette délicieuse. Et pourtant, je constatais que tout cela s'effilochait, se banalisait, prenait une allure de routine. J'ai eu, alors, une aventure. Et parce que j'y ai pris un plaisir aussi aigu que coupable, je l'ai vite arrêtée. Au bout de quelques semaines, j'ai rechuté. J'ai éprouvé le même malaise, un peu moins fort ; puis il y en a eu encore une autre. Je me sentais glisser sur une pente que tout en moi réprouvait, mais que mon état appelait comme le contrepoids nécessaire à la monotonie dans laquelle je m'enlisais un peu plus. Quand ma femme s'est rendu compte de la situation, le malaise n'a fait que s'accroître. Que pouvais-je lui expliquer ? Que pouvais-je lui reprocher ? Comment pouvais-je justifier une conduite que je subissais plus que je ne la vivais ? Je me murais dans un silence qu'elle supportait mal. Je lui demandais pardon. Je lui promettais de ne pas recommencer, en sachant qu'il me fallait à la fois promettre et ne pas tenir ma promesse. Je me débattais dans cet imbroglio incompréhensible. Plus le temps passait, moins c'était facile. Et puis, nous avons attendu notre second enfant. J'ai vécu la grossesse de ma femme dans un état de tension tel que j'ai fini par lui en vouloir. Je ne la supportais plus. Je ne pouvais plus trouver, dans mon attachement à elle, le frein nécessaire aux aventures qui me sollicitaient. Et puis, j'en avais assez de me sentir coupable. Je quittais la maison sans avertir. Je partais en voyage, je revenais. Obéissant au seul gré d'une fantaisie dont je découvrais la nouveauté. Notre dialogue était brisé. Trop de silence de ma part, et bien trop d'inconnues dans ce que je vivais, concouraient à ma fermeture. Je me sentais à la fois innocent et blâmable. Je ne pouvais que me laisser aller à la consolation des flatteries d'amour-propre que me procurait chaque nouvelle conquête.

Mon fils est né un samedi matin. En mon absence. Je l'ai trouvé dans son berceau. Ma femme, dans son lit, avait, à son chevet, mon beau-père. J'étais honteux, gêné. Elle savait où j'étais. Je ne pouvais pas lui raconter des salades. La présence de mon beau-père augmentait mon malaise. Mais je savais que je ne pouvais pas tenir la moindre promesse d'amendement. Alors, je me suis jeté à l'eau et j'ai annoncé à ma femme que je la quittais. Je me suis senti soulagé d'un poids immense. Je venais de commettre un acte quasi barbare et, au lieu d'en être honteux ou mortifié, j'en étais sou-la-gé ! Je lui ai dit qu'elle ne manquerait de rien, pas plus que les enfants. J'ai pris mon fils dans mes bras, je l'ai embrassé. Je l'ai remis à sa mère qui était en larmes. Je l'ai embrassée, elle aussi et je suis parti, en n'osant pas même regarder mon beau-père.

Il n'avait pas ouvert la bouche. Il aurait pu intervenir, s'adresser à moi, vouloir me raisonner, me demander des explications. Non. Rien.

Je ne l'ai revu que deux ans après, quand nous sommes allés lui rendre visite après notre remariage. Oui, nous

nous sommes mariés une seconde fois ensemble ! Parce que, moi, j'avais bien dit que je quittais la maison, ce que j'ai fait. Mais je n'avais entamé aucune procédure. Je n'en voulais pas. C'est ma femme qui a voulu formaliser les choses et j'ai été "divorcé" par défaut, puisque je ne me suis même pas présenté au juge. Quelques mois après, lorsque nous nous sommes retrouvés en vacances autour des enfants que je lui reconduisais, j'ai dû redemander sa main à ma femme. Et, légalement, nous avons dû repasser à la mairie. »

14 mars. « J'essaye de faire comprendre aux médecins combien ma vigilance m'a été utile. J'essaye de leur faire comprendre que, ce temps de survie, je ne le dois qu'à moi-même. J'essaye de leur dire des choses sur leurs statistiques. Mais ils sont sourds, complètement sourds ! Et puis, ils ont peur. Ils ont tellement peur qu'ils ne se rendent pas compte de l'effet de leur conduite ou de leurs paroles. Comment des gens qui ont fait tant d'études, qui ont l'esprit ouvert à toutes choses, peuvent-ils si peu mesurer ce qu'ils font ? L'histoire de ma tache m'est restée au travers de la gorge. Je pourrais leur répéter indéfiniment l'effet de leur acte qu'ils continueront de n'y rien comprendre. Et, après ça, vous tiquez quand je vous parle de solitude ! bon, d'accord, vous n'avez rien dit, mais vous faites une tête, à chaque fois que je dis le mot !...

Mon père est venu me voir, la semaine dernière. Je crois que je le supporte mieux. Maintenant, je peux lui parler. Il a eu, dans le dos, une maladie curieuse. Je ne sais plus comment ça s'appelle. Les médecins lui ont dit qu'un jour il ne pourrait plus marcher. Il a fini, à force de consulter, par trouver l'adresse d'un chirurgien qui l'a opéré. Maintenant, il fait ses trois kilomètres par jour. Et, là, il est venu me consulter parce qu'il a acheté un

nouveau supermarché et qu'il avait besoin d'une précision sur le montage financier de l'opération. Vous vous
rendez compte ? A 76 ans, quelle vitalité et quelle leçon ?
Il m'a demandé des nouvelles de ma mère. Elle, c'est
encore mieux. Elle vient de finir, à 71 ans, une licence
d'histoire...

Le troisième âge, quelle réussite !... »

...

Plus vieux que toi d'une nuit
Plus riche que toi d'une malice...

Le cirque

Voilà des mois et des années que j'essaye, sans succès, d'attirer l'attention des parents de Sylvain Montagne sur les pleurs de leur enfant et sur la signification éventuelle qui pourrait leur être attribuée. En effet, chacune de nos rencontres est un véritable drame. Contrastant avec la gentillesse extrême, la tendresse et une sorte de jubilation constante dans laquelle le père et la mère ont choisi de se tenir. Un comportement qui paraît tellement soucieux d'équilibre que je crains l'effet clastique de la moindre faute de doigté. Si bien que je n'interviens pas de façon directive. Je me cantonne dans les plaisanteries, les incidentes mineures, les remarques légères ou les allusions discrètes.

Sans succès, je le répète. Car ce luxe de délicatesse est noyé dans les hurlements stridents qui m'isolent un peu plus dans mon inquiétude, face à l'apparente sérénité, voire impavidité, parentale.

En fait, à force de me poser des questions sur Sylvain depuis son plus jeune âge, j'en suis parvenu à ne pouvoir l'imaginer que pleurant continuellement. Ainsi pouvais-je m'expliquer les modifications progressives de sa physionomie. Ses yeux s'étaient rapetissés, ne rappelant plus ni l'immense regard sombre de sa petite mère ibérique ni l'amande bleutée de son gigantesque père breton. Ils

251

se seraient, en quelque sorte, rétrécis petit à petit, à constamment exprimer les larmes, alors que les joues prenaient le pli d'ampleur qu'une bouche perpétuellement ouverte pour crier leur aurait imposé. Il n'était pas jusqu'aux lèvres charnues qui s'étaient éversées, participant ainsi à ce qui ressemblait à un véritable remodelage.

« Que voulez-vous ? Voilà ce que vous récoltez, à force de torturer les enfants comme vous le faites ! Piqûres par-ci, bâton dans la gorge par-là, nettoyage furieux des oreilles... ! Il est intelligent ce petit, il vous a vite repéré... », me taquinait le débonnaire papa. « Et puis, il faut reconnaître qu'il est un peu porté sur le lamento larmoyant. Il a de qui tenir ! N'est-ce pas, Viviane ? » poursuivait-il en s'adressant à son épouse qui, d'un Kleenex plié, se tamponnait les yeux, pour sécher les larmes qu'y avait amenées un immaîtrisable fou rire. Cela aussi était une constante : M. Montagne excellait à produire de savoureux traits d'esprit, à quelque propos que ce fût. Et son épouse, bon public, en pouffait littéralement.

Les consultations se succédaient sur ce mode. Usant progressivement les espoirs fondés sur les vertus du temps, de l'accoutumance et de la patience. A deux ans, Sylvain pleurait encore ; à deux et demi, rien n'avait changé ; à trois, on avait pris l'habitude et, à quatre, chacun en avait pris son parti et ne faisait plus le moindre commentaire.

J'avais fini, moi-même, par me résigner. Aussi ai-je été surpris quand Mme Montagne, au téléphone, un jour, m'a demandé un rendez-vous « pour pouvoir parler ; mon mari, aussi, insiste pour que nous nous voyions tous les trois sans Sylvain, car nous avons un problème grave ! ».

Je ne peux préjuger de rien, mais je suppose qu'enfin il pourra s'agir de la dimension des pleurs, en tout cas, de quelque chose du message qu'ils n'ont pas cessé de tenter de délivrer.

Or, j'en reste pour mes frais !

Car ce qui m'est exposé me surprend par sa futilité et son incongruité au point que je crois, un moment, avoir affaire à une plaisanterie de plus. J'apprends que le souci qualifié de grave se résume à une seule chose : Sylvain refuse d'aller au cirque !

Aura-t-on pris toute cette peine pour un symptôme aussi ridicule, alors que je m'évertue depuis des années à essayer d'obtenir quelque chose de plus substantiel ? En quoi cela peut-il avoir quelque importance au regard de ce qui a provoqué le remodelage d'une physionomie ?

J'en suis à ce point de mon étonnement lorsque j'apprends que l'institutrice de maternelle a inscrit cette sortie hebdomadaire à son programme pédagogique : elle conduit, donc, ses élèves au cirque une fois par semaine. Et, là, Sylvain ne se contente pas de hurler son refus, il ameute la classe et toute l'assistance, en semant la perturbation par ses tentatives de fuite.

« Le pauvre chéri, il pense à nous, sans doute ! Que voulez-vous, une place de cirque par semaine, il aura craint de nous mettre sur la paille ! Il doit avoir l'âme d'un comptable ! Je lui ai expliqué que nous avions les moyens, mais il a dû suspecter mon esprit de sacrifice !... », plaisante M. Montagne, ce qui a pour effet immédiat de provoquer, une fois de plus, le fou rire de son épouse. Alors que, moi, je ne me trouve guère plus avancé.

On a proposé à Sylvain de rester à la maison le jour de la sortie, il a tempêté tout autant. Sa mère a essayé de le rassurer en se portant volontaire pour l'accompagner ainsi que ses camarades. Cela n'a rien changé. Il est resté collé à ses jupes et a redoublé ses cris, en proie à une terreur panique inexplicable.

La conclusion claire s'est imposée comme elle s'est énoncée, d'emblée, simplement : Sylvain refuse d'aller au cirque.

Mais cela ne fait pas avancer la compréhension du symptôme. Toutes les hypothèses qui pourraient s'égrener ne seraient que des échafaudages puisque Sylvain, absent, n'adresse pour nous aider que ce refus tout simple dans sa nudité.

L'énigme est de taille. Mais l'épaisseur de son mystère a réussi, cependant, à produire cette démarche des parents que mon inquiétude personnelle n'était pas parvenue à atteindre.

Je connais le couple depuis longtemps. Depuis bien avant la naissance de Sylvain. En effet, Mme Montagne, qui était, alors, Mme Colline, présentait régulièrement à ma consultation sa petite fille, Solange, née d'un mariage hâtif, bref et imposé par les circonstances (« On a été obligés... »). Mme Colline, jeune mère divorcée, avait reçu l'assistance chaleureuse, débordante et active de sa mère et de son père qui l'ont recueillie, installée et qui lui ont trouvé du travail grâce à leurs connaissances. Cela fait, la cellule familiale s'était refermée comme une huître. Mme Colline apprenait de sa mère le dévouement, le désintéressement, le sacrifice et autres vertus. Jusqu'au jour où elle a rencontré M. Montagne. Ce géant flegmatique et souriant a fini par s'installer chez elle. Je le voyais déjà, à l'époque où sa seule présence avait admirablement réussi à résoudre les problèmes de Solange. Le concubinage dura quatre ou cinq années. Puis, un jour, je les ai vus tous les deux, à mon cabinet, avec Sylvain nouveau-né qui était, alors, encore silencieux. J'ai appris les longues hésitations qui avaient précédé la grossesse. « Je ne suis pas tout jeune et je n'en ressentais pas le besoin. Quant à Viviane, elle en a tellement bavé avec Solange qu'elle n'était pas prête pour une remise en selle. C'est un garçon, ça nous change. »

Ces toutes premières confidences se sont trouvées enfouies sous l'accumulation des plaisanteries qui deviendront coutumières et le dialogue fut non seulement rompu, mais impossible à reprendre à cause des cris de Sylvain qui poussait, cependant, sans la moindre anicroche.

L'énigme du cirque était, donc, une occasion inespérée, à ne pas rater. Quelle pouvait en être la cause ? En quoi était-elle l'aboutissement possible des autres cris ? Quelle question posait donc, par son biais, cet enfant à un couple parental en apparence si harmonieux ?

M. Montagne ne ratait jamais une consultation. C'était un père qu'on pouvait dire présent, très présent, on ne peut plus concerné. Quant à Mme Montagne, elle était parfaitement à l'aise dans son rôle de mère secourable autant que dans celui d'épouse aimante. Elle couvait du même regard tendre et admiratif son fils braillard et son bel époux. Elle me donnait, parfois, le sentiment de me prendre à témoin, moi qui l'avais connue dans les difficultés des premières années de Solange, mal assurée et insatisfaite. Elle paraissait, dans une interrogation muette, me dire : « Qu'en pensez-vous ? Ne trouvez-vous pas que j'ai su saisir ma chance ? »

Et c'est vrai que j'étais content pour elle.

M. Montagne, sans abandonner son ton badin, amoncelant les bons mots, présentant les situations sous leur jour le plus cocasse, raconte des faits du quotidien :

« Viviane, vous la connaissez, ce n'est pas nécessaire que je vous la présente. Viviane, c'est une plaie ouverte, une éternelle blessée, une pessimiste obstinée vouée à chercher ce qui la rendrait inconsolable ! Tenez, dimanche, à la campagne, j'ai apporté à Sylvain un tricycle. Elle ne vivait plus ! Son fils et la pédale, tout un roman,

pensez donc ! Mais ne tirez pas de conclusion hâtive !
Non ! C'est bien plus terre à terre. A ras de terre, même !
Elle le voyait déjà avec les tibias ensanglantés !... Butant
sur le seul et inévitable caillou de la route..., la chute, le
front ouvert, les points de suture à faire et le médecin à
quinze kilomètres... Elle a raté sa vocation. Elle en a une,
solide, exploitable : scénariste pour film-catastrophe !

– Tu peux parler, toi... », l'interrompt vivement ladite
Viviane.

Et j'apprends, dans ce début de la toute première altercation à laquelle j'assiste, que M. Montagne, lui aussi,
vit dans la peur. Une peur panique, impossible à maîtriser
autrement que par l'usage de cette carapace de flegme
et d'humour.

« Au début, je croyais toujours qu'il se moquait de
moi, comme il vient de le faire ! Allez savoir, avec lui
qui ne semble jamais rien prendre au sérieux ! Mais j'ai
compris qu'il avait encore plus la trouille que moi. Et
que ce n'était pas de la mise en boîte, quand il me disait,
au bout de dix minutes de promenade, qu'on avait tardé,
que le petit était seul dans le jardin, avec mes parents
qui ne savent pas s'y prendre et qui s'affolent avec lui... »

Un long silence s'installe pendant lequel je mesure
l'investissement opéré sur Sylvain sans rien comprendre
à cette peur commune, partagée, doublement entretenue.
Où cela peut-il prendre racine ? Que pouvais-je conclure
de ce que j'avais déjà recueilli ? Cet enfant tardif pour
ce père qui a attendu d'avoir la quarantaine pour concéder un fils à son épouse. Laquelle avait déjà une fille de
près de 15 ans. Cet enfant tardif aurait-il, par ses pleurs,
plongé ses parents dans un sentiment de regret ou de
rejet, voire d'une certaine incompétence ? Et cette peur
résultait-elle des pulsions négatives que cet ensemble
sécrétait ?

Les entretiens se poursuivront quatre semaines de

suite. Jamais M. Montagne ne se départira de son ton et jamais son épouse ne résistera au ravissement dans lequel la jetaient les bons mots. Et, cependant, les faits se mettaient progressivement en place.

Cette peur, d'abord, qui se démystifie. Elle ne touche pas n'importe quel enfant, elle concerne principalement Sylvain. Jamais Mme Montagne n'a rien ressenti de pareil pour Solange. Quant à M. Montagne, il parvient, lui aussi, à dire que, s'il avait eu une fille, les choses auraient été tout autres. La menace ne concerne pas l'enfant petit, elle concerne le petit garçon. L'un et l'autre semblent adhérer à un postulat qui leur est commun : un petit garçon, c'est fragile.

Sur quoi peut se fonder pareille opinion ?

Où se trouvent ses points d'ancrage, chez l'un et l'autre parent, pour finir par leur être si durablement commune ?

Mme Montagne a un frère, un seul. Plus jeune qu'elle de huit ans : « Le bébé de l'après-guerre, celui que mes parents ont voulu quand leur situation est devenue un peu plus stable... » Et ce petit garçon, à cinq ans, sera très malade. « Très, très malade. Il a fait une néphrite après une angine mal soignée. Ses reins ont été complètement détruits. Il a fallu le mettre au rein artificiel. Il y a été pendant vingt ans. C'était le cauchemar, pour ma mère et pour mon père. Pour moi aussi. Vingt ans ! Jusqu'à ce qu'on l'ait greffé. Et, vous savez, c'est fou. La première fois qu'il a pissé, on était tous là. A le regarder, sans gêne, sans honte, au contraire, dans le bonheur. On pleurait tous de joie. On n'en croyait pas nos yeux. C'était comme la fin de cet inévitable cauchemar. »

Avais-je bien entendu ? Oui, j'avais bien entendu : « Inévitable » cauchemar. Un adjectif qui en disait long sur le secret de Mme Montagne enfant, sur sa culpabilité et sur le prix qu'elle craint d'avoir à en payer, sur la personne de son propre fils...

M. Montagne, lui, n'a pas de frère. Il a une sœur. Bien plus âgée que lui. Il s'entend bien avec elle. Très bien. Elle habite tout près de chez lui. Elle est divorcée. Elle a une fille d'environ l'âge de Solange. M. Montagne a été élevé, longtemps, par sa mère et par cette sœur. Son père était parti à la guerre. « Quand on m'a dit : voilà ton père, j'ai voulu me sauver. J'ai mis un temps fou à me faire à sa présence. J'en dormais pas des nuits entières. Je savais bien qu'il existait, je savais bien qu'il était à la guerre... Mais la guerre, pour un enfant, ça dure, et le temps, c'est toujours éternel, n'est-ce pas ? »

Un temps « éternel ». A suspendre en quelque sorte, pour que la communion ne cesse pas entre un enfant et sa mère. Sauf que ce même temps passe et qu'on se découvre, un jour, adulte, avec l'arrière-goût de ce fol espoir déçu. Alors, le célibat dure. On s'y attarde. Non pas à cause d'un charme qui y serait attaché, mais à cause des hésitations qu'entraîneraient les nécessaires projets. « Avoir des enfants, ça ne m'aurait pas déplu. Mais je m'occupais beaucoup de ma nièce. Je lui faisais faire ses devoirs, je la sortais. Elle n'avait pas de père... Jusqu'au moment où j'ai rencontré Viviane, à la boucherie du coin. Ma nièce doit lui en vouloir ! Elle ne le dit pas et, ensemble, elles font plutôt dans les mamours, mais vous savez... »

Que sais-je ? Sinon que j'apprends, par bribes, des rencontres, des croisées de destins. De ces destins qui se plaquent l'un à l'autre, parce que faits l'un pour l'autre. L'oncle répétiteur qui s'entraîne et explore la parentalité, trouve un foyer quasi similaire à celui avec lequel il trompe la solitude de son célibat. Une simple translation, la rue à traverser et du confort se gagne, en même temps que des interdits se lèvent. Puis le galop d'essai rassure.

258

Solange tire bénéfice de cette présence qu'en retour elle valorise. Viviane a envie d'un autre enfant. Pourquoi ? Pour consolider son couple ? Pour, elle aussi, recommencer, en corrigeant les erreurs, son premier parcours de maternité ? A moins que ce ne soit pour échapper aux valves de l'huître grand-parentale qui ne lui accorde que chichement son autonomie : « Mon frère malade leur a tellement donné de soucis qu'ils n'arrêtaient pas de me dire tout ce qu'ils attendaient de moi. »

Alors, voilà Sylvain. Un garçon. Une chance, inespérée pour l'un comme pour l'autre.

Si ce n'était, du côté de Viviane, cette peur sans limites.

Car n'est-il pas inscrit dans le devenir des garçons que de devoir être malade ? C'est sûrement pour cette seule raison que son frère l'a été. Cette raison et pas une autre. Cette raison-là et aucune autre qui pût lui rappeler une quelconque déconvenue, des sentiments agressifs, de la jalousie ou de la haine pour ce petit frère qui est venu la déposséder de la toute-jouissance de ses parents. Et puis, cette raison-là, à s'accomplir, la fera exactement la même que sa mère. Sans plus aucun lien de hiérarchie. Balayant la déférence obligée et le respect qui la tiennent à l'écart de la révolte.

Si, en revanche, ce garçon n'était pas malade, elle aura fait encore mieux que sa mère. Elle pourra, à son tour, le brandir comme le sceptre d'une puissance, dont rien ne lui permet de dénoncer l'inanité et le leurre, mais qui la soumet, l'a soumise sa vie durant, aux diktats de ses parents. La crainte et l'espoir se côtoient et se mêlent... Alors, on guette. Alors, on attend. Surveillant du coin de l'œil, à l'abri du regard vert et couveur d'un mari qui se trouve, là..., au spectacle !

Car, lui, ne sera pas un briseur d'harmonie. Lui, aura la grandeur d'âme suffisante pour accepter d'assister à la communion journellement renouvelée. N'est-il pas un expert ? N'en sait-il pas toutes les nuances ? N'en a-t-il pas gardé, intacts, tous les souvenirs ? Réussira-t-il à faire durer longtemps, très longtemps, la chose ? Il lui faudra, pour cela, protéger de sa force et de sa sérénité sa petite Viviane d'épouse et avoir l'œil sur Sylvain pour qu'il ne fasse pas de blagues ! Et chaque bribe de tête-à-tête qu'il grappille lui renvoie les effluves d'un bonheur brisé beaucoup trop tôt, mais que sa sagacité, sa patience et son ingéniosité auront réussi à reconstruire. Des craintes de sa femme, il ne sait rien. Rien d'autre que leur recueil étonné et amusé qui nourrit sa propension à la protection. « Elle a raté sa vocation..., scénariste de film-catastrophe. » Mais plus elle affichera de fantasmes morbides et plus elle lui permettra de produire sa faculté d'assistance, le faisant l'agent actif de la jonction mère-enfant. L'incident du tricycle en témoigne. Le tricycle, c'est pour faire plaisir à Sylvain, l'aider à investir l'existence sur une petite joie comme une autre. Les craintes de Viviane seront non seulement perçues, mais rapportées avec un amusement ravi ; sans, cependant, être rattachées à leur ressort, à ce qui les fait tellement torturantes.

Cette situation de complémentarité n'a pas la moindre raison de se rompre. Chacun usant de Sylvain à sa seule guise, elle va jusqu'à fonder l'équilibre du couple.

Sauf que Sylvain, lui, hurle. Qu'il dénonce bruyamment la maldonne, l'erreur sur la personne. Qu'il dit n'avoir pas l'intention de faire les frais de ces replâtrages d'une autre époque.

Jusqu'à cette phase ultime : le cirque.

Est-ce le spectacle du funambule sur sa corde raide qui l'aura fait réagir ? Celui des trapézistes qui prennent le risque de rater un rendez-vous ? Du clown dont les propos masquent mal la tristesse ? Des chiens ou animaux savants qui obéissent aux injonctions des dompteurs ? Ou bien, encore, le brouhaha d'une foule qui ne comprend rien à l'injustice immanente de tout exploit ? Rien ne peut nous le dire. Puisque tout le travail s'est fait avec les parents et que chacun des signifiants évoqués par ces sujets pourrait, ici, trouver sa place.

Mais Sylvain, par son refus, a fait bouger des choses. Et je n'étonnerai assurément personne en disant que ses pleurs ont définitivement cessé et qu'il est devenu un fanatique du cirque. A-t-il compris pourquoi et comment ? Je me le demande parfois, quand, en guise de plaisanterie – héritier méritoire ! –, il me lance : « Dis, tu veux que je me remette à pleurer ? »

M. Montagne a entendu l'histoire de sa femme, et, en contrepartie, il a dit la sienne. Ne les savaient-ils pas déjà, l'un et l'autre ? Ne se les sont-ils pas confiées, par petits bouts, dans les moments de grande intimité, dans ces conversations qui sont de véritables monnaies d'échange, autant que des indicateurs d'investissement ? Quand les corps qui se délassent invitent à montrer, pour en demander la guérison, cette vieille blessure que l'histoire ne manque jamais d'avoir produit. A montrer, à celui-là, précisément, qui vient de donner, en même temps que la joie, le gage de l'abandon et de la mise à l'écart de la pudeur.

Dans ces moments-là, donnant, donnant, chacun abat une carte pour que l'autre, à son tour, le fasse aussi. Explorant le devenir en fonction des cartes découvertes et de celles qui restent en réserve ; organisant les confidences autour de ce qui sera sinon tu, du moins suffisamment bien enveloppé pour en cacher le caractère d'arrière-pensées. Ces arrière-pensées qui, sous le masque de l'oubli maladroit ou de l'omission navrée, mènent, seules, véritablement, les négociations. Ces moments bénis le sont toujours, parce qu'ils laissent à chacun l'illusion de croire pouvoir faire usage de l'autre, au prix le plus juste et le plus étriqué. C'est que le leurre d'un pouvoir à continuer de détenir, coûte que coûte, infiltre et défie les embrassades autant que les serments. Si bien que les histoires, même si elles ont amplement puisé l'une dans l'autre, même si elles sont devenues familières, demeurent foncièrement distinctes, étanches, sans véritable point de jonction.

Or, voilà qu'elles s'exposent. Dans une occurrence qui les interroge comme jamais elles ne l'ont été, dans leur intimité, dans leur plus élémentaire structure. Elles s'agencent, alors, autour d'un axe nouveau dessiné par le littéral ras-le-bol de Sylvain et l'amour que soudainement il mobilise avec sa violence et ses impératifs.

Une échéance se fait jour : Sylvain va bientôt avoir cinq ans. C'est l'âge auquel le frère de la mère a contracté cette maladie grave. C'est aussi, à peu près, l'âge auquel, la guerre terminée, le père de Sylvain va faire la rencontre marquante avec son propre père et dater la rupture d'une relation douillette et exclusive à sa mère ! C'est cette échéance qui commande la reprise des histoires et qui confère à l'enfant un statut nouveau dans l'économie familiale. C'est comme si le cours des événements prenait une accélération soudaine et étonnante. Car il n'a pas dû manquer de situations où le comportement pusillanime de Sylvain a pu poser problème. On pourrait repérer les effets de ce que j'ai, plus haut, appelé la ligne de bascule. Et cette bascule se fait en prenant appui sur l'inventivité que procure l'amour porté à Sylvain. Lequel amour est, lui, seul capable d'évacuer le rapport leurrant à un pouvoir illusoire dans lequel chacun des parents croyait pouvoir continuer indéfiniment de se tenir.

Ce qui se dégage, dans le même temps de l'exploration de la mise en place des faits, c'est que la situation a une conformation triangulaire. Puisque Sylvain est relié à chacun de ses parents, lesquels sont reliés entre eux. Mais qu'est-ce que cela peut nous apporter ? On constate qu'aux deux sommets parentaux du triangle se trouvent branchés ni plus ni moins que deux autres triangles qui relient, respectivement, M. et Mme Montagne à leurs propres parents. Certes, chacun s'en serait douté ! En revanche, ce que nous enseigne le détail des propos, c'est que des relations étroites existent entre la configuration des triangles grands-parentaux et celle du triangle qui inclut Sylvain.

Si, allant plus loin, on s'attache à parfaire l'exploitation de cette configuration géométrique, on pourra glaner d'autres renseignements tout aussi précieux.

Ainsi, le triangle représentant Sylvain et ses deux parents, depuis la naissance jusqu'à l'incident du cirque, pourrait être figuré comme un triangle rectangle relativement plat, par exemple. Le petit côté serait tendu entre la mère rieuse et Sylvain lui-même, suffisamment unis ainsi pour être couvés d'un unique regard par le papa au sommet opposé. Les pleurs de Sylvain pourraient sembler provenir du fait que, de sa place, son champ perceptuel ne lui permettrait pas d'embrasser tout à la fois son père et sa mère ; et qu'il distingue tantôt l'un, tantôt l'autre, mais jamais les deux ensemble. Le travail de parole qui s'est fait au cours des entretiens aura modifié la configuration de ce triangle, pour en faire un triangle isocèle aigu. Les deux parents, conscients de l'enjeu, ayant renoncé à garder par-devers eux leurs cartes atouts cachées, se seraient suffisamment rapprochés pour être visibles, ensemble, dans le champ de Sylvain qui aura pris une certaine distance.

Mais la représentation graphique qui a servi à cette génération, pourquoi ne pourrait-elle pas servir pour les générations précédentes ?

Ainsi, M. Montagne pourrait, lui aussi, être figuré à un sommet d'un triangle aigu ; certainement à distance de la base constituée par ses sommets parentaux. Il ne serait sans doute pas question de lui parler d'une quelconque relation privilégiée à sa mère ! « La pauvre, elle est bien trop vieille », répondrait-il, ironisant. Et il aurait raison. Leurs relations se sont, elles aussi, avec le temps, assurément modifiées. Mais nous savons, désormais, comment ce que l'enfant, par ses interrogations, vient réveiller, c'est la trace non effacée, mais enfouie, gardée secrètement au fond de soi, d'un état relationnel équivalant à celui que lui-même subit. Autrement dit, si le triangle actuel de M. Montagne et de ses parents a cette configuration, il ne l'a pas toujours eue. A l'âge qu'a Sylvain, au moment que nous désigne son histoire, M. Montagne, tout comme son fils, se trouvait à l'extrémité de l'un des côtés, le petit, d'un triangle rectangle, très proche de sa mère, distant et bien plus éloigné d'un père, longtemps absent, à l'autre bout de l'hypoténuse.

Quant à Mme Montagne, même si, faute de matériel, on ne peut avec autant de précision dessiner le triangle l'incluant, on sait que c'est possible. Ne serait-ce qu'à l'imaginer comme un triangle quelconque avec un côté plus petit, celui la reliant à sa mère, personnage important dans les péripéties de discours qu'elle tient.

Bien sûr, rien n'interdirait de poursuivre le traçage d'un pareil canevas. Les grands-parents de Sylvain, n'étant pas nés *ex nihilo*, occuperaient, eux aussi, des sommets de triangle. Et ainsi de suite, indéfiniment, pourrait-on le faire, en remontant la chaîne des générations et le temps. Ce ne serait ni plus ni moins qu'une autre manière de figurer un arbre généalogique. A ceci près qu'en usant des variétés positionnelles qu'offrent les figures géométriques on fonderait une combinatoire faite de notions de symétrie, d'asymétrie ou de dissymétrie des systèmes relationnels. Autant d'ailleurs que celles de distance ou de promiscuité. Car être plus proche de l'un plutôt que de l'autre de ses parents n'est pas – on l'aura compris – sans effet sur le devenir d'un individu, voire sur celui de sa descendance à laquelle il risque de transmettre, sans atténuation, le déséquilibre qui aura été le sien.

Rien n'interdit cette exploration, mais est-elle bien utile ?

La réponse nous est fournie par l'histoire de Sylvain. Puisque, pendant des années, il n'a pas cessé de pleurer et que soudainement il s'arrête, après que ses parents sont venus mettre en commun des pans de leurs passés respectifs. Or, de quoi ont-ils parlé sinon de leur inscription dans la dynamique de chacun de leurs couples parentaux. Et rien ne s'oppose à ce qu'on puisse imaginer que les histoires des parents de Sylvain eussent pu avoir un tout autre déroulement si leurs propres parents avaient été amenés à faire, pour eux, un travail similaire. La néphrite de l'oncle ne peut-elle pas être repérée comme l'effet d'une impasse ? De même peut-on se demander ce qu'aurait été l'avenir de Sylvain si le travail provoqué par son refus n'avait été effectué.

Qu'on n'aille pas croire, pour autant, qu'il faille souhaiter une prévention généralisée et forcenée de ce type. J'ai déjà formulé ma défiance à l'égard de ce genre de distorsion de mon propos. Les troubles présentés par les enfants n'ont pas toujours l'intensité de celui qu'a manifesté Sylvain. Par ailleurs, le génie et la plasticité extrême de l'enfant sont à même fréquemment d'intégrer, de métaboliser ou de mettre dans un coin de la mémoire de tels événements pour que la route se poursuive... jusqu'à la génération suivante !

Néanmoins peut-on prendre acte de cette sorte de transmission qui court les générations, car elle n'est pas sans importance. Ne serait-ce que parce qu'elle vient compléter un système de lecture que ces configurations triangulaires ne peuvent pas ne pas évoquer.

En effet, la psychanalyse a posé comme un de ses concepts centraux l'existence d'une structure, elle aussi triangulaire, régissant le devenir de tout humain : la structure œdipienne. La notion en est suffisamment répandue dans le public pour résumer à elle seule, le plus souvent, tout le savoir en la matière. Tout humain connaîtrait nécessairement une attraction pour son parent du sexe opposé. Cette phase lui serait même indispensable. Mais, après avoir constaté l'incongruité de ses prétentions, il serait amené à renoncer à son objet d'amour, temporaire, pour s'identifier au parent du même sexe dont la présence a aidé le renoncement à se faire. C'est alors qu'il se mettra à attendre la rencontre ultérieure d'un objet d'amour adéquat et autorisé. Ainsi le petit garçon renoncerait-il à sa mère pour être comme son père et attendre une compagne, la petite fille renoncerait à son père pour être comme sa mère et attendre un compagnon.

Cette description, tout entière faite d'équilibre et de simplicité [1], n'est le plus souvent qu'une ligne d'horizon dont la sérénité se trouve troublée par les difficultés inhérentes à la renonciation, voire à l'acceptation des modèles identificatoires. C'est la raison, dans l'exposé que j'en ai fait, du conditionnel. Les difficultés sont la règle et le temps est loin où les références à quelque normalité

1. Simplification aussi ! Outrancière, même, dans la façon dont j'expose ce point. Assurément. Aussi me dois-je d'ajouter que les psychanalystes ne s'y sont pas tenus. Ils ont exploité ce concept d'une manière bien moins schématique, infiniment plus nuancée et autrement productive. Si je m'en tiens, cependant, à cet aspect squelettique de la question, en visant précisément cet aspect et celui-là seul, je critique l'abord du problème tel qu'il continue d'avoir cours dans de très larges couches d'un public non spécialisé.

avaient un sens. Or, ces difficultés sont génératrices de troubles divers aux expressivités les plus variées, qui peuvent courir, sans résolution, tout au long d'une existence.

Sur tout cela, il n'y a rien à redire. On pourrait, certes, s'interroger sur la signification de la référence longtemps obstinée à une idée de norme ou de normalité, mais cela ne regarde pas directement le propos. Non, il n'y a rien à redire, il y a même à se féliciter de l'existence d'un module de lecture, remarquablement opératoire, qui facilite la saisie de phénomènes qui, sans son recours, paraîtraient fort compliqués. Et il n'est pas dans mes prétentions de venir en diminuer le mérite. D'autant que cela coïncide avec les préoccupations d'une éthique psychanalytique qui privilégie le sujet parlant, en fixant le début de son aventure à ce stade. Ce qui reviendrait à dire qu'à ce stade, et dans les circonstances qui le délimitent, se manifesterait, de manière flagrante, le désir de l'individu que l'analyse cherche à extraire de tout ce qui l'engonce, pour le maintenir, ce désir, vivant.

Ainsi, Sylvain, devenu adulte, pourrait être amené, besogneusement, par l'effet d'associations de propos à se remémorer ce moment clef où sa phobie du cirque aura fait intervenir, dans son champ perceptuel, un père qui l'aura enfin écarté du personnage de sa mère auquel il était accolé jusque-là, paralysé par l'exploration de tout ce qui était étranger à elle !

Mais, dans ce moment précis, à cet âge où tout cela se passe, qu'en est-il de Sylvain et de son désir ?

La question n'est pas un luxe. Elle n'est pas vaine ni malvenue. Elle n'est pas non plus impertinente. Elle aborde un débat difficile à éviter dans les conditions de l'observation directe.

Sylvain est-il, par l'effet de sa seule existence, par l'effet de ses seules impulsions, de ses attractions, de ce qui ressemble à ses préférences, responsable de l'impasse dans laquelle il se trouve ? Ou bien, à l'inverse, n'est-il que le jouet de forces qui convergent vers lui, qui s'exercent et se combattent dans le lieu qu'il constitue ? L'une comme l'autre des questions peuvent recevoir, paradoxalement, sans se contredire, une réponse positive.

Sylvain, comme tout nourrisson, reste sur l'étalonnage sensoriel du corps maternel dont il est issu et qui lui a procuré délices, réassurances et confort. Son appétit de ce corps demeure vivace et il ne souhaite que s'en rassasier. Aussi, délibérément, pourrait-on dire, écarte-t-il de ses perceptions tout ce qui y est étranger ; et, par contre, se nourrit-il de tout ce qui y ressemble de près ou de loin. Choisissant dans l'environnement, il se construira en grappillant, de-ci, de-là, et une odeur et un parfum, et un brin de voix et une mélodie, et un bercement et une caresse... Du matériel à sceau quasi uniforme, du matériel reconnaissable au label féminin et maternel qui s'engrange et fonde un trésor. Trésor jamais trop grand, trésor gardé jalousement parce qu'il n'est pas seulement un bien, mais la raison d'être, elle-même. Inventorier le trésor, c'est inventorier ce qui constitue Sylvain. Et tout ce qu'il émettra plus tard, comme sentiments, manières d'être, d'entrer en relation, de résoudre une difficulté ou un conflit, de choisir une solution à un problème, etc., en sera issu, en portera l'estampille. Il ne sera pas jusqu'au dosage de l'ingrédient paternel qui y figurera, avec l'importance qui y aura été accordée et la manière dont cela aura été accepté, intégré, stocké. Sylvain, maître d'œuvre de lui-même, aura de bout en bout choisi la voie d'une existence à laquelle il aura à s'affronter muni du seul viatique dont il se trouve, ainsi, assuré.

A l'inverse, on peut très bien imaginer Sylvain prêt à tout recevoir, sans parti pris préalable. Ayant effectué son étalonnage sur les afférences issues du corps de sa mère, il aurait pu découvrir son père si celui-ci avait eu une stature suffisamment présente pour subvertir chaque geste et chaque comportement maternel. Au lieu de quoi, le père se gausse, fait des bons mots, mais se régale par-dessus tout du spectacle de la fusion des corps de Sylvain et de sa mère. Laquelle, bien trop préoccupée à tenter de répéter, sans faute, un parcours déjà su, s'offre en pâture, totale et impudique, assurée de la complaisance d'un époux dont elle prend le voyeurisme pour un attendrissement ému et encourageant. Que peut faire Sylvain de cette nourriture exclusive et prodigue, sinon s'en repaître jusqu'à satiété ? Et continuer d'en engouffrer jusqu'à l'indigestion ! Où, comment et de quelle manière peut-il exercer un quelconque choix, alors qu'il est littéralement tenu de se satisfaire de ce qui lui est offert ? Faute d'en faire usage, il ne trouvera, face à lui, qu'un univers désertique. Peut-il accéder rapidement, sinon à la conscience, du moins à la simple idée d'une alternance à venir ? Comment cette notion pourrait-elle s'imposer à lui, lui apparaître souhaitable, alors que sa prématuration le livrant à la toute-puissance des gestes de sa mère lui fait explorer l'adéquation et les inestimables bienfaits de ces mêmes gestes ! La vérité restera, pour lui, ce que ces gestes diront, sans plus !

Mais le voilà à pleurer. Et il ne cessera pas de pleurer !

Dans la première forme de lecture, ce sera à cause de l'angoisse que suscite la séparation des bras secourables.

Dans la seconde forme, ce sera par l'effet d'une sorte de saturation.

A quelle version prêter foi ?

On pourrait s'en tirer et clore le débat, puisque cela ressemble à une impasse, en disant qu'il ne peut y avoir qu'un mélange, à proportions à peu près égales, des deux formes de lecture. Peut-être. Mais cela, curieusement, n'éclaire pas la tournure prise par l'histoire après que les entretiens ont eu lieu. Car n'oublions pas que les parents seuls ont parlé et qu'il n'y a eu aucune intervention directe au niveau de Sylvain. Autrement dit, si le comportement de Sylvain s'est trouvé modifié, cela ne l'a été que sous l'effet d'une modification du comportement parental. Ce fait milite en faveur d'une plus grande place, sinon d'une place exclusive, à conférer à la seconde manière de lire.

D'ailleurs, si l'on se réfère à la légende même d'Œdipe, qui a permis la mise en place du concept analytique, on ne peut qu'être frappé de faits similaires.

Rappelons, tout d'abord, ce que chacun sait ou croit savoir.

Œdipe, enfant trouvé et recueilli, apprend l'oracle que la pythie avait énoncé à son sujet : il devra, un jour ou l'autre, tuer son père et épouser sa mère. Voulant fuir ce destin funeste, il quitte ses parents – dont il ne sait pas être le fils adoptif et qu'il croit être ses vrais parents. Sur son chemin, il croise un homme âgé qui lui intime l'ordre de lui céder le passage. Une altercation s'ensuit au cours de laquelle il tue cet homme. Or, cet homme est Laïos, roi de Thèbes et père d'Œdipe. A l'entrée de Thèbes, un animal mythique, le Sphinx, pose aux passants toujours la même énigme et les dévore parce qu'ils ne savent pas y répondre. Le fléau est tel que la royauté – vacante depuis la mort de Laïos – est offerte à qui saura résoudre l'énigme. Car la résolution de ladite énigme entraînera la mort du Sphinx. Œdipe est soumis à l'énigme : « Quel est l'être unique qui marche tantôt à deux pattes, tantôt à trois, tantôt à quatre, et qui est le plus faible quand il a le plus de pattes ? » La réponse d'Œdipe fuse : c'est l'homme (nourrisson, marche acquise, vieillard avec une canne). Le Sphinx meurt. Œdipe recueille sa récompense. Le voilà roi de Thèbes, il épouse Jocaste, veuve de Laïos, à qui, d'ailleurs, il fera quatre enfants. Des années s'écoulent avant qu'il n'apprenne que Laïos était son père, Jocaste sa mère et que, voulant fuir un destin abhorré, il est allé encore plus sûrement à sa rencontre !

Voilà ce qui est su le plus souvent.

Mais la lecture des détails du mythe apprend bien d'autres choses et invite à la remise en question d'un recueil simpliste et fragmentaire des faits.

L'oracle de la pythie, par exemple, d'où vient-il ? Laïos et Jocaste n'avaient pas d'enfants. Laïos consulte l'oracle qui lui dit que ce mal est aussi un bien parce que tout enfant issu de lui le tuera pour épouser la femme à qui il l'aura fait. Laïos, pour ne courir aucun risque, fuit la couche de Jocaste, sans rien lui dire des raisons de son attitude. Or, elle, qui n'a pas renoncé à la maternité, enivre son époux et se fait faire un enfant par lui.

Curieuse chose, tout de même, ce bout du scénario !

Voilà un homme devenu méfiant qui se décide pour l'abstinence et qui se laisse tout de même enivrer ! Et une femme, la sienne, que la légende dit être prête à toutes les manœuvres pour assouvir son envie de procréer !

Question : que signifie la stérilité du couple Laïos/ Jocaste, stérilité qui a duré jusqu'à cet enivrement ?

Autre question : quel est le statut du dévoilement effectué par la pythie, dans le devenir de la fécondité du couple ? Et, en corollaire : que signifie, dans le couple, le silence de Laïos quant à l'oracle ?

Autre question encore : oracle ou pas, qu'eût pu être le destin d'un enfant conçu sous de tels auspices ? Et qu'eût-il été possible, pour lui, de faire pour y échapper ?

Œdipe une fois né, son père le confie à un valet à qui il ordonne de l'exposer sur le mont Cithéron, après qu'il lui aura percé les pieds d'un clou et qu'il les aura atta-

271

chés. Un berger trouve l'enfant, le recueille et lui donne le nom d'Œdipe, c'est-à-dire : « pieds gonflés ». Détail amusant, cette insistance sur les pieds, quand il s'agit d'un individu qui croit avoir assez les « pieds sur terre » pour pouvoir déjouer son destin, en s'éloignant des parents que l'oracle menace, et résoudre l'énigme du Sphinx. Énigme qui porte sur le statut des pieds de l'humain !

Question : à quoi se trouve confronté le désir d'Œdipe ? Corollaire : a-t-il un désir, lequel est-il ?

Autre question : son désir conscient étant de préserver ses parents (adoptifs, mais il ne le sait pas), quel est le statut de ce désir conscient ?

Autre question encore : si le désir, celui des psychanalystes, n'a rien à voir avec le désir conscient, le désir d'Œdipe ne coïncide-t-il pas avec le désir de son père d'abord, qui, sous l'effet de l'ivresse qui délite la conscience, engendre son enfant, futur meurtrier ? Corollaire : quelle est la nature véritable du désir de Jocaste ? Qu'y a-t-il derrière le désir de maternité ?

La légende d'Œdipe, telle que chacun croit la connaître, ne mérite-t-elle pas d'être plus fouillée ? Je n'ai fait que poser des questions hâtives autour d'un canevas que chacun sait plus ou moins. Mon but étant d'avancer que l'emprunt qui a été fait à la légende pour illustrer la structure œdipienne (dont – je le répète – je ne récuse pas qu'elle soit opératoire) a laissé de côté une série d'articulations qui, à être mises à plat, en dénoncent la simplification exagérée et regrettable.

Si on se donnait la peine, on pourrait trouver, dans les histoires respectives de Laïos et de Jocaste, des faits qui expliqueraient non seulement la formation de leur couple, mais aussi ce qui ne pouvait que les conduire à se rencontrer. Tout aussi nettement que M. Montagne, répétiteur assidu de sa nièce et pensionnaire occasionnel dans le foyer de sa sœur, a pu se trouver intéressé par Mme Colline, mère elle aussi d'une Solange, et qu'il rencontre à la boucherie du coin.

Il est certain que la lecture assidue et appuyée de faits qui connaissent une véritable transmission dans la chaîne des générations risque de donner lieu à l'éclosion d'un surdéterminisme tellement flagrant qu'il en deviendrait désespérant. Un enchaînement de causalités aussi rigide, et dans cet ordre inexorable de distribution, aurait, tout à la fois, quelque chose d'aliénant et de libérateur. Tout cela fleure une morale que la Bible ne démentirait pas quand elle promet aux enfants d'Israël que leurs actions rejailliront sur leur descendance jusqu'à la troisième ou quatrième génération ! Moyen le plus radical, quand on sait l'investissement opéré sur ladite descendance, de fonder une morale efficace à tous coups, sous la férule d'une telle menace !

Si ce mode de lecture paraît excessif, il ne l'est pas plus que celui dont use la structure œdipienne par trop infantocentrique.

Dès lors, une question persiste qui déborde largement le débat : celle qui vise le mécanisme situé au cœur de cette perpétuation des problématiques. Autrement dit : y a-t-il quelque chose d'élémentaire, identifiable, repérable qui, de génération en génération, ne cesse de produire ses effets, depuis la nuit des temps ? Qu'est-ce qui serait un facteur commun aux histoires de Sylvain, de M. Montagne, de Mme Colline, de leurs parents respectifs et de leur descendance, à quelque niveau qu'on les explore ? Un facteur qu'on trouverait à l'œuvre aussi bien dans l'histoire d'Œdipe, de Laïos, de Jocaste ou de tout individu lambda ?

Cela nécessite l'abord du problème dans sa plus secrète intimité. La clinique, encore une fois, devra nous venir en aide pour éclairer et permettre d'identifier ce qui affleure.

L'intimité des rouages

I

Cet homme, borgne mais cependant heureux, se vantait, auprès d'un ami, des qualités exceptionnelles de son épouse :

« Tous les soirs, c'est le même rituel ; dès qu'elle entend la porte s'ouvrir, elle se précipite, se prosterne devant moi et m'embrasse le pan du vêtement. Alors, je dépose sur sa tête le sac contenant ma recette de la journée. Elle le prend et court, frétillante, œuvrer pour animer notre soirée...

– C'est curieux, rétorque l'ami, as-tu essayé, une fois, une fois seulement de ne pas poser ta recette sur sa tête ? »

Piqué par la curiosité, le soir même, notre homme brisa le rituel en ne déposant pas sa recette sur la tête de son épouse. Elle attendit un bref instant puis leva son regard vers lui et d'un air surpris et effrayé elle dit :

« Oh ! quelle horreur ! Que t'est-il donc arrivé à l'œil ? »

Une élégie

> Une femme, c'est du marbre. Toujours du marbre, dense, lourd, compact, froid et dur. Du marbre, même si tu l'as cueillie alors qu'elle flottait, aérienne et légère, à la surface d'un ruisselet.

Des cris qui montent. Violents et suraigus. Je suis leur progression à la trace. Ils ont commencé sur la petite place, puis se sont amplifiés dans l'escalier. Ils ont envahi l'entrée et se sont à peine trouvés atténués par les murs de la salle d'attente. Ils me font précipiter l'acte en cours pour libérer mon cabinet au plus vite. Car je sais qu'ils dureront le temps de l'examen et ne cesseront qu'une fois Marthe rhabillée. En laissant place à des reniflements bruyants et saccadés, oppressants dans ce qu'ils traduisent de chagrin et de peur.

C'est difficile à vivre pour tout le monde.

Pour la maman découragée, qui oscille entre la sollicitude et l'irritation et qui dit ne rien comprendre. Pour le père démuni, qui trouve à peine assez de force dans ses biceps de géant nordique pour immobiliser Marthe, quand c'est nécessaire. Et pour moi, qui dois, avec mes yeux vieillissants, décider, en une fraction de seconde, de l'état de l'étroite surface d'un tympan ou si les amygdales, vite inondées de glaires ou de vomi, sont responsables de l'abattement ou de la fièvre.

Parce que Marthe est malade. Souvent. Très souvent. Quand elle n'a pas d'otite, d'angine, ou de bronchite, elle tombe sur le coin d'une table et il faut la suturer, elle se brûle à la casserole sur le gaz et il faut la panser, ou bien elle se casse le poignet et il faut la plâtrer. On imagine les conditions des soins. Mais lui donner du sirop, lui mettre des gouttes dans le nez, voire un suppositoire, constitue aussi, pour les parents, un véritable cauchemar tant chaque opération confine au pugilat. La fréquentation de la crèche ou la mise en nourrice n'ont rien changé au tableau. Marthe est une longue, uniforme et univoque plainte.

Je suis tellement harassé par chacune de nos rencontres que je remets régulièrement à la suivante la perspective de comprendre quelque chose. Mais encore, comment comprendre et quoi comprendre ? La mère de Marthe est irréprochable – et je pèse mes mots. Elle expose ses difficultés à soigner Marthe simplement, sincèrement, comme une donnée objective insaisissable, sans plus d'affectation que de complaisance. Elle aussi cherche à comprendre, sans succès. Elle a acheté un livre d'images dans lequel le lapin et l'ours vont chez le bon docteur. Elle l'a lu à Marthe qui s'en est saisie, l'a piétiné, puis est allée rageusement s'enfermer dans sa chambre. Le papa de Marthe a tenté autre chose : il l'a emmenée avec lui chez son propre médecin qu'il devait consulter. Marthe a observé sagement toute la scène. Le père a cru que c'était gagné. Quand il a fait le parallèle entre son médecin et moi, Marthe a hurlé et a couru, une fois de plus, s'enfermer.

Est-ce à dire que cela se passe entre Marthe et moi ? Non, me rassurent les parents, au laboratoire, chez le radiologue ou chez l'oto-rhino c'est encore pire, si tant est que ça puisse l'être.

Nous sommes devant une impasse. Et est-il utile de préciser que tous mes propos lénitifs, mes manœuvres apaisantes ou mes gestes de tendresse ont échoué ? Il n'est pas jusqu'à mes espoirs fondés sur l'éclosion du langage qui n'aient été déçus. Les cris n'ont pas cessé, ils se sont enrichis de retentissants : « Non, non, non, je ne veux pas, je ne veux pas... » hurlés à tue-tête et insensibles au moindre amendement.

Sur ces entrefaites, la mère de Marthe, de nouveau enceinte, me demande l'adresse d'un accoucheur. Elle ne veut pas retourner chez celui qui a mis au monde sa fille, parce qu'elle en garde un mauvais souvenir.

Moi aussi, d'ailleurs. Puisque j'ai assisté à la naissance de Marthe. Mais je ne peux que partiellement me souvenir des faits qui m'avaient pourtant paru frappants quand ils étaient survenus. L'évocation même de cet accouchement me mettait mal à l'aise. Je savais que ma mémoire – généralement excellente – avait défailli, mais je refusais d'aborder cette défaillance incompréhensible. Je savais aussi que les cris de Marthe touchaient toujours, avec une précision aiguë, cette zone singulièrement sensible. Ce qui me les rendait insupportables, mais ce qui m'empêchait aussi de parvenir à en saisir la signification.

En effet, j'étais dans les murs de la maternité quand un des accoucheurs m'a accosté. Nous ne nous aimons pas beaucoup, mais nos relations restent polies et supportables, quasi cordiales dans leur formalisme. Nous nous connaissons depuis longtemps pour fréquenter le même établissement, mais nous ne nous adressons guère de patients l'un à l'autre. « Tu tombes bien, m'a-t-il dit, je cherchais un pédiatre en urgence parce que je dois faire une césarienne pour extraire un enfant menacé, et je serais plus tranquille si j'avais une assistance en salle d'opération. » Je ne pouvais pas ne pas répondre à une demande qui ressemblait à une réquisition. Sauf que j'en ai immédiatement subodoré les motifs et la visée : quelque chose angoissait ce confrère, quelque chose que, manifestement, il ne parvenait pas à cerner, mais qui lui imposait de se raccrocher à une réassurance, fût-elle aussi peu estimable que le recours à ma personne. Il m'embauchait sans avoir – et à juste titre, certainement – grande confiance dans mes compétences de réanimateur néonatal. Le temps pressait et une conclusion s'imposait à moi. Je ne pouvais constituer, pour lui, qu'une sorte de garantie formelle. Si tout marche bien, il ne sera pas même fait mention de ma présence ; en cas d'incident, en revanche, je porterai seul la responsabilité des problèmes de l'enfant, puisque, aux frontières de ma compétence, la sienne est censée s'arrêter. Malgré ces supputations, je résolus le problème de manière simple. Ce confrère me paraissait s'affoler pour des raisons que j'ignorais. Néanmoins, je le savais excellent opérateur, la césarienne ne pouvait que très bien se dérouler et sans doute n'y aurait-il pas le moindre incident. Cependant, si, par le plus grand des hasards, une intervention de réanimation s'avérait nécessaire, j'avais vu suffisamment souvent travailler les anesthésistes de l'établissement pour être assuré qu'ils seraient à la hauteur de la tâche. Mon rôle, dès lors, pouvait se réduire, sans préjudice pour l'enfant, à celui d'une étiquette et d'une présence.

Les choses se sont déroulées exactement comme je l'avais prévu. C'est-à-dire sans le moindre incident.

Je suis repassé dans l'après-midi. La mère de Marthe, réveillée, tenait sa fille dans ses bras ; et, près d'elle, il y avait sa propre mère. Elles m'ont parlé, l'une et l'autre. Je les ai écoutées. Je me souviens d'avoir parfaitement compris comment mon confrère avait pu se trouver dans cet état d'angoisse. Je lui ai écrit une longue lettre, très détaillée, que je voulais à proportion de la tâche dans laquelle il m'avait coincé me sachant inapte à l'accomplir. C'était ma manière de régler mon compte avec lui et de lui montrer que j'avais, tout de même, plus de compétence que ce dont il me créditait.

Comme les accouchées de ce confrère sont habituellement adressées à d'autres pédiatres, je comptais ne plus revoir Marthe. C'est l'obstination de sa mère qui me vaudra leur fidélité, et sans doute aussi ce premier échange. Mais j'ai commis l'erreur de croire le problème résolu pour l'avoir parfaitement compris et, mieux, habilement – et, je peux dire, brillamment – expliqué par écrit. Or, de ce qui m'avait été raconté je ne gardais aucun souvenir. Amnésie totale, complète et, pour être aussi sélective et inhabituelle, quasi pathologique. Pas un détail, pas le moindre détail. Rien !

Et, tout au long des mois et des années, chaque cri de Marthe venait m'enfoncer un peu plus dans la culpabilité que sécrétait ce symptôme étrange.

Voilà que tout cela se retrouve ravivé par la demande de la mère de Marthe. Je lui ai donc indiqué un autre accoucheur qui a mis au monde – par les voies naturelles – un petit frère, Thibaut.

Marthe a près de 4 ans à la naissance de son frère.

Elle accompagne sa mère aux consultations mensuelles. Elle se terre derrière un rideau ou derrière un fauteuil et refuse de venir assister à l'examen. Elle ne veut pas voir « combien Thibaut est gentil et combien le docteur est gentil ». Elle se contente de nous décocher ses regards noirs et méfiants...

Trois mois s'écoulent sans que j'aie eu à l'examiner. Puis, un matin, ses cris m'annoncent sa venue : elle a de la fièvre. L'examen houleux, comme à l'accoutumée, ne fournit pas de diagnostic précis et aboutit à la prescription de fébrifuges et de patience, sur fond de contact téléphonique. Le lendemain, j'ai du mal à faire accepter mon avis de ne rien changer aux prescriptions à la mère de Marthe que je trouve exceptionnellement irritée, sans savoir pourquoi. Le jour suivant, je suis appelé en visite. Je m'attends à devoir examiner Marthe. Elle n'est pas là ; j'apprends qu'elle est retournée en classe. Sa mère non plus n'est pas là, c'est la grand-mère maternelle qui m'accueille, et c'est Thibaut qui est souffrant

Je connaissais la très jeune grand-mère de Marthe pour l'avoir rencontrée à chacune des naissances. Notre contact avait été très chaleureux. Je la soupçonnais d'être un personnage clef de l'histoire, mais ma honteuse amnésie ne me permettait pas d'en dire plus. Thibaut n'avait que la grippette de sa sœur. Je pouvais rédiger une ordonnance et m'en aller. Mais la perspective de laisser échapper cette occasion de guérir de mon trou de mémoire m'était insupportable. Je savais que ce symptôme me concernait et que sa survenue devait avoir en moi des raisons précises, mais inatteignables. Je ne pouvais pas m'en sortir seul. J'avais essayé, sans succès. Il me fallait une aide extérieure, pour au moins reprendre l'exposé du matériel censuré. Je n'avais jamais osé entreprendre cette démarche avec la mère de Marthe que je percevais fragile. En revanche, il m'apparaissait possible, sur-le-champ, d'utiliser la mémoire de la grand-mère puisqu'elle était, elle aussi, présente à cette première naissance, à ce moment d'où datait mon trouble.

Je lui ai donc dit et mon amnésie et mon malaise. Et

je lui ai demandé de me refaire le récit des circonstances de la naissance de Marthe. Ce fut un long, très long récit que j'ai écouté presque sans intervenir.

« C'est le gynécologue de ma fille qui l'a adressée à la clinique, ce jour-là. Nous n'avions encore jamais vu l'accoucheur. Il a dit que la naissance était imminente. Ma fille avait très peur, elle le lui a dit. Et moi, j'avais encore plus peur pour elle. Et moi aussi, je le lui ai dit. Elle était en salle de travail depuis trois quarts d'heure quand il est venu me dire que ça n'avançait pas et qu'il fallait faire une césarienne. Je me suis effondrée. Je pensais à ma Virginie [c'est le prénom de la mère de Marthe]. Je me demandais dans quel état elle pouvait être, la pauvre. Son mari absent. Seule. Que pouvait-elle avoir dans la tête ? Toutes ces pensées qui devaient remuer. Comme pour moi. Ma pauvre fille ! Tenez, rien que d'y penser, j'en suis toute retournée ! J'en étais malade. Et j'en étais réduite à attendre là ! On ne m'a pas permis de rester avec elle dans la salle de travail. Elle, seule. Moi, seule. Dans ces circonstances ! Vous savez, à la fin de ses trois mois de grossesse, sa sœur aînée, mon autre fille, a perdu subitement – il paraît que c'est comme ça que ça s'appelle : la "mort subite" – un petit garçon de neuf mois. Et, en plus, le jour où nous sommes arrivées à la clinique, ce jour-là, c'était le jour anniversaire de la mort de mon pauvre mari. Ça faisait sept ans qu'il était mort. Et, moi, de me retrouver dans une clinique, avec Virginie..., vous ne pouvez pas vous rendre compte ! »

Les choses me revenaient progressivement. Le décès du grand-père un peu plus nettement que la mort du petit cousin, que j'avais totalement occultée. Effets de filtre de ma propre censure intérieure. Néanmoins, je reconstituais mentalement ce que j'avais pu écrire à mon confrère : une forme de récit des circonstances périphériques de la grossesse qui avaient pu sécréter, chez la parturiente et sa mère, une angoisse suffisamment impressionnante pour rejaillir sur l'appréciation clinique et faire prendre une décision d'intervention. La patiente se trouverait endormie et l'acte médical à l'abri des avatars du registre émotionnel. J'avais même dû articuler la mort subite du neveu avec l'étiquette « menacé » et la précaution (rare) d'avoir, pour l'enfant à naître, le pédiatre en salle d'opération.

Qu'eût pu être l'attitude du confrère si les éléments lui avaient été donnés dans un préalable ? Je parierais que sa décision de césarienne n'en aurait été que plus fermement assurée et qu'il aurait pris les mêmes précautions. Car les médecins, et surtout les chirurgiens, n'aiment pas l'interférence de gestes dangereux avec des récits de cet ordre. Ce qui ressemblerait à une inavouable superstition n'est, en fait, qu'une sage précaution qui consiste à parer aux effets d'un insu dont la maîtrise ne peut que leur échapper. Un chirurgien, pour habile technicien qu'il soit, ne peut pas se permettre d'obérer son acte de préoccupations d'un autre ordre : il a, déjà, suffisamment à faire !

« Vous ne pouvez pas vous rendre compte ! Vous ne pouvez pas ! Et qui peut ? Personne ! Un cauchemar ! Me retrouver, moi, avec ma fille, ce jour-là, dans une clinique ! Sept ans avant, c'était la même chose ! »

Suit un long silence. Elle se lève, elle arpente la pièce, elle se tord les mains. Revient. Son visage est décomposé, elle a le regard brillant. Des larmes se forment au coin de ses paupières. Elle s'assoit, puis se lève, de nouveau, et se remet à marcher de long en large. Je regrette l'absence de Marthe que ce récit concerne autant que moi. Thibaut somnole dans son relax.

« Docteur, mon mari est mort. Il est mort. Comme ça, en huit jours ! C'était un homme en pleine santé. 45 ans ! Jamais malade, sportif, costaud, athlétique. Une force de la nature. En huit jours ! Il est rentré un soir du travail, il m'a dit avoir une gêne dans la poitrine. Il m'a demandé d'appeler un médecin.

Je revois la scène. Je revois tout. Rien ne s'est effacé. Ce ne sont pas des choses qu'on oublie. L'ambulance, la clinique. Je l'ai accompagné, avec Virginie. On ne voulait pas le quitter, ni l'une ni l'autre. On n'avait pas où dormir, mais tant pis, on s'est installées comme on a pu, sur des chaises, dans la chambre et dans le couloir. On se relayait pour dormir. On est restées tout le temps avec lui. Et il est mort. Il est mort, comme ça, à 45 ans ! En huit jours !

Que puis-je vous dire ? J'ai cru devenir folle. Je suis devenue folle. Je n'ai pas pu m'en remettre. Je ne peux pas m'en remettre. J'ai des activités, je travaille, je suis toujours très occupée, mais je ne veux pas croire à tant de malheur. Nous avons eu, ensemble, trois enfants. Virginie, c'est la dernière. Un garçon, l'aîné, et deux filles. Mon mari, vous ne me croiriez pas si je vous disais que c'était un saint. Un saint, oui ! Il l'était. Un surhomme, un être d'exception. Il s'est fait tout seul. Avec les cours du soir aux Arts et Métiers. Il s'est fait une situation magnifique. Il est devenu un expert de réputation internationale. On l'appelait dans le monde entier, en Amérique, en Russie, en Chine, aux Philippines, en Inde..., partout, partout. Son père voulait qu'il soit instituteur, comme lui. Eh bien, il l'a été, sans rechigner, sans se heurter. Et, petit à petit, il est devenu ce qu'il a été. Par l'effet de sa seule volonté. C'est comme ça qu'il était. Il faisait tout lentement. Chaque chose en son temps. Il avait de la patience et de l'opiniâtreté. Il parvenait, toujours, à faire ce qu'il avait décidé, même s'il lui fallait du temps. Même s'il devait prendre le temps de planifier une difficulté. Sans jamais heurter, ni s'imposer ni brutaliser. Avec moi, c'était pareil. Il m'a prise chez ma mère, une vraie oie blanche. Innocente et même bête, puisque j'en ai mis du temps à le comprendre et à l'accepter. Patiemment, il m'a modelée. C'était pour moi, je pourrais dire, le père que je n'ai pas eu.

– Pas eu ?

– Mon père est mort, j'avais 3 ans et lui 31. J'avais une sœur plus jeune de deux ans. Nous n'avons, en quelque sorte, jamais eu de père. Je vous disais que mon mari, il m'a tout appris. Et il lui en a fallu de la patience, avec mon fichu caractère. Surtout que, de l'autre côté, ma mère c'était pas le genre à me laisser en paix. Elle était tout le temps sur mon dos. Comme elle ne faisait rien, il fallait qu'elle se trouve un but ou des justifications, alors, elle était tout le temps fourrée chez moi. "Ma fille, fais pas ci..., ma fille, fais ça..., ma fille, ne te laisse pas faire..., ma fille, tiens tête, y a pas de raison." Et moi, comme une imbécile, je faisais tout ce qu'elle me disait ! Parce que j'en parle comme ça, maintenant, mais, à ce moment-là, je filais doux. Pour moi, c'était ma mère, c'était la vérité. C'est pour ça que j'ai peur pour Virginie. C'est pour ça que, moi, je travaille, que je ne m'impose pas.

Virginie, c'est celle de mes enfants que je sens la plus proche de moi. Et puis, ce que nous avons partagé, ces huit jours de cauchemar, ça crée des liens. Vous voyez, c'est pour ça que je fais tout pour ne pas être comme ma mère. Même si elle me réclame, je me fais tirer un peu l'oreille, je la secoue. Mon mari, le pauvre, lui, c'est lui qui a réussi à me détacher un peu de ma mère. J'arrivais à l'envoyer bouler et même, quelquefois, je suis parvenue à la renvoyer tout court ! Mais, elle, qu'est-ce qu'elle a fait, quand elle s'est rendu compte que je ne marchais plus à la baguette ? Elle est tombée paralysée ! Elle m'a coincée d'une autre façon, avec le remords et la culpabilité en plus ! J'ai perdu tout ce que j'avais gagné en indépendance, je n'osais même plus ouvrir la bouche ! Et j'en étais arrivée à en vouloir à mon mari. Total, elle lui a survécu. Parce que, quand il est mort, il a fallu que je la prenne chez moi. Je n'avais plus d'excuse, plus rien, plus aucun prétexte pour refuser ce qu'elle exigeait sous le masque d'une gentillesse qu'elle me faisait. Et j'ai dû m'en occuper comme d'une enfant. Trois ans encore, jusqu'à sa mort qui ne m'a pas libérée pour autant. Que Dieu me pardonne, vous n'imaginez pas la rage qui me prenait quelquefois, à me dire que je traînais cette inertie-là, que je la subissais, alors que mon mari est mort dans la fleur de l'âge, vaincu. Avant que j'aie eu compris tout ce qu'il voulait me dire ou m'apprendre.

– Pourquoi, jeune veuve, n'a-t-elle pas refait sa vie ?
– Pour faire comme sa mère. Parce que sa mère a perdu son mari quand il avait 27 ans et ma mère n'avait que 2 ans. La grippe espagnole. Et la propre mère de ma grand-mère, elle aussi, a été une jeune veuve. Vous savez, maintenant que je pense à tout ça, d'un seul coup, ça m'effraie ! Et ce que j'ai envie de vous dire, c'est que vous les hommes, vous êtes dans l'erreur : le sexe fort, c'est pas vous ; le sexe fort c'est nous ! Dans toute cette descendance, les hommes, ça a compté pour du beurre. Sauf mon mari. Mon mari, c'était autre chose. Il avait de la patience, de l'intelligence, de la tolérance. Et, si j'avais su tout ça comme je le sais, j'aurais compris avant comment il pouvait me vouloir. Si... Si... Bien sûr, avec des si... Mais voilà, c'est trop tard, c'est trop tard. Il est mort. Pourquoi ? Pourquoi, il est mort ?

J'ai peur pour Virginie. Je fais tout pour ne pas être sur son dos. Mais, même si je cherche à me retirer, c'est elle qui me tire à elle, qui vient me chercher. J'en reste toute stupide. La vie m'a beaucoup appris, mais c'est comme si tout ça était venu trop tard. Comme si, avec

Virginie, je me mets à comprendre que je risque de ne jamais pouvoir corriger les conséquences de mon comportement de quand elle était petite. Je ne veux pas qu'elle soit, comme moi, écrasée par le poids d'une mère. Parce que ma mère, elle a fini par gagner. C'est elle que j'ai fini par avoir chez moi et mon mari au cimetière ! Mais pourquoi ? Dites, vous savez pourquoi, vous, pourquoi c'est si fort une mère et sa fille ? Et vous savez comment elles peuvent être séparées sans dégâts ? Si vous savez, dites-le-moi. J'aimerais tellement que mon gendre soit fort, lui. Pour sa femme et pour sa fille. Pour moi, aussi ! Je serais plus tranquille pour Virginie. J'aimerais qu'elle comprenne vite ce que j'ai mis si longtemps à comprendre. Il faut que vous m'aidiez, il faut que vous les aidiez. Il faut que vous montriez, à ma fille, l'importance de son bonhomme, lui expliquer que c'est lui qui compte. Lui et pas moi !

Dites, et pour Marthe, vous croyez que ça va être pareil ? J'espère que non. Parce que je trouve que Virginie, déjà, elle a un bon point pour elle : elle ne se laisse pas marcher sur les pieds, elle n'est pas tout le temps avec elle, à tout lui laisser passer. Il faudrait qu'elle soit plus ferme encore, qu'elle ait plus de conviction. Ah, si seulement mon pauvre mari était là ! Lui, je suis sûr qu'il aurait tout compris. Tout... »

La grand-mère de Marthe raconte la longue lignée d'une famille, la sienne. Et pose pour sa fille une question qu'elle ne s'est pas posée, qu'elle n'avait pas pu ou osé se poser. Question centrale et essentielle : « Pourquoi c'est si fort, une mère et sa fille ? » La formulation vise la relation mère-fille, mais dit, en même temps, dans sa condensation, quelque chose qui risque de ne jamais cesser de faire un tout. Un tout compact et à l'épreuve de toutes les tentatives de clivage. Et cela, après avoir

brossé une généalogie qui lui fait dire : « Les hommes...,
ça a compté pour du beurre », ce qui illustre, sans faille,
la transmission matrilinéaire exclusive.

La longueur de l'élégie ne ressuscitera pas le grand-
père de Marthe, que la mort, comme c'est habituel, aura
grandi. Sauf qu'elle parviendra, son évocation, à faire
formuler à la grand-mère un discours où, tardivement
(elle le dit, elle-même : « C'est comme si tout cela était
venu trop tard »), elle redistribue les rôles, les redéfinit
dans une forme de hiérarchie sans cesse clamée
jusqu'à la fin (« Ah, si seulement mon pauvre mari était
là... ») et en vient à souhaiter, sincèrement, pour sa fille,
qu'elle investisse le père de Marthe (« Il faut que vous
m'aidiez [à montrer] à ma fille l'importance de son
bonhomme »). Pour que la mère de Marthe cesse d'attendre, de sa propre mère, une parole lestée d'un poids
de vérité. Le lien de la mère de Marthe à sa propre mère
est ainsi violemment mis en lumière. Tissé, entre elles
deux, sur la trame solide d'une lignée féminine quasi
exclusive. Une lignée où elle-même, la grand-mère,
s'inscrit avec la violence du ressentiment qu'elle a fini
par éprouver pour sa propre mère (« Dieu me pardonne,
vous n'imaginez pas la rage qui me prenait... »). Mais,
avant d'en arriver à provoquer chez sa fille une réaction
de rejet identique, elle préfère remettre en question leur
relation et se dit prête à occuper une position plus négligeable, voire à s'effacer.

Le recours possible, pour la compréhension de ce discours, à une explication de l'ordre de l'homosexualité
féminine serait facile : éjection des hommes, relations
féminines privilégiées et ayant seules de l'importance...
Mais ce serait clôturant parce que cela reviendrait à plaquer, sur le déroulement d'une histoire riche en détails,
un préalable supposé opératoire et qui n'en tirerait rien.
Sans compter qu'on ne serait guère plus avancé, car

l'homosexualité exigerait de trouver les raisons de son installation, de sa persistance autant que celles de sa transmission.

Par contre, l'absence, la labilité, la fragilité des images paternelles, tout au long des générations, pourrait constituer un recours explicatif déjà meilleur. Mais, même si cela s'appuie sur des faits irrécusables, un certain nombre de questions demeureraient sans réponse : pourquoi cette succession de décès prématurés ? Pourquoi ce choix par des hommes, aux générations successives, de femmes qui fonctionnent sur le mode quasi exclusif du gynécée ?

Dans un cas comme dans l'autre, on ne ferait que se laisser obnubiler par la dimension féminine propre à cette histoire.

Je l'ai choisie, certes, j'en conviens. Mais c'est à la fois pour l'intensité de l'émotion qu'elle soulève et la nature du débat qu'elle permet d'aborder. Elle illustre remarquablement, en effet, les phénomènes d'emboîtement que je n'ai fait qu'effleurer plus haut, en les comparant à celui des poupées russes nommées *matriochka* (ce qui veut dire, notons-le au passage, « petite mère »).

L'histoire de Marthe et de sa mère, au dire de la grand-mère, reproduit, ou est en passe de reproduire, celle de la mère et de la grand-mère, de la grand-mère et de sa propre mère, et ainsi de suite, pouvons-nous supposer, en remontant les générations. Chacune se lesterait du poids de la suivante après avoir lesté la précédente, car la croûtelle fine de la matière qui les constitue en assure la légèreté au prix d'une certaine instabilité. Le moindre faux mouvement, un souffle de vent un peu trop fort risque de provoquer leur chute, alors que, nanties d'un contenu, elles résistent mieux à l'adversité. Laquelle, par exemple, lie la grand-mère à la mère de Marthe (« C'est celle de mes enfants que je sens la plus proche de moi ») face à la mort brutale du grand-père à la clinique. C'est de ce même lestage qu'il s'agit, dans les retrouvailles autour de l'enfant nouveau-né.

La dimension de l'emboîtement inscrite dans cette histoire déborde la transmission matrilinéaire pour inclure et métaboliser jusqu'aux médecins qui interviennent. L'accoucheur autant que le pédiatre que je suis se trouvent entraînés par la violence de ce que sécrète la relation grand-mère/mère. L'accoucheur prend la décision de césarienne au nom d'un souci de sécurité et se met totalement à l'abri, en récupérant une puissance dont il craignait qu'elle ne fût laminée. Le même phénomène a joué pour moi qui me suis senti floué, dupé par mon confrère – qui m'a inclus dans son acte selon des modalités que j'ai analysées – et qui ai réagi par l'écoute, une lettre formellement impeccable et... une amnésie durable, voire définitive, du récit qui m'avait été fait. Le passage par cet acte qui ressemble singulièrement à une fuite avait pour fonction de me protéger, à mon insu, d'un débat qui m'était sans doute insoutenable ou par trop douloureux.

Or, Marthe hurle, me dérange, me tiraille et me donne mauvaise conscience. Parce que c'est une enfant et que je définis ma fonction comme étant au service de l'enfant. C'est-à-dire que sa présence me sert de point de levier pour vaincre mes propres résistances enterrées sous de belles rationalisations.

Quand il est question de la seconde naissance, je me débrouillerai pour qu'elle se fasse par les voies naturelles. Cela paraît prétentieux à qui ignore le confort que le plus grand nombre d'accoucheurs auraient trouvé à ne pas même essayer une épreuve de travail. J'ai agi comme si, intuitivement, j'avais pu percevoir l'effet aggravant de la césarienne. Mise au monde dans le sommeil anesthésique supprimant les douleurs de l'accouchement. Lesquelles – cela peut paraître rétrograde et idéologiquement douteux de le dire, mais, à écouter les mères, on peut s'y essayer sans craindre de les trahir – ont au moins pour vertu d'être les indicateurs de la violence nécessaire et salutaire de l'arrachement, autant que le traçage, sur la poupée *matriochka*, de la ligne d'ouverture à jamais inscrite. Éloignant du risque de la jonction, de la fusion ou de la coalescence perdurantes. De quoi se paye, dans l'après-coup, le recours, pour raisons de confort ou de commodité, à toutes ces économies de souffrance : péridurales ou césariennes ? Thibaut en aura fait l'économie, et sa mère n'a fait qu'abonder rapidement dans le sens de ce qui pouvait ressembler, de ma part, à des présupposés.

L'exploitation de l'histoire de Marthe pourrait se poursuivre encore longtemps. Elle est fort riche et il serait tentant de s'attarder sur une série d'axes qui y courent. Je ne me suis occupé et je ne continuerai de m'occuper que de celui qui me paraît central : cette relation fille-mère-grand-mère, telle qu'elle a pu prendre corps dans le filigrane du propos.

Et je prétends que toute explication ou tout abord qui en privilégierait la seule dimension féminine seraient incomplets. Ne serait-ce que parce que des relations aussi étroites existent entre des grand-mères paternelles et leurs fils. Pour l'exemple, j'en évoquerai brièvement une. Celle que m'a dite un père. Il me conduisait ses enfants pour des motifs banals, mais, à chaque fin de consultation, il me posait des questions inquiétantes : étais-je sûr que ce ganglion n'annonçait pas une leucémie, ce mal au ventre un cancer, cette toux une tuberculose ? Quand je lui ai demandé la raison de ces craintes, cet homme de 44 ans m'a fait une réponse surprenante : « ... C'est pour rassurer ma mère, pour être en paix avec elle. Elle s'affole pour un rien. Comme je lui conduis les enfants presque tous les jours, il lui arrive de les voir malades.

Et, pour elle, ça ne peut être que grave. Elle est vieille et je ne veux pas la contrarier. Au fond, je n'ai jamais osé vous le demander, vous me rendriez service si vous vouliez bien me fournir, à chaque consultation, votre diagnostic écrit. Je n'aurais pas à lui jurer par tous les saints que je vous ai bien posé ces questions, sans parvenir jamais, d'ailleurs, à la convaincre. » Qu'était et que pouvait être sa posture de père de ses enfants face à la torture qui lui était infligée par le système phobique de sa mère ? Il s'évertuait à vouloir le combattre de front, en perdant de vue que cette stratégie en assurait remarquablement le maintien, autant que le renforcement. Il serait aisé, pour y comprendre quelque chose, de se référer aux avatars de la structure œdipienne. Celle de cet homme serait demeurée fixée à un stade infantile. Ce serait simple et commode. Après tout, un fils, sa mère..., pourquoi aller chercher plus loin ?

Soit ! Mais il n'est pas possible de faire l'économie de deux remarques, au moins.

Tout d'abord, cette relation mère-fils n'emprunte pas, pour sa mise au jour, n'importe quel symptôme. C'est de la phobie de maladies gravissimes qu'il s'agit. Avec ce que l'expressivité empruntée charrie de souhait, de menace et d'un singulier savoir. Nous reviendrons sur ce point ultérieurement, notons simplement que notre brave homme n'a pas la partie facile.

Et puis, accepter l'Œdipe comme module sinon exclusif, au moins prévalent de lecture nécessiterait d'en trouver des illustrations dans des situations symétriques. Par exemple, que des mères viennent dire l'impact de la parole de leur père sur leurs perceptions existentielles. Combien elles y seraient sensibles et soumises, désireuses de s'y conformer ou de faire avec. Qu'en miroir l'épouse de ce monsieur puisse faire référence à un avis de son père. Eh bien, non ! Quand il m'a été possible d'en parler avec elle, c'est à l'attitude de sa mère qu'elle a fait appel ! Serait-ce parce que les enfants, ce sont les affaires de « bonnes femmes » ? Néanmoins aurais-je pu espérer, en dix-huit ans d'exercice de pédiatrie, rencontrer un cas, un cas seulement de bonne et classique histoire d'amour infantile perdurant entre une petite fille et son père. Cela, je ne l'ai jamais vu. Je ne l'ai jamais rencontré exposé avec cette simplicité. Il y a une sorte d'uniformité, de monotonie : c'est toujours de grand-mères qu'il s'agit, maternelle ou paternelle, indifféremment. Ou les deux à la fois ! Ce que chacun peut d'ailleurs vérifier de manière courante et banale, en réfléchissant à la fréquence des relations houleuses entre belles-mères et brus ou gendres ; alors que, du côté des beaux-pères, il ne se passe rien de tel.

Pourquoi ?

On pourrait avancer que l'expressivité de l'Œdipe féminin est tout en nuance et que j'aurais eu des difficultés à l'entendre. Mais cela reviendrait, en quelque sorte, à soutenir que cette expressivité emprunterait exclusivement ou uniformément celle de la structure hystérique. Si cela était, ça se saurait depuis longtemps !

On pourrait dire aussi que ce qui est prévalent, en présence de l'enfant, et qui organise toutes les rencontres, ce serait le signifiant « mère ». Signifiant qui motiverait la teneur de l'ensemble des discours en présence, y compris celui du pédiatre. Cette hypothèse a sûrement quelque validité, encore qu'elle n'épuise pas la question de savoir pourquoi, encore, ce signifiant et pas un autre.

Une toute première réponse pourrait s'énoncer ainsi : il existerait, entre une mère et son enfant, quel qu'en soit le sexe, une dimension spécifique de relation. Cela paraît, dit ainsi, d'un degré d'évidence qui affleure le trivial ! D'autant que je me suis longtemps attardé à en décrire les modalités d'installation. Soit ! Mais notons que, si chacun des protagonistes, à distance respectable de son tout petit âge, demeure sensible au signifiant concerné, cela reviendrait à dire que le temps ne fait rien à l'affaire. Ce qui nous permettrait de compléter le premier fragment de la réponse en ajoutant que la dimension spécifique de la relation mère-enfant défierait le temps et garderait, par-delà les étapes du développement de la personnalité ou de l'histoire sociale, une force considérable, quasi inentamée et peut-être difficilement entamable.

Nous pouvons vérifier la validité de cette assertion dans le matériel fourni par le récit de la grand-mère de Marthe.

En effet, elle en parle d'abondance quand elle raconte sa propre évolution de jeune mère : une « oie blanche » pétrie d'innocence et de soumission, adhérant sans réserve aux messages de sa mère : « Ne fais pas ci », « Ne fais pas ça », « Ne te laisse pas faire ». Ne pouvant contrebalancer cette constante immixtion dans son existence (« Elle était tout le temps sur mon dos ») que par la délicatesse, le doigté et le talent de négociateur d'un époux qui use, avec elle, de douceur et de patience. Mais qui n'approchera le but ultime qu'une fois mort... Comme n'ayant pu livrer l'intégralité de son combat autrement qu'en y laissant la vie ! N'y a-t-il que cette issue pour les hommes qui s'essayent à la fonction paternelle dans ces conditions ? On comprend les défections fréquentes et la rareté des candidats à ce poste ! D'autant qu'à comparer la stratégie utilisée par le grand-père de Marthe à celle dont usait le mari de Mme Elvire (cf. l'histoire « C'est dur ») on ne peut que constater le succès du dernier dans une atmosphère baignée de violence et l'échec relatif du premier qui a droit à une élégie qui reconnaît la validité de ses tentatives, un peu tard, à tout le moins ! « J'arrivais à l'envoyer bouler, et, même, quelquefois, à la renvoyer tout court. » Formulation qui décrit un exploit quasi inespéré, comme surnaturel et éminemment inconfortable. Formulation qui s'accompagne d'un mouvement de surprise terrorisé avec, immédiatement, la mention du rebond craint : « Et elle, qu'est-ce qu'elle a fait, quand elle s'est rendu compte que je ne marchais pas à la baguette, elle est tombée paralysée ! » Il n'est pas jusqu'à cette maladie qui ne soit vécue avec une connotation manœuvrière et persécutive. Ce qui traduit l'intensité du débat qui s'est longtemps joué antérieurement. Autrement dit, pour cette femme, suivre les avis de son époux en devenant imperméable au désir d'immixtion de sa mère dans sa vie du moment ne pouvait être qu'une inqualifiable trahison qu'elle serait conduite à devoir payer, d'une façon ou d'une autre.

La grand-mère de Marthe se trouve conduite à raconter longuement la lutte qu'elle a menée pour se tirer des mailles d'un filet particulièrement serré et étouffant. Nous avons déjà décortiqué ce qui la conduit à pratiquer ce bilan et à en exposer, point par point, les détails. Reste que ce bilan est intéressant à reprendre pour éclairer les efforts et la manière dont ils ont été aussi bien organisés d'un côté que contrecarrés et annulés de l'autre. Il est flagrant, dans l'organisation de tout le récit, que la grand-mère de Marthe, en tant qu'enfant de sa propre mère, met sur le compte d'une volonté de celle-ci toutes les difficultés qu'elle a connues. Au point de me demander mon aide pour que la mère de Marthe ne connaisse pas le même destin. Comme si, de ce fait, elle reconnaissait en elle-même, malgré les dénégations de forme, l'existence d'une tentation irrépressible à ne pouvoir être que comme sa propre mère. Les protestations sur le côté impeccable de sa conduite ne sont précisément que l'envers de cette tentation dont elle perçoit autant la sourde violence qu'une forme de nécessité, instruite qu'elle est par les faits que lui a enseignés sa propre histoire. Histoire qu'elle déroule et projettera, en prospective, sur la relation de sa fille à sa petite-fille. Un peu pour dire l'objectif qu'elle fixe à ce bilan auquel elle accepte de s'adonner. Ce qu'elle a dû percevoir de haine, en elle, contre sa mère, pendant les trois années de cohabitation après le décès du mari, elle veut en faire faire l'économie à sa fille, certes, mais à elle-même en tout premier lieu. Si bien que, disant renoncer à l'impact redoutable qu'elle craint de ne pouvoir qu'exercer sur sa fille, elle reprend la question de la relation de Marthe et sa mère en termes ambivalents. Elle se rassure à décrire l'attitude de sa fille en même temps qu'elle examine ce qui pourrait, de son message, tout de même, passer. Une relation mère-fille se résout et se liquide d'un côté. Une autre s'installe en aval. Cela fait partie intégrante du bilan qui viendrait dire qu'en bout de course tout n'est pas perdu.

Cette description et cette exploration minime des réseaux relationnels, dont nous pouvons savoir gré au récit de cette grand-mère, invitent à formuler que ce qui est spécifique entre une mère et son enfant, ce qui est spécifique et qui défie le temps, prend racine dans la mère et vise l'enfant de manière toute privilégiée. Qu'on relise les différentes histoires déjà rapportées, en les organisant autour de cette perception, on n'y trouvera pas le moindre démenti. On y trouvera, au contraire, la présence constante de ces faits, et on comprendra, alors, la nature véritable de ce que j'appelais, au tout début de l'ouvrage, l'« inarticulable appel des mères ». Lequel n'intéresse pas seulement les mères des tout-petits, mais toutes les mères, quel que soit l'âge de leurs enfants.

Mais, à connaître une distribution si généralisée, ce fait ne peut pas être considéré comme une anomalie. Le plus souvent, il se trouve revendiqué, par les intéressées, comme le garant de leur bonne qualité, comme le label de l'apostolat qu'elles visent. Ce n'est donc pas une anomalie, mais une constante, somme toute, existentielle. Cela mériterait mieux, dès lors, que d'être simplement décrit. Aucune mère n'y échapperait, aucune n'en pourrait faire l'économie. Autant que ce soit dit. Pour qu'à le savoir et le reconnaître elles puissent n'en pas être le jouet passif et étonné.

Soit, donc, ce fait. Désormais repéré, admissible et recevable. A-t-on une explication de sa nécessité et de son inéluctabilité ? Peut-on en mesurer les conséquences et en savoir la dynamique ?

Il faudrait conjoindre une réflexion sur l'exercice de ce véritable pouvoir à celle portant sur les qualités d'oblation et de sollicitude qui caractérisent le comportement maternant. Combien fréquemment entend-on les jeunes mères dire leur étonnement des modifications comportementales dans lesquelles les installe leur maternité. Dès lors qu'un enfant est là, les plus insouciantes et les plus décontractées se découvrent des facultés insoupçonnées d'ingéniosité et de patience. L'enfant mobilise, en elles, ce qu'elles ne savaient pas contenir, à ce point, de désir de préservation et de protection. Ces modifications qu'elles constatent et subissent dans les premières semaines ne font pas seulement le lit de ce qu'on appelle les dépressions du post-partum, elles vont les marquer de manière indélébile au point de devenir leurs caractéristiques majeures.

On pourrait croire, dès lors, que leur investissement, tout au long des années, justifierait ce qui, à la longue, fonderait leurs exigences et les conduirait à exercer une manière d'inavouable chantage. Cette explication ne serait que partielle et partiale. Partiale parce qu'elle ne traduirait rien d'autre que la perception, par les enfants, de ce qui les ferait soumis. Partielle parce que restreindre l'amour maternel à cela seulement serait une insulte à cet amour qui se trouverait réduit à l'édification d'une comptabilité sordide. D'autant que toute comptabilité peut être l'objet d'étude et de vérification et que, jamais, le décompte des « doit et avoir » ne parviendrait à concilier les protagonistes. Pas un enfant, qui se mêlerait de tenter le règlement pointilleux d'une dette qu'il aura le plus justement évaluée, ne pourra satisfaire sa mère ou apurer de quelque manière ladite dette.

L'investissement en soi n'apporte donc aucun éclairage. Il invite néanmoins à essayer de comprendre la raison de son avènement et de sa durée.

En effet, on peut constater que, quantitativement, cet investissement est sans limite. Comme destiné à devoir combler un gouffre sans fond. « Pauvre chou, il n'a pas demandé à venir au monde... », « Pour eux, on ne fait jamais assez, on ne fera jamais assez... », « Pardonne-moi de ne te donner que cette vie, dans ce monde pourri... ». Paroles maternelles que chacun peut avoir entendues. Un gouffre sans fond, béant, effrayant et incomblable, intuitivement perçu. Et qui coince chaque mère dans... une mauvaise conscience et une culpabilité à sa mesure. Soulignées, l'une comme l'autre, par ce mouvement de balance sans fin. Le plaisir est là de ce corps chaud, appétent et réactif. Le plaisir est là de ce qui peut être perçu comme un instrument de complétude. Le plaisir est là de cette reproduction heureuse et débordante d'énergie. Mais pourquoi, sur fond de cet enthousiasme, passe sans relâche l'ombre épaisse d'un nuage menaçant et impossible à identifier ? « ... Ma fille me comble, elle me donne un sentiment nouveau, aigu et délicieux de liberté. Mais, de temps en temps, il s'y mêle comme un goût de cendre... »

La joie est contaminée sans cesse et cette contagion est effrayante, honnie, rejetée, refoulée, repoussée, mais revient, insistante et têtue, impossible à écarter ou à ignorer.

Rien de tout cela n'est clairement perçu. Rarement mis en mots ou en pensées, le cheminement s'en fait tout de même, journellement, et l'expression en prend des chemins détournés. « J'aime être enceinte », dira l'une. « Je ne comprends pas ce qui m'arrive, ma grossesse s'est si bien déroulée », dira l'autre. « Ah ! rester perpétuellement enceinte, ce serait le pied ! Dommage qu'il faille accoucher ! » ira jusqu'à dire une troisième. Et ainsi de suite. Un démarquage se fait entre cette étape et la suivante. L'état de grossesse se redéfinit, dans l'après-coup, après son achèvement. Et des comparaisons s'ébauchent entre les perceptions contemporaines des deux situations. La grossesse était une promesse, intégralement vouée à un devenir glorieux. L'ombre menaçante ne venait pas la parasiter. Un débat s'instaure d'où naît une pensée folle, déraisonnable, stupide et délirante, mais une pensée qui changera toutes les perceptions qui viendront après elle. Si seulement il était possible de remettre cet enfant en soi ! Or, dès que cette pensée surgit, l'accouchement apparaît dans sa nature comme s'étant effectué dans un immense, durable et éternel regret.

En en restant là, pour l'instant, en laissant en suspens l'analyse plus fine de cet ensemble, notons que nous avons repéré un module explicatif supplémentaire de ce qui fait la « folie » des mères. Cette pensée obsédante et qui revient à la moindre difficulté : « Pourquoi t'ai-je donc mis(e) au monde ? Si seulement, je pouvais te remettre en moi, t'offrir l'armure et le bouclier de mon corps, t'assurer de ma protection. Ce ne serait pas trop pour te payer du plaisir que tu ne cesses de me fournir, de la raison d'être que tu ne cesses, pour moi, de constituer. Reviens en moi, reviens, reviens ! Je sais que c'est fou, mais je le veux tellement, tellement, tellement, que jamais, jamais je ne pourrai renoncer à mon souhait ! »

Jusque-là, rien de choquant, rien d'étonnant ou d'inhabituel. L'image de la poule, ouvrant son aile accueillante au poussin qui piaille de détresse, se profile aisément. L'aile se referme. La masse compacte de la mère est une avec sa couvée masquée, presque réintégrée. Mais le biologique qui veille y mettra fin. L'espace finit par se restreindre pour des corps qui auront crû. La réalité s'impose et l'aile se désertifie progressivement. La poule, animal stupide par excellence, fera un deuil rapide de son état, dans l'attente de prochaines éclosions. Mais, pour la mère de l'humain, rien de tel. Son enfant sera toujours, et à jamais, son enfant. Et, quel que soit son devenir, la pensée obsédante de sa réintégration ne cessera pas. Alors, elle s'inventera une aile gigantesque dont elle souhaitera le pouvoir illimité et qu'elle offrira, sans relâche, comme refuge disponible.

L'ombre de cette aile, le souffle que son déploiement produit seront perçus par l'enfant, à chacun des mouvements par lesquels il tentera de quitter le périmètre autorisé. Jusqu'à le convaincre de l'ineptie de ses tentatives et finir par faire naître, en lui, le sentiment que sa sécurité n'a pas d'autre garant que cette présence fidèle et souveraine. De là à ce qu'en lui germe l'idée qu'il serait décidément raisonnable de réintégrer sa mère, il n'y a qu'un pas. Un tout petit pas. Un « pas » ou un « non ». Un « pas », un « non » ou un « nom ». Celui de son père, si ce père a pu résister aux coups de bec acérés et meurtriers qui fondront sur lui, dès qu'il aura voulu s'interposer entre l'aile invitante et l'enfant qu'elle vise. Aux coups de bec qui lui diront que la place de son intervention, eût-il la force et la prétention de la mener à son terme, est difficilement acceptable, sinon récusée. Désigné lui-même, dans la confusion extrême que génère le remords, comme le danger, l'ennemi, le père a peu de chance de parvenir à réussir son interposition. La réalité des corps se substitue à l'intervention qui eût été salutaire, comme pour la poule et les poussins. Mais, sans parvenir à chasser une pensée qui sera née, elle aussi obsédante autant que refoulée : le souhait d'un contact charnel étroit, le plus étroit possible avec cet autre corps qui ne cesse de s'offrir ample, accueillant, confortable et généreux.

La genèse de l'Œdipe trouve ses racines dans ce débat archaïque qui rebondit, la vie durant, en une série d'équivalents.

Ce débat, quelquefois, en parvient à être insupportable. Alors, plutôt que d'avoir à affronter le malheur où il menace de faire sombrer, il paraît plus aisé de « franchir » ou de s'« affranchir » du fameux « pas ». Le passage par l'acte sexuel entre mère et enfant devient le court-circuit qui est censé amené un soulagement aux tensions créées par le malaise. Cela se nomme inceste. Le terme est réservé à cette activité bien définie.

Notons, au passage, que le même mot désigne les rapports sexuels père-enfants. Cela ne diffère pas beaucoup de ce que j'isole artificiellement, je le concède, pour la commodité de l'écrit. De même les rapports entre membres de la même fratrie. On peut se référer, pour avoir un luxe de détails, au chapitre de la Bible (Lévitique, XX). Or, curieusement, ce chapitre est celui qui est lu, à la synagogue, à un des moments les plus solennels de la vie spirituelle et liturgique de la tradition juive : l'après-midi du Yom Kippour. N'y a-t-il pas à voir, dans cette précision, le fait de la dénonciation d'une menace qui pèse sur chaque sujet ? Rapports incestueux, quelles qu'en soient les modalités, ils ne sont que des équivalents du rapport incestueux primordial que des nuances simples viennent déplacer. De même, il peut paraître choquant que je dise « mère-enfant », au lieu de « mère-fils » qu'on attendrait. D'abord, je dis aussi « père-enfant », et puis, je veux faire comprendre que la fille n'est pas plus à l'abri que son frère de la propension maternelle qui ne fait pas le tri.

Si le passage à l'acte est un aboutissement heureusement rare, il en existe une série d'équivalents qui ne sont pas moins dévastateurs. Et qu'on peut aisément comprendre, dès lors qu'on désarrimera la notion d'inceste de sa charnalité. Équivalents régulièrement engendrés par l'activité d'une aile sempiternellement déployée, dans la meilleure des bonnes consciences et dans la protestation d'une ostensible volonté de bien faire.

La chasse

Alfred est un gros garçon de 13 ans. Il est pâle et prostré sur sa chaise. Un amas de chairs désertées par le tonus. Il est très couvert : pulls, anorak, écharpe et bonnet, alors que la saison est douce. Il a la tête tournée sur le côté et son regard se perd dans une hébétude qu'il scrute, là-bas, à l'infini.

Muet, impavide, absent.

Sa mère, petite boule minuscule, rondouillarde, agitée et tout en sourires déployée, vient se plaindre de sa lenteur extrême, de sa fatigabilité et de difficultés scolaires.

Je m'interroge. La rondeur sans harmonie serait-elle le fait d'une infiltration ? Le teint blafard, la traduction d'une pâleur anémique ? Je ne vois pas ses cheveux, mais être à ce point couvert ne traduit-il pas une frilosité excessive ? Il n'est pas grand pour son âge. Un cortège de signes évocateurs d'une maladie de la glande thyroïde. Un tableau qui fait aisément penser à ce que l'on appelle un myxœdème. J'en saurai plus après mon examen.

Mais, auparavant, je m'enquiers d'un détail supplémentaire et précieux pour l'étayage de mon hypothèse diagnostique :

« Es-tu constipé ? » demandai-je, en m'adressant à Alfred.

Avant même qu'il ne se soit rendu compte que je lui parlais, avant qu'il n'ait réagi, me parvient la réponse de sa mère :

« Non. Il y va tous les jours. Et, sur ce sujet, je suis très à cheval.

– Ah ! vous voulez dire que vous savez, que vous pouvez être sûre ?

– Oui, régulièrement. Parce que, quand il a fini, je vais l'essuyer et je regarde ses matières avant de tirer la chasse. »

Écroulement des supputations de clinicien. Les vêtements en couches successives sont du même ordre. Et l'examen ne décèlera aucune anomalie.

Y a-t-il une quelconque différence entre le comportement de cette mère et celui de la grand-mère de cet enfant pour lequel le père réclamait un diagnostic écrit ? La première ressemble à une caricature assez peu croyable, usant du corps de son enfant comme d'un objet sur lequel elle a tous les pouvoirs. Mais c'est un enfant, il n'a que 13 ans (pourrait-elle dire). C'est beaucoup, c'est énorme. L'homme, le père de mon autre petit patient, en a 44 et dirige trois cents personnes dans une entreprise florissante !

Pourrait-on établir une nuance quelconque entre le comportement de ces deux mères et celui d'une autre qui restera, à table, face à son enfant anorexique, des heures durant pour lui faire ingurgiter une tranche de jambon ? Alors que lui, avec son refus, lui dit, comme il peut, qu'il ne veut pas de cette nourriture porteuse de tout ce qu'elle charrie.

« J'ai froid, mets un pull », remarque tellement généralisée qu'on en a fait un sujet de plaisanterie. Mais je peux en égrener un chapelet de la même eau : « Mets une écharpe, tu as la gorge fragile », « Tu vois ce que c'est de ne pas m'écouter, je t'avais bien dit de mettre des collants en laine, si tu l'avais fait, tu ne serais pas malade », « Que tu es maigre, mange un peu plus », « Tu es trop gros(se), assez de pain », « Il (elle) n'aime pas le lait, dites-lui, docteur, vous, il (elle) vous croira, qu'il faut boire du lait », « Hein, qu'il faut manger de la viande pour grandir ». Etc., etc. Est-il nécessaire de dresser un sottisier, de recenser les paroles et les conduites qui, sous le masque d'une inquiétude légitimée par une sollicitude bon teint, sont autant d'équivalents d'une propension inavouable ?

Que dire de ce qui, dans d'autres circonstances, prend l'allure d'une complicité adjuvante ou d'une adaptation au style nouveau d'une adolescence en révolution ? Le regard énamouré et couveur, la coquetterie frétillante, la fébrilité des questions : « Qui t'a fait la cour, à la réception ? », « Alors, mon fils, la drague, ça marche ? », « Qui donc t'écrit ? dis, tu me fais lire tes lettres ? », « Tu n'oublies pas ta pilule, au moins ? »..., autant de figures de style qui caractérisent la floraison d'un genre nouveau de mères, celles qui confinent à un statut qu'on pourrait désigner sous le vocable de « mère maquerelle » ; monnayant, par sa prodigalité à autoriser toutes les formes de plaisir, avec ce qui s'y attache de séduction, l'assurance de garder intact son pouvoir.

On pourrait continuer à faire le détail de ces interventions. On en trouverait qui ressortissent à l'amour d'une exigeante image de soi, d'autres au souci de pouvoir brandir un impeccable instrument de gloire, d'autres encore qui se réfugient derrière la stratégie d'un projet éducatif présenté comme le plus méritoire. Qu'importent les sous-classes quand tout cela procède d'un même mécanisme : nier la validité du système perceptuel de l'enfant pour le soumettre à des décisions qui se veulent prévalentes parce qu'elles se croient plus averties. Recouvrir l'univers de cet enfant d'une aile qui fonde son perpétuel déploiement dans le désir infini d'une protection dont lui n'a que faire. Mais dont, à répétitivement soutenir la légitimité, on fait un instrument redoutablement efficace pour assurer la pérennité de la mainmise. Sans compter qu'à plus ou moins long terme, elle aboutit au contraire de ce qu'elle vise ostensiblement ; elle devient, autrement dit, tout simplement mortifère.

Rien de moins qu'un comportement uniformément incestueux.

Récusable, objet de protestations offensées, nié et prêt à recourir à l'alibi d'autres étiquettes sous le prétexte trompeur qu'on n'y voit point l'aboutissement charnel inclus dans sa définition. Cela se passe comme si, pour avoir pointilleusement obéi à la lettre de l'interdit formidable qui vise ce genre de rapports, on se sentait autorisé à en trahir l'esprit. On s'y adonne, alors, sans réserve et on finit par en revendiquer l'effectuation comme méritoire. Cette perversion fondamentale n'est trompeuse que pour qui veut bien s'y laisser prendre. Notons, cependant, qu'il y a foule à répondre à ce jeu de dupes. D'autant que cette propension vise, touche et intéresse tout descendant quels que soient son sexe ou son âge.

Indestructible, usant de tous les masques, défiant toutes les dénonciations, traversant le temps sans se laisser entamer, elle est au cœur même du comportement maternant, apparaissant en être la composante primordiale, centrale, essentielle et peut-être exclusive. Et rien ne dit que, par-delà la mère, elle ne se trouve pas intéresser le désir féminin qui continue de passer pour le « continent noir ».

Circulant aux frontières des interdits qui fondent les sociétés humaines, elle n'en acquiert que plus de violence, de pouvoir de séduction, donc d'efficacité.

L'inventivité des systèmes culturels, vers lesquels les pères sont censés vouloir et pouvoir tracter leurs enfants, s'y heurte, sans parvenir à promouvoir un modèle recevable, fiable, reproductible et universel. Quel que soit le modèle social auquel on se référerait, du spartiate au romain, en passant par ceux, primitifs, dont l'étude a fleuri au cours de ce siècle, on trouve la trace des mêmes efforts. Lesquels ne cessent de prêter le flanc aux critiques des voisins, par l'excès que ces mêmes voisins diront y voir. Les entreprises coloniales ne se sont pas légitimées d'une autre manière. Sauf qu'à ce jeu délicat d'équilibre, malgré les revendications de prévalence éclairée, nul n'est parvenu à trouver de modèle idéal. Les cultures modèlent les figures parentales et se trouvent nourries par elles. Le système résultant n'est en fait que le résultat global des systèmes élémentaires qui le composent : on comprend, dès lors, que ce qui se joue au niveau de chaque cellule familiale ne peut pas laisser indifférent le *substratum* dans lequel cette même cellule est inscrite.

Si bien qu'il devient aisé de comprendre pourquoi la structure œdipienne, élaboration de la psychanalyse, énoncée au cœur de la société bourgeoise européenne de la fin du XIXe siècle, a trouvé son champ d'adhésion restreint aux sociétés occidentales.

La triangulation, en effet opératoire dans les cures analytiques, permet au sujet qui parle de repérer le désir qu'il a senti naître en lui, pour son compte propre. Mais cela ne fait-il pas écran à tout ce qui s'est passé en amont, dans les phases archaïques, celles du tout petit âge, avant, longtemps avant l'éclosion du langage ? Dans ces moments où la propension incestueuse se pare du charme des qualités de la bonne mère, mettant en place un modèle relationnel qui n'est sûrement pas étranger à l'éclosion, dans le champ philosophique, de l'appareil conceptuel dit « du maître et de l'esclave ».

Le petit garçon, avant d'être le sujet d'un amour visant et privilégiant sa mère, n'aura-t-il pas d'abord été l'objet d'une séduction intensive ? Réponse du berger à la bergère ! La fillette, elle aussi, aura été l'objet de cette même séduction et sans doute eût-elle persisté dans une réponse similaire si elle ne s'était sentie menacée par le fait de sa similitude anatomique avec sa mère. Le changement d'objet qui intervient ne prendrait pas pour prétexte une attractivité à fondement biologique, mais la reconnaissance de cette attractivité initiale, perçue comme redoutable, chez un être dont l'anatomie aura reconduit cette même attractivité en la rendant plus supportable. Autrement dit, ce qui intéresserait une fillette, chez son père, serait, selon le mode dont on voudra faire la lecture, soit la composante masculine qui aura subverti la propension incestueuse originée dans la grand-mère paternelle, soit cette même propension supportable parce qu'atténuée par la composante masculine. Le sujet anatomiquement différencié qu'est le père tempérerait, pourrait-on dire, la violence de l'attractivité maternelle sans la faire disparaître et, au contraire, parviendrait à en permettre l'usage. Ce qui nous expliquerait cette complicité considérable, cette sorte de fusion entre les mères et leurs propres mères qui fait poser à la grand-mère maternelle de Marthe la question centrale de son propos : « Pourquoi c'est si fort, une mère et sa fille ? »

Le père, tout comme la mère, porte en lui la trace durable, ineffaçable, de la propension incestueuse dont il a été l'objet, en tant qu'il a été cet objet chéri et adulé.

Dans ce temps archaïque où les soins maternels prennent pour norme une sollicitude sans limites, le fait ne peut pas lui apparaître comme suspect. Tout au plus sera-t-il à guigner du coin de l'œil la forteresse dyadique à laquelle il se trouve confronté, s'offrant au partage des tâches dans l'espoir de se trouver un bout d'utilité. Si, par le plus grand hasard (?), il en était réduit à devoir s'éloigner de la couche conjugale, il tolérera le fait au nom de son libéralisme nouveau, ou bien ira s'en consoler entre des bras qui lui promettront les délices dont il croit pouvoir rêver ! Qu'on se réfère à la fréquence des coups de ciseaux dans le contrat conjugal, contemporains des faits de cette période de la vie du couple.

C'est que le signifiant « mère », avec tout ce qu'il charrie, est venu subrepticement faire son travail ! La liaison nouvelle s'en trouverait dépourvue. De même pourrait se comprendre le peu de goût des mères nouvelles à la chose sexuelle. Peu de goût vécu comme agressif par leur partenaire. Un simple déplacement, sans plus. A mettre, lui aussi, sur le compte de l'irruption du signifiant « mère ». Le partenaire venant à la place d'une mère à laquelle, précisément, la condition nouvelle vient faire opérer une soudure désormais impossible à entamer, se trouve être le réceptacle tout trouvé d'une revendication d'autonomie. Ce que certains nomment la « revendication virile » des femmes n'a pas besoin de trouver d'autre explication. D'autant qu'il s'y mêlerait une sorte de rancune dépitée et jalouse : le partenaire aurait beau jeu, de par son sexe, de se mettre à l'abri de ce qui vise tout enfant et qui se révèle soudainement avoir, par son insistance, une tonalité nettement mortifère.

Chacun de croire l'autre mieux lesté ou mieux pourvu... Les germes de conflit sont désormais en place et coloreront, sans relâche, une aventure promise à occuper les esprits et à canaliser toutes les énergies.

A examiner les faits sous cet angle il semble que non seulement l'impasse est inscrite dans leur devenir, mais qu'il n'existe aucune solution raisonnable ou imaginable pour y mettre un peu d'ordre.

Usons d'un artifice aussi commode que grossier, un artifice qui a fait la fortune de quelques numéros de clowns : un sujet se trouve face à un miroir. D'un côté, celui où il se tient, il y a son corps, dans la concrétude. Il peut l'explorer en le touchant, en en regardant des parties. De l'autre, il y a son reflet dans le miroir. Reflet qui n'a aucune consistance. Ce qui permet au sujet d'identifier le reflet comme tel, c'est quelque chose qui procède de la pensée, qui use plus ou moins du langage. Un tiers terme entre la réalité du corps et l'image. Le numéro de clown consiste à placer derrière un cadre creux un autre personnage que le sujet, mais vêtu de manière strictement similaire, et pourvu du génie de faire instantanément les mêmes gestes que le sujet lui-même, avec une célérité et une précision confondantes. Cela déclenche chez le sujet une angoisse qui fait rire le public et une compulsion compréhensible à user de toutes les manœuvres possibles pour déjouer ce qui est perçu comme une supercherie. Plus le numéro dure, plus s'accroît le malaise du sujet et la joie de l'assistance. Quelquefois, le farceur, pour en remettre, traverse le miroir et donne un coup de pied au sujet qui s'était retourné pour méditer, puis revient instantanément en place sans se laisser surprendre. La confusion est à son comble et on rit à gorge déployée. Chacun se trouve, en effet, à ce spectacle, sous le charme d'un psychodrame qui le sollicite dans les zones les plus obscures de son être. Le spectacle de ce sujet abusé est angoissant et dérisoire. C'est le spectacle de la faillite du registre symbolique qui seul peut identifier et différencier, en les concaténant, le réel et l'imaginaire.

L'introduction du père dans la relation de la mère à l'enfant n'a pas d'autre fonction que cette fonction médiatrice. Et nous avons vu les conditions qui président à son effectuation. Il nous reste, cependant, à devoir justifier la nécessité de son intervention précocissime et à démonter les mécanismes des registres auxquels elle a affaire et la manière dont son inscription définit une forme d'ordre.

La clinique, encore une fois, nous sera d'un irremplaçable secours.

Une réanimation

18 février, 15 heures. Je ne connais pas du tout Mme Cabourg, quand ma secrétaire, n'ayant pas réussi à décourager ses exigences, me la passe au téléphone. En effet, elle insiste pour me voir en urgence. Ma secrétaire lui a déjà dit mes motifs de refus, mais elle n'en veut rien entendre. Je les répète sans succès. Elle se recommande d'un oncle qu'elle me nomme. C'est un délégué médical que je connais, jovial, sympathique et très attachant ; j'entretiens avec lui des relations d'amitié depuis de nombreuses années. Je lui propose un rendez-vous pour les jours suivants en lui expliquant que je ne peux pas faire mieux, mais je ne parviens pas à lui faire entendre raison. Alors, constatant que je perds un temps précieux, je trouve plus économique de céder en me proposant de l'« expédier » littéralement en toute fin de consultation.

18 février, 18 h 30. Je remarque, dans ma salle d'attente, des visages inconnus. J'ai une bonne heure de retard sur mon emploi du temps. Je revois ces mêmes visages deux ou trois fois encore par la porte quand je l'entrouvre. J'avais oublié Mme Cabourg qui devait me conduire sa fille Sonia de 5 ans. Ce doit être elle, en avance, me dis-je tout d'abord, puis j'en suis persuadé quand je remarque que la dame âgée qui l'accompagne ressemble comme une sœur à mon vieil ami dont il avait été fait mention.

Vient son tour. Je les introduis. La petite Sonia qui part sans hésiter à l'exploration de mon cabinet, sa mère minuscule, blonde et tout en boucles et la dame plus âgée à qui je m'adresse d'emblée en lui disant :

« C'est fou ce que vous ressemblez à votre frère !

— Mon frère ? Mais je n'ai pas de frère, me répond-elle.

— Voyons, dis-je à l'adresse de la jeune mère, ne m'aviez-vous pas dit que vous étiez la nièce de mon ami Cabourg ?

— Oui, mais c'est l'oncle de mon mari et je vous présente ma mère. Ma mère à moi ! »

Laquelle ajoute, en écho : « Et je ne connais même pas l'oncle Benjamin ! »

Je suis dans la confusion la plus totale. Je perçois mon erreur, la gêne que j'en conçois, mais je n'en saisis pas la signification. Comment avais-je pu me fourvoyer à ce point ? En effet, la grand-mère maternelle de Sonia ne pouvait pas être la sœur de mon ami Cabourg et la mère de Sonia se présenter sous le même nom. La ressemblance, pourtant, me frappe. Encore plus maintenant que je sais ces personnes parfaitement étrangères l'une à l'autre. Est-ce le signe de mon rejet, parce que je suis fatigué et excédé ? Ou bien aurais-je perçu quelque chose que je ne parviens pas encore à décrypter ? Mais dans un simple coup d'œil ? Ce serait étrange.

Je prends simple note du fait et sombre dans un silence méditatif.

Elles se sont assises et Sonia déshabillée se trouve sur

ma table d'examen. Elle a de la fièvre depuis deux jours. Mais rien de bien inquiétant. Une banale otite au stade où les antibiotiques sont encore efficaces. Je le dis, sans me retourner, à la maman. Je l'entends dire, dans un long soupir : « Encooore une otiiite ! » Je me retourne. Elle a l'air triste. Encore plus triste que tout à l'heure, quand elle m'a présenté sa mère qui, elle, a un visage fermé. Mon erreur à la porte y serait-elle pour quelque chose ? Elle venait de loin, elle a insisté ; et tout cela pour être accueillie par une bourde !

J'élude le problème. Ne m'étais-je pas promis d'« expédier » la consultation ? C'est tout à fait bénin, repris-je, je vais vous faire une ordonnance et, dans quarante-huit heures, ce sera réglé.

Mon propos laisse place à un silence qui m'étonne, qui dure et que je ne sais comment rompre. Je descends Sonia de la table et la dirige vers la toise et la bascule pour parachever l'examen. Je suis face à elle, occupé par mes gestes. Je tourne le dos aux deux femmes. Le silence a la même épaisseur. Alors, je lance, sans regarder en arrière : « Sonia est votre enfant unique, madame ? »

Et c'est la grand-mère qui répond : « Docteur, vous avez tout compris. »

Tout compris ? Il y aurait donc quelque chose à comprendre ? pensais-je. Mon malaise initial, qui n'a pas encore été évacué, se double d'un certain degré de stupéfaction. Je suis fatigué, c'est la fin d'une longue journée. En fait, je ne comprends rien à rien. Pourquoi cette insistance pour me voir en urgence, pour quelque chose d'aussi bénin ?

Abandonnant Sonia, je me tourne vers sa mère. Nos regards se croisent. Comme en écho, d'une voix lasse elle dit, à son tour : « Vous avez tout compris. »

Il me semblait y avoir, dans tout cela, quelque chose d'irréel. Je suis perplexe. Qu'a donc pu leur raconter mon ami Cabourg ? Jusque-là, je n'étais préoccupé que d'une chose, la lecture impossible de la bourde que j'ai commise, dès la porte. Elles l'ont relevée. Et cependant les voilà, l'une comme l'autre, à me supposer avoir « tout compris ». Je fais le tour de mon bureau. Je m'installe. Mon regard croise, cette fois, celui de la grand-mère. Elle hoche la tête et me répète : « Oui, vous avez tout compris. »

Décidé à ne pas toucher à l'organisation de ce dialogue bien qu'elle me paraisse démentielle, je rétorque :

« Peut-être peut-on, quand même, en parler un peu.

– Bien sûr, dit-elle précipitamment, je vais emmener Sonia dans le salon et Nathalie pourra, ainsi, vous parler.

– Je ne suis pas d'accord, dis-je. Restez ici. Il est inutile que vous vous retiriez. Tout cela concerne Sonia. Elle ne peut que tirer bénéfice de ce qui se dira. » Et, m'adressant à Mme Cabourg, j'ajoute : « Je crois que vous pouvez parler devant votre enfant, je vous écoute.

– Non ! Non ! intervient la grand-mère. Il vaut mieux que j'emmène Sonia à côté. Je la connais. Elle est très sensible. Terriblement sensible. Pensez donc ! Je la connais comme si je l'avais faite. Nous l'avons élevée à deux, ma fille et moi. Elle est exactement comme sa mère. Nathalie petite avait la même sensibilité. C'est bien simple, quelquefois, je les confonds dans leurs prénoms. Je vous assure, elle ne supportera pas. Vous avez déjà tout compris et je crois que vous pouvez, aussi, comprendre ça !

– Bien, dis-je, d'accord. Allez-y. »

En fait, je ne suis pas du tout d'accord. Mais poursuivre le débat, c'est perdre encore plus de temps. La grand-mère est décidée à mener ou faire mener la rencontre comme elle l'entend, elle. Et je ne fais que répéter, avec elle, la concession que j'ai faite à sa fille quand elle a insisté pour ce rendez-vous. Je suis pressé, en fait. Et je suis persuadé que Sonia doit entendre, même avec son otite, ce qu'on cherche, obstinément, à lui cacher. Déjà le secret du secret est éventé puisque tous ces échanges ont eu lieu en sa présence. Quand sa mère et sa grand-mère en prendront acte, peut-être changeront-elles d'attitude. Si bien qu'en cédant au plan formel je ne cède pas sur mes convictions. Je compte simplement laisser venir le matériel et improviser avec ce que je recueillerai.

De plus, le mystère ne fait que s'épaissir. Qu'avais-je donc compris et de quoi pouvait-il s'agir qu'on veuille préserver à ce point ? Je regarde la mère de Sonia. Elle est murée dans le silence et la tristesse. Elle est pâle, très pâle, avec des yeux fatigués, des traits tirés. Les boucles de ses cheveux sont naturelles, elle n'a pas dû mettre les pieds chez le coiffeur depuis des mois. Je me surprends, soudain, à penser qu'il va être sûrement question d'un divorce.

Aurais-je, vraiment, « tout compris » ?

La grand-mère emmène Sonia et je m'apprête à écouter ce que je pressens être un historique de difficultés conjugales, un exposé de conflits sans issue et de situations inextricables. Mme Cabourg, lentement, en détachant les mots, me dit : « Oui, c'est ça. Vous avez tout compris ! » Puis elle se tait.

J'ai du mal à maîtriser mon impatience et ce que je perçois monter en moi ressemble à de la rage. J'opte pour le silence neutre et protecteur.

Un moment s'écoule avant qu'elle ne poursuive :

« J'ai été enceinte. Ma grossesse s'est bien passée. Je devais accoucher le 14 janvier. [Je saisis ma fiche, jette un œil pour vérifier la date de naissance de Sonia. Elle est née en mars, ce n'est donc pas d'elle que parle sa mère.] J'ai eu une bonne grossesse, sauf que j'ai fait une infection urinaire qu'on a eu du mal à traiter, mais qui a fini par rentrer dans l'ordre. J'ai été très bien suivie.

315

Et, comme j'étais en forme, j'ai demandé à mon accoucheur si je pouvais aller passer les vacances de Noël à la campagne dans notre maison de Normandie. Il m'a ri au nez, en guise de réponse. Alors, je suis partie.

La nuit avant celle de la Saint-Sylvestre, j'ai commencé à ressentir des contractions. Je me suis fait reconduire à Paris. L'autoroute était déserte. Ça a été rapide. Je suis allée directement à la clinique. L'accouchement était déjà en route. On a mis près de deux heures à trouver mon médecin. Quand il est arrivé, il m'a dit que mon bébé souffrait et qu'il fallait me faire une césarienne. Quand je me suis réveillée, on m'a dit que c'était un garçon. Et tout de suite après on m'a annoncé que je ne pourrais pas le voir parce qu'il avait fallu le réanimer et qu'il avait fallu le conduire par le SAMU dans un service spécialisé. »

J'étais à des lieues de cette histoire. Comment aurais-je pu en deviner le moindre élément ? Et je ne suis pas plus avancé dans le décryptage de ce que je suis censé avoir « compris ».

Elle pleure. Longuement. Elle s'arrête, puis pleure de nouveau. Ses traits se détendent un peu. Elle reprend :

« Il est toujours dans le même service de réanimation, voilà plus de six semaines. Les médecins sont très pessimistes, il paraît que son état est grave, très grave. Ils ne veulent pas se prononcer. Nous, on espère, eux, ils nous disent de ne pas trop nous monter la tête. Ils ne sont même pas sûrs qu'il va survivre. »

Je suis sincèrement ému. Je voudrais pouvoir dire quelque chose. Mais quoi ? Mon intérêt de médecin revient en force à la surface. Je dois pouvoir me faire une opinion valable avant de proférer un quelconque avis. Or, le récit ne m'a donné que des indices flous et très vagues. Quelle est la signification et la cause de cette naissance prématurée ? Quelle place accorder à cette infection urinaire décrite comme tenace ? Je pose une série de questions précises. J'obtiens parfois des réponses claires, d'autres fois, ce ne sont que de simples indications. Gros poids de naissance. Réanimation immédiate et prolongée. Service du Pr X... Mais je ne parviens pas plus à connaître la nature du diagnostic initial que celui de la maladie actuelle qui fait émettre de pareilles réserves. Alors, je fais raconter des détails, en vrac, en cherchant à y pêcher les informations par bribes. Je ne suis guère plus avancé.

« On le gave. Il a des tuyaux partout. Il est dans une sorte de boîte de verre. Il est relié à une machine qui le fait respirer et il paraît qu'on ne peut pas arrêter la machine. Toutes les fois qu'on a essayé, il a fallu la remettre en marche pour ne pas qu'il meure. Et le problème, c'est que plus on la lui laisse et plus il s'y habitue et risque d'encore moins pouvoir s'en passer. »

Le tableau très grave qui m'est décrit, de cette façon informe, évoque bien pour moi quelques étiquettes diagnostiques, mais bien des éléments me font défaut. Y a-t-il un processus malformatif sous-jacent ? Quel était l'état exact à la naissance ? Quelles ont été les séquelles de la réanimation initiale ? Cette absence d'autonomie respiratoire en est-elle une ? Je ne peux rien en savoir. Et je ne peux rien dire de lénitif ou de rassurant à Mme Cabourg. Je comprends mieux, désormais, sa tristesse et sa lassitude. Le drame qu'elle vient de me raconter a de quoi la mettre dans cet état. Mais je ne comprends toujours pas ce que j'avais dû avoir « compris ». Pas plus que la relation de tout cela avec la consultation pour Sonia.

Au moment précis où je me dis cela, Mme Cabourg prend la parole, après avoir essuyé d'autres larmes :

« Je suis ennuyée par un problème que je ne sais pas résoudre. Je n'ai encore rien dit à Sonia.

– Qu'est-ce que vous n'avez pas dit ?

– Tout ça.

– L'état de votre garçon ?

– Pas seulement. Je ne lui ai même pas parlé de cette naissance. Elle ne sait pas qu'elle a un petit frère.

– Ah... et pourquoi donc ?

– Parce que je me suis dit que ce serait plus simple plus tard. J'ai pensé que, si mon garçon vivait, elle aura toujours le temps de le connaître et, s'il meurt, alors, je ne lui dirai rien. »

C'est donc cela qui expliquait les exigences de la grand-mère ? C'est celui-là, le secret que j'aurais « compris » et qu'il ne fallait surtout pas éventer, surtout pas mener aux oreilles de Sonia ? Des bribes de phrases m'assaillent, des mots, des silences. Comme autant d'indices. Mme Cabourg parle de son bébé en utilisant le terme de « garçon », jamais celui de « fils ». Elle ne l'a toujours pas nommé. Je ne sais pas ce que ça signifie. De même, dans sa dernière phrase, cette construction : « vivait » et « meurt ». Syntaxiquement, il n'y a rien à redire de cet imparfait pour l'un des verbes et d'un présent pour l'autre, sauf que la distribution n'en est pas quelconque. Ce que je sens c'est que les arguments invoqués par la grand-mère autour de la sensibilité alléguée de Sonia ne tiennent pas le coup. Ce qui se joue est d'une tout autre ampleur. Le récit qui vient de m'être fait éloigne singulièrement du motif initial de consultation.

J'ai introduit cette consultation par une énormité qui aurait dû me valoir, en retour, une certaine défiance. Au lieu de quoi, avant même qu'on ne m'ait parlé, on me suppose avoir « tout compris ». Et cela en réponse immédiate à ma question sur l'« enfant unique ». A quoi aurais-je touché, sans le savoir ni m'en apercevoir ? Que signifie le souci de préserver Sonia dans un cocon de protection qui dénierait jusqu'à ses plus élémentaires perceptions ? Comment les mêmes personnes qui ont cru, sur l'instant, que moi je pouvais avoir « tout compris », comment ces mêmes personnes pouvaient imaginer que Sonia, présente aux événements, serait demeurée dans une innocence à protéger ?

Alors, je le dis.

« Je ne comprends pas vos précautions ni votre démarche qui me paraît erronée. Sonia vous a vue avec un gros ventre. Elle vous voit, maintenant que vous avez recouvré votre ligne. Comment pouvez-vous la croire à ce point stupide ? Ne croyez-vous pas que c'est elle qui a "tout compris" ? Et ne pensez-vous pas qu'elle se trouve un peu isolée et perdue avec des questions auxquelles elle ne peut pas même espérer de réponse ?

– Mais, docteur [c'était la première fois qu'elle me gratifiait du titre, était-ce le fait de mon parti pris affiché ?], j'ai peur que ce drame la bouleverse. Ma mère n'exagère pas quand elle parle de sa sensibilité et, moi, je veux la protéger du mieux possible. »

Allons donc ! me suis-je mis à penser, Sonia fraîche et intrépide, qui part sans hésitation à l'exploration de mon mobilier sitôt dans les lieux ! Sonia qui se laisse examiner sans broncher, qui n'a pas la moindre rétivité face à l'inconnu que je suis. Sonia sensible ? Qu'est-ce que cela veut dire ? Une étiquette délibérément accrochée, une étiquette répétée sans discernement, un à priori commode, sans plus. Mais un à priori dont la nature et la nécessité ont résisté à mes avis et mes conseils et qui ne sera pas plus écarté par mon éventuelle dénonciation. Il va me falloir remonter l'histoire, aller quérir des points d'appui en amont de l'épisode qui se déroule.

« Comment vous est venue cette décision de tout cacher ? demandai-je.

– Ça n'a pas été simple. J'y ai longuement réfléchi, comme je vous l'ai expliqué. Puis j'ai demandé son avis à ma mère. Sans que nous nous soyons consultées, c'était le même. »

J'ai tressailli à ce dernier fragment de phrase. Je comprenais soudainement qu'un indice, aussi ténu fût-il, avait dû m'interpeller, dans le spectacle de ces trois générations dans ma salle d'attente. Voilà l'explication de ma première erreur. C'est comme si quelque chose m'avait fait percevoir la mère de Mme Cabourg porteuse de ce nom même ! Et l'erreur suivante qui revient à son tour, immédiatement, en association : j'attendais qu'on me parle de divorce ! Or, on me parle d'un nouveau-né en sursis, dans un état désespéré et compromis. Toutes ces réflexions se déroulent dans ces formidables condensations qui prennent une fraction de seconde, dans les entretiens, et en réagencent instantanément la compréhension. Qui est l'enfant unique ? De qui est l'enfant unique ? Et ma phrase interrogative par le ton, mais affirmative dans la forme, n'est-ce pas ma phrase qui n'a fait que renforcer le malentendu et provoquer tous ces débats ? Sonia serait l'enfant unique, en sursis de ne plus l'être. Mais alors, cet autre enfant, en réanimation, quel serait son statut ?

« Le père de vos enfants, qu'en pense-t-il ? demandai-je.

– Lui, n'est pas d'accord. Depuis le début, il a voulu tout dire à Sonia. Il ne l'a pas fait parce qu'il sait que je ne suis pas de cet avis et qu'il sent que je ne vais pas bien. »

Que faire ? Que faire à ce stade ? Le « Vous avez tout compris » reste encore accroché à mon oreille. Il est peut-être une tentative de m'inclure dans une complicité, une tentative de m'englober dans un système. Mais il a aussi une vertu d'investissement qui, si je ne m'en leurre pas trop, doit me permettre de l'utiliser. Je note que la réponse que vient de me faire Mme Cabourg a, au moins, le mérite de la franchise. Le complément d'information qu'elle apporte est indéniablement utile. Le père existe. Il est en désaccord, il ne parvient pas à imposer son avis, mais il existe et affirme une position nette.

Comment se servir de cette parole du père pour résoudre l'ensemble des difficultés ? Telle devient la question. Car les difficultés ne paraissent plus se circonscrire au problème de la levée ou du maintien du secret pour Sonia, mais viser également le devenir du petit garçon en réanimation. Les deux phénomènes me semblent de plus en plus étroitement liés, et encore plus par ce que je viens d'apprendre.

« Pourquoi ne pas suivre l'avis de votre époux ? dis-je. N'est-ce pas le père de ces deux enfants ?

– Bien sûr qu'il est leur père, mais est-ce une raison suffisante pour qu'il ait sur la question un avis meilleur que le mien ? »

Le débat est classique et pluriquotidien. Chacun est ancré dans sa certitude et ne veut rien céder du terrain qu'il occupe et sur lequel il est certain d'avoir des droits. Il faudrait, pour parvenir à une solution stable et durable, aller comprendre tout ce qui a pu mener les uns et les autres en ces points. Ce qui est incompatible avec le caractère d'urgence dont cet ensemble réclame la résolution. Alors, en prenant appui sur tout ce dont je pensais avoir été crédité, j'ai dit, en appuyant sur les mots : « Il faut, sans crainte, que vous disiez tout à votre fille. Si l'impact des mots vous effraie et que vous craignez quelque maladresse, je peux vous aider. Mais je ne dirai rien à votre place. Je ne le veux pas. Je ne le ferai pas parce que c'est quelque chose qui vous concerne, vous, vos enfants et le père de vos enfants. »

Et, sans attendre de réponse à ce que je perçois, je ne sais pourquoi alors, comme un acte médical authentique, je me lève et je vais chercher la grand-mère et la petite fille.

Sonia file à la poursuite de son exploration, détendue et à l'aise. La grand-mère qui s'est assise me lance un regard interrogateur.

« J'ai dit à votre fille qu'il était important que Sonia fût mise le plus rapidement possible au courant de tout. J'ai découvert, d'ailleurs, que c'est aussi, et avant tout, l'avis de son père. J'ai également dit que j'étais prêt à assurer une certaine aide, mais que je ne dirai rien de substantiel, parce que cela concerne ses parents et elle-même.

– Mais vous n'y pensez pas, docteur ! Vous n'y pensez pas ! Cette petite fille est si sensible. Je vous le dis. Je la sens très fort. Ce sera une véritable catastrophe. Elle est délicate, c'est sa mère toute petite. Je sais, moi, comment elle réagira. »

Je ne suis pas étonné que la parole médicale ait si peu de poids face à une certitude aussi fermement ancrée et qui nécessite un tout autre abord. Là aussi, le recours au démontage de l'enchaînement des faits antérieurs va s'avérer indispensable. Et dire que j'étais pressé ! Le nouvel enjeu qui m'est apparu depuis un instant est beaucoup trop important pour que je me préoccupe de mon confort personnel. Il est des gestes proprement médicaux qui mobilisent de la même manière. Alors va commencer avec cette grand-mère un long dialogue.

« Vous avez d'autres petits-enfants, madame ?

– Oui, trois autres, un petit-fils et deux petites-filles.

– Et vous les sentez aussi comme vous dites sentir Sonia.

– Non, ce n'est pas pareil. Sonia, je vous l'ai dit, je l'ai élevée avec ma fille. Je la connais depuis qu'elle est toute petite, je connais ses réactions. Les autres, c'est pas pareil. Pourtant, je les aime tout autant et ils me le rendent bien.

– Et vous-même, vous avez combien d'enfants ?

– Trois. Deux garçons et Nathalie qui est celle du milieu. Mon fils aîné a trois enfants, et le dernier est encore célibataire.

– Autrement dit, vos trois autres petits-enfants sont les enfants de votre bru.

– Oui, c'est évident. Mais je ne vois pas où vous voulez en venir. Je ne vois pas ce que ça change.

– Pensez-vous que ce soit la même chose ?

– Absolument ! Pour moi, mon fils ou ma fille, il n'y a pas de différence.

– Certes. Mais, entre votre fille et votre bru, n'y en a-t-il pas ? Et, entre la fille de votre fille et les filles de votre bru, n'y en a-t-il pas aussi ?

– C'est marrant ce que vous dites. Je n'y avais jamais pensé. Mais c'est vrai quand même. Je pense que c'est parce que j'ai élevé Sonia et pas les autres.

– Croyez-vous que ce soit là la seule raison ?

– Je ne sais pas. Mais, puisque vous semblez avoir des idées, peut-être pourriez-vous m'expliquer ?

– Peut-être est-ce parce que, avec votre fille, vous n'avez pas besoin de parler pour qu'elle vous entende. Avec votre bru, c'est différent. Votre bru, ce sera la parole de sa mère qu'elle entendra à demi-mot, et pas la vôtre. Ne croyez-vous pas ?

– C'est tout de même vrai ce que vous êtes en train de dire ! C'est marrant ! Maintenant que vous m'y faites penser, je le comprends, docteur, vous savez, ne riez pas, surtout ne riez pas, je vais vous dire quelque chose : vous me faites penser à ma mère ! »

Me voilà promu au rang d'arrière-grand-mère de Sonia ! Le déplacement est vertigineux et cette grand-mère coopérante. Alors, je poursuis :

« Votre gendre n'est pas d'accord sur l'attitude pour laquelle vous avez opté, votre fille et vous, vis-à-vis de Sonia. Vous, qu'en pensez-vous ?

– Lui, il voit ça de loin. Il est rarement là. Il travaille toute la journée. On ne peut pas dire qu'il connaît vraiment sa fille, comme Nathalie ou moi-même.

– Cela n'empêche pas qu'elle soit tout de même sa fille et qu'il s'en sente concerné. Que penseriez-vous si la belle-mère de votre fils disait de lui de telles choses ?

– Mon fils ? Mais mon fils, c'est pas pareil. Lui, c'est un doux, un rêveur. Il ne se mêlerait même pas de ce genre de choses ! »

Je ne relève pas. Je glisse, comme on dit en langage de bridge. Tout comme j'ai glissé au moment de ma promotion au rang d'arrière-grand-mère. Car, dans un cas comme dans l'autre, ce qui montre le bout de son nez ne m'apparaît pas directement branché sur ce que je poursuis, et je crains les effets des incises et de la distraction. Je poursuis, dans la voie déjà engagée :

« Ne croyez-vous pas, cependant, que Sonia et son frère étant les enfants de votre fille et de votre gendre, ce problème leur appartient ?

– Et alors ? Ils en ont parlé. Où voulez-vous en venir ? Nathalie elle-même ne veut rien dire à Sonia.

– Oui, elle le veut d'autant moins qu'elle se sent soutenue par vous. Ne croyez-vous pas que, pour le bien de votre fille et de votre petite-fille, il vaudrait mieux que vous souteniez le point de vue de votre gendre ?

– Oh, docteur, vous êtes marrant. De plus en plus marrant. Vous me faites vraiment penser à ma mère. Oui, oui, ne souriez pas. Vous savez, ma mère, c'était quelqu'un. D'ailleurs, un jour, quand vous viendrez à la maison, je vous montrerai ses photos. J'étais près, très près d'elle, comme Nathalie avec moi. Quand il m'arrivait de me disputer avec mon mari, quelquefois, j'allais me plaindre à elle. Eh bien, même s'il avait tort, elle donnait toujours raison à mon mari. Et, quand je protestais, elle me disait : "C'est pour ton bien." Elle me disait : "Moi, tu ne m'auras pas toujours, c'est avec lui que tu as à faire ta vie." Mon pauvre mari ! On était unis comme les doigts de la main. On s'entendait si bien ! Voilà douze ans qu'il est mort. Dans un accident de chemin de fer. Vous savez, la ligne Y...-Z..., vous avez dû en entendre parler. C'était horrible. J'ai eu beaucoup de mal à m'en relever. Je ne sais pas même si je m'en suis relevée. Nathalie est là pour vous le dire. Elle-même n'avait que onze ans. Elle s'est rendu compte de l'étendue de ma perte. Elle a fini un jour par me dire : "Maman, je crois que, pour toi, il aurait mieux valu que ce soit un de tes enfants qui meure, plutôt que papa." Elle m'a dit ça. C'est la raison pour laquelle, quand Sonia est née, elle m'a proposé de m'en occuper. Histoire de me sortir de mon chagrin. Oui, c'était un homme de grande valeur et, depuis douze ans, chaque jour qui passe me fait sentir un peu plus son absence. »

Quelque chose s'est détendu par ce grand discours. Ma fonction d'arrière-grand-mère de Sonia m'a valu ce long développement. Et il est heureux que, par ce qui n'est pas du tout un hasard, cette arrière-grand-mère refaisant surface soit venue dire l'importance d'une parole d'homme. En même temps que revient, dans le fil du débat, cet échange entre Nathalie et sa mère, au moment de la mort du père. Un enfant qui s'offre en holocauste, même et surtout dans le fantasme, un enfant qui établit une monnaie d'échange : échange de sa vie contre la vie de celui que la mort emporte. Le tout dans une forme de propos qui, pour faire appel à l'imaginaire, n'en est pas moins active pour autant : une vie nouvelle qui en retranche une autre ; une vie retranchée et une nouvelle en compensation. Il faut satisfaire une comptabilité de l'un et de l'autre côté, méticuleusement. L'alternative est dure pour qui se situe à l'exact milieu, au cœur du débat. Comment subir, comment s'imposer un choix déchirant et impossible ? N'est-ce pas de cela même qu'il est question autour du berceau du bébé qu'on réanime ? Obtempérer à la parole du père du bébé, c'est dire à Sonia le secret de cette naissance. Mais c'est briser aussi le système de la transmission matrilinéaire en vidant la parole de la grand-mère de son contenu.

« Sonia est votre enfant unique, madame ? » adressé à la cantonade, visant la mère, mais entendu sans nuance, aussi bien par la grand-mère. Phrase sibylline, autant interrogative qu'assertive. Ce n'est pas par hasard qu'y répond le troublant et non moins sibyllin « Vous avez tout compris » de la grand-mère. Car en voilà l'explication. La forme assertive dit l'état actuel des choses : Sonia est enfant unique. La forme interrogative introduit le doute : Sonia ne serait pas l'enfant unique. Entre les deux, l'enfant nouveau venu, ce petit garçon, attendant l'issue des débats et que le récit va présenter au moment même où je pense qu'on va me parler de divorce.

Tant que la décision de communication du secret de cette naissance à Sonia reste à la discrétion de sa mère, celle-ci se trouve dans la position impossible, intenable, celle de devoir faire un choix dramatique entre deux solutions qui, toutes deux, sont cruelles : Sonia reste unique équivaut à entériner la mort du petit garçon, ce qu'indique le présent du verbe utilisé : « s'il meurt » ; Sonia, en revanche, est destituée du statut d'enfant unique si son frère « vivait ». Autrement dit, elle ne l'était déjà plus au moment où son frère « vivait », hors de la menace actuelle qui pèse sur lui. Cette hypothèse est loin d'être déraisonnable. Même s'il n'y a pas d'autre matériel à citer qui puisse la créditer, on peut y adhérer en faisant référence au fait que les grossesses, de nos jours, ne sont plus dues au hasard. D'une part. Et, d'autre part, tout ce que dit de sa grossesse Mme Cabourg, à l'exception de l'infection urinaire qui équivaut à une hésitation, atteste de cela. Quelque chose s'est joué en elle, entre cette grossesse et la naissance dramatique à laquelle la césarienne est venue apporter un recours médical efficace, mais qui n'a rien résolu du fond du débat. Débat qui reste vif au moment même de cette consultation. Sonia destituée du statut d'enfant unique par la survie de son petit frère entraînerait le désarrimage du discours de la mère de celui de la grand-mère. Or, cela, pour Mme Cabourg, est extrêmement dur. Car s'être offerte même en mots en remplacement de son père dans la mort à sa mère, c'est s'offrir à combler ce vide dans la vie. Ce qu'elle n'a pas cessé de faire avec la naissance de Sonia. C'est la grand-mère qui le dit très vite et à plusieurs reprises : « C'est comme si je l'avais faite », « Nous l'avons élevée à deux », « Quand Sonia est née, elle m'a proposé de m'en occuper ». Par contre ce qui risque de se produire avec cette naissance nouvelle, c'est une modification radicale de cette option initiale. Si bien que le petit garçon naît sans avoir de place assignée. Un faisceau d'arguments le montre : l'absence de prénomination, l'absence de l'usage du mot « fils » et, surtout, la précipitation avec laquelle vient la réponse « Vous avez tout compris », dans la bouche de la grand-mère, à ma question-affirmation sur le caractère « enfant unique » de Sonia.

D'une manière ou d'une autre, et pour toutes ces raisons à la fois, la survie du petit garçon entraîne quelque part la mort de la grand-mère dans une de ses fonctions. Laquelle fonction, jusqu'alors, a été centrale, fondamentale, essentielle dans l'économie affective de la mère.

Le dilemme précipite et se réfugie dans le secret entretenu, autour de Sonia, de la naissance de son petit frère. Rien ne permet à Mme Cabourg de s'en sortir.

Sauf à concéder à la parole du père la responsabilité de ce qui se passera. Si lui tranche, alors, dans chacune des solutions, elle est innocente, quoi qu'il advienne. Encore qu'il faille remarquer que ce n'est pas seulement d'innocence ou de culpabilité qu'il peut s'agir, mais d'un bilan précis du registre des gains et pertes. Ce qui lie Mme Cabourg d'une part à sa mère, d'autre part à son mari se trouve différemment lesté. Sonia d'un côté, le mari seul de l'autre, la situation était supportable. La présence du petit garçon venant remettre en question cet équilibre, c'est la grand-mère qui risque de se retrouver seule, et la mère devra assumer une sorte de trahison de son option initiale.

La vertu de l'échange que j'ai eu avec cette grand-mère a porté sur trois points. Alléger la culpabilité qui circule, par la référence aux relations mère-fille comparées aux relations belle-mère-bru. Une manière comme une autre, en généralisant le fait, de le banaliser et de le désamorcer. Ce qui va faire parler la grand-mère de sa propre mère qu'elle projette sur ma personne. Laquelle ayant professé, en son temps, l'importance d'une parole d'homme (« Tu ne m'auras pas toujours, c'est avec lui que tu as à faire ta vie ») va aider aussi bien la grand-mère que la mère de Sonia à entendre ce que je dirai de la parole du père. C'est comme si, par le biais de cette allusion, un message codé se trouvait passer, entre les générations de femmes. La grand-mère, disant qu'il est possible de concilier à la fois la vénération portée à sa mère (« je vous montrerai ses photos ») avec le respect d'une parole d'homme, dit à sa fille qu'elle ne prendrait pas un changement d'attitude pour une trahison. Du même coup, elle la libère. Vient alors le dernier point notable et que la mère peut entendre : la révélation du propos qui, dans la bouche de la mère, précisément, a fait liaison entre elles deux, au moment du décès du grand-père de Sonia.

Si bien qu'il me paraît possible d'avancer en disant à la grand-mère : « Tirez les conséquences de ce que vous venez très honnêtement de raconter et laissez votre fille suivre l'avis de son époux. »

Je formule les choses ainsi parce que je pense que ce sera plus facile et surtout plus efficace dans l'immédiat, pour la mère de Sonia, que les choses soient clairement dites et démontées. Mais je ne me fais aucune illusion et je ne crois pas la partie gagnée. Une situation qui a conduit à une pareille impasse ne peut pas se résoudre par l'enchantement d'un beau processus transférentiel, en si peu de temps. Les narcissismes malmenés ont bien de la ressource pour donner lieu à des retours de manivelle. Mais, depuis un instant, je suis pressé. Non plus par le temps de mes commodités personnelles, mais par ce que j'ai perçu du destin de cet enfant en réanimation.

« Mais qu'elle fasse ce qu'elle veut, proteste sans douceur la grand-mère.

— Elle ne le voudra que si elle sent que, vous aussi, vous le voulez bien.

— Mais elle est libre. C'est son enfant, ce sont ses enfants !

— Sauf que la moindre résistance chez vous lui fera obstacle ; pensez à votre bru... »

Alors, elle hésite. Elle veut parler. Elle se reprend. Elle hésite encore, puis, se penchant vers moi, avec un regard intense où perlent ses premières larmes, elle me dit ce que j'accueillerai avec le plus grand étonnement : « Docteur, ne riez surtout pas, ne dites plus rien, écoutez-moi seulement, j'ai besoin de vous dire ce que je vais vous dire. Vos yeux, docteur, vos yeux, jamais je ne pourrai les oublier. Vous avez les yeux d'un saint homme.

Des yeux comme les vôtres, je n'en ai jamais rencontré. Ce sont les yeux de la prière. Vous devez être un homme de prière. J'en suis sûr. Vous devez bien prier. »

Je me lève. Elle n'est pas dupe. Et moi, je n'ai pas d'illusion, même si je me sens passablement bouleversé. Je mesure l'étendue du travail accompli. Mais je crois que nous n'en sommes qu'au début. Mme Cabourg, pendant le temps de ces échanges, a observé le plus parfait silence. Sonia a accumulé divers objets avec lesquels elle a occupé son temps, quand elle ne naviguait pas d'un giron à l'autre pour quelques secondes, le temps de se ressourcer sans doute.

On la rhabille. La consultation est terminée. Alors que je les raccompagne, à la porte du cabinet, tout près de la balance, à l'endroit même où j'ai commis ma première bévue et où j'ai reçu le premier « Vous avez tout compris », j'ai demandé à Mme Cabourg : « Il s'appelle comment votre fils ? » en appuyant sur ce dernier mot. « Yvan », m'a-t-elle répondu dans ce que j'ai cru être un sourire. Alors, après avoir regardé sa mère, j'ai ajouté, en la regardant, elle : « Rentrez chez vous, réfléchissez. Puis, quand vous serez décidée, faites ce que demande le père de Sonia et d'Yvan. Vous verrez que, bientôt, vous me le conduirez ici même, votre fils. »

Et j'ai eu, encore une fois, le sentiment de commettre un acte médical authentique. Alors que la consultation avait débuté dans la plus extrême confusion, ce que je ressentais, à cet instant-là, ressemblait à une certaine sérénité.

Le lendemain, au téléphone, Mme Cabourg :

« Ce n'est pas pour l'otite de Sonia que je vous appelle. Ça suit son cours. J'ai parlé avec mon mari, une partie de la nuit. Nous allons tout raconter à Sonia ce soir. Je voulais justement un conseil. Nous avons une photo Polaroïd d'Yvan. Est-ce qu'on peut la lui mon-

trer ? Ça risque d'être choquant parce qu'on voit tous les
appareils et les tuyaux !

– Qu'en pense son père ?

– Lui, il veut la montrer.

– Eh bien ?

– J'ai compris. Merci beaucoup. Vous avez le bonjour
de maman. »

Ça m'a pris quelques jours pour trouver le temps
d'adresser au service du Pr X... une lettre de demande
d'information. La réponse m'en est parvenue quelques
jours plus tard. J'en reproduis, ici, un bout de texte. Elle
est datée du 15 mars.

« ... Comme ont dû vous l'expliquer les parents
d'Yvan, cet enfant a été atteint d'une pneumopathie néonatale extrêmement sévère...

Pour l'instant il est extubé depuis le 27 février. Mais
il a encore besoin d'un complément d'oxygène. Il est
encore trop tôt pour envisager sa sortie, mais déjà cette
évolution peut être considérée comme exceptionnelle,
compte tenu de l'extrême gravité initiale... »

J'avais un diagnostic. La machine qu'on ne pouvait
pas arrêter sans risque l'a été neuf jours après la consultation que je rapporte.

Yvan est venu à mon cabinet, pour la première fois,
le 29 mai, accompagné de son père, de sa mère et de sa
sœur. Sa grand-mère empêchée m'a envoyé des gâteaux
faits de sa main. Yvan était sorti de l'hôpital, en parfait
état, dix jours auparavant.

Il n'est pas nécessaire d'aller plus loin dans ce récit.
Sa texture a offert l'illustration de thèmes suffisamment
amplement abordés pour n'avoir pas besoin d'être repris.
Par contre, il en est d'autres qui sont nouveaux et qui
méritent qu'on s'y attarde.

Qu'est-ce que le commentaire n'a pas abordé et qui mérite d'être commenté et précisé ?

C'est d'abord la raison de mon soutien inconditionnel de la parole du père et l'idée qui s'y trouvait accolée que de l'efficience de cette parole dépendait l'amélioration de l'état d'Yvan.

J'ai montré, au moment voulu, combien Mme Cabourg était littéralement paralysée par un dilemme tel que, quel que soit le choix qu'elle pouvait opérer, elle ne pouvait qu'y être perdante. Aussi s'est-elle trouvée enfermée dans cette impasse qu'a constitué, pour elle, le silence à l'endroit de Sonia. Ses motifs sont non seulement nobles, mais louables à l'extrême. Elle vit, assurément de manière dramatique, la situation dans laquelle elle se trouve et qui est, déjà, suffisamment lourde. Si bien que la perspective d'ajouter à tant de malheurs le moindre ennui, si petit pût-il être, ne peut que la paralyser. De plus ses craintes, quant à la manière dont Sonia recevrait ses révélations, se trouvent redoublées de craintes strictement identiques chez sa propre mère. Et peut-il y avoir pour elle référence plus rassurante, plus fiable, plus oblative, plus dévouée, plus investie de sagesse et d'intelligence ? L'opinion de son mari ? On sait ce qu'elle en pense, à tout le moins sur ce sujet précis : « Il est leur père, mais est-ce une raison suffisante pour qu'il ait sur la question un avis meilleur que le mien ? » Propos redoublé par le commentaire ultérieur de sa propre mère : « Lui, il voit ça de loin. Il est rarement là. Il travaille toute la journée. On ne peut pas dire qu'il connaît vraiment sa fille, comme Nathalie ou moi-même. » Ce qui peut se traduire par quelque chose comme : les enfants, c'est une affaire de femmes ; elles seules détiennent le savoir nécessaire à l'entreprise, les pères ça n'est intéressé que par le travail et le carriérisme. D'ailleurs, le frère de Nathalie, qu'en dit sa mère ? « Mais mon fils, c'est pas pareil. Lui, c'est un doux. Il ne se mêlerait même pas de ce genre de choses. » Bon fils de sa mère en quelque sorte ! Pour un enfant – pourrait se dire en condensé tout cela –, la mère seule est importante. Nous savons que ce genre d'opinion est très largement répandu. Même s'il s'accompagne de commentaires navrés. Et nous entendons, par la bouche de la grand-mère de Sonia, un éloge de sa propre mère. Dans ces conditions, il n'y a rien d'étonnant à ce que le silence ne puisse apparaître que comme une mesure conservatoire judicieuse.

Mais, face à cela, il y a l'option du père : il veut dire à Sonia la naissance du petit frère. Mesure-t-il les conséquences de sa détermination ? Il n'est pas là pour le dire. Mais il y a gros à parier que la question a dû lui être posée aussi abruptement. Il n'est pas non plus là pour dire les raisons qui le poussent à ce choix, mais il doit sûrement en avoir. En contrepoint, ce que développent les récits de la mère et de la grand-mère met au jour un problème qui les lie intimement, et qui était présent avant même que le couple des parents de Sonia ne se soit formé. Autrement dit, ce problème se trouve inscrit dans un ensemble où le père n'a jamais été inclus. Alors que le problème du secret qui entoure la naissance du petit frère est dans un ensemble dont il fait partie, où il est inclus, avec sa femme et ses enfants. Cet ensemble, il compte le régir, en faisant abstraction du fait que son épouse participe, elle, tout à la fois, aux deux ensembles.

C'est le début du drame.

On peut remarquer qu'avant même d'avoir appris son opinion, j'avais formulé la mienne, fondée sur une simple appréciation logique. Et nos deux opinions se sont révélées identiques. Ce qui dessine une singulière ligne de partage, entre deux positions strictement antinomiques : d'un côté, le désir de la mère et de la grand-mère de garder le silence ; de l'autre, ma prescription qui renforce la parole du père et qui est pour la levée du silence. Il n'est pas impossible que cela soit noté de manière à croire que ces appréciations différentes ne sont que la traduction d'une lutte séculaire des sexes et que j'aurais utilisé mon énergie, mon savoir et mon pouvoir au seul service d'une solidarité masculine. Mon opinion, avant que je n'aie su celle du père, était fondée sur la certitude que Sonia ne pouvait pas ne pas avoir perçu les modifications morphologiques du corps de sa mère. En fait, cette appréciation risquait, pour exacte qu'elle était, de méconnaître, voire de nier, le fondement du débat. Pourquoi aurais-je été le seul détenteur de logique ? La mère et la grand-mère ne pouvaient en être que tout autant pourvues. Et ce n'est pas leur plus mince mérite que d'avoir résisté à mon avis. Puisque, grâce à cela, elles ont pu me conduire, avec elles, au cœur de ce qui motivait leurs conduites. Et c'est grâce à elles que le fond du problème a été abordé dans sa plus juste dimension. C'est grâce à elles que derrière la question concernant la levée du secret pour Sonia est venue se mettre en place celle de la menace pesant sur Yvan et l'urgence qu'il y avait à situer les protagonistes à leurs places respectives les plus justes.

Autrement dit, toute cette étape démarre au moment où Mme Cabourg, rapportant son conflit avec son époux, ne nie pas qu'il puisse y avoir un débat à mener. Manière comme une autre de dire que, si elle n'est pas sourde à l'opinion de son mari, elle ne peut tout de même pas y souscrire aveuglément. Elle ne pourrait le faire qu'à certaines conditions sans savoir précisément lesquelles. C'est elle qui commence à montrer de quelle manière elle se trouve inscrite dans deux ensembles distincts. En même temps, elle dit ne pas savoir quoi faire. Elle dit que sa double inscription lui pose problème, d'autant que le père de ses enfants a une opinion tranchée, autrement dit, ce n'est pas un père démissionnaire.

Par contre, ce père est paralysé. Il n'a pas forcé le blocus féminin. Il n'a pas pris d'initiative.

Qu'est-ce donc qui le paralyse ?

Ce qui, dans les motivations de la mère et de la grand-mère, ressemble, ni plus ni moins, à une menace. « Elle est si sensible, elle ne le supportera pas » qui est renforcé par « Il sent que je ne vais pas bien ». Ce qui reviendrait à lui signifier que, s'il met son projet à exécution, non seulement sa fille, mais sa femme aussi en pâtira. Comme il ne peut pas ne pas être affecté par la situation de son garçon, cette double menace, il la prend très au sérieux. Moi, interpellé par ces affirmations qui s'offrent comme résistance à mes conseils de praticien, je les relègue au rang d'allégations sans consistance. La crainte formulée me paraît imaginaire. Cependant, je ne peux m'empêcher d'en vérifier l'absence de fondement par la référence à l'humeur et à la relative tranquillité de Sonia. Comme si j'en avais été impressionné, bien que n'étant pas partie prenante. Et ce n'est qu'après cela que l'enjeu m'est apparu dans toute son importance, incluant le devenir de l'enfant en réanimation. C'est seulement à ce moment-là que je renonce au système des prescriptions dénégatrices pour essayer de démonter les réseaux enchevêtrés des résistances qui ont tissé cette histoire.

Il m'apparaît alors, de plus en plus, que je ne déroge pas à mes prérogatives médicales, mais que je participe, depuis mon cabinet, aux gestes de réanimation. Je sais, affichant cette conviction, que je risque de produire quelque étonnement. Mais j'ai déjà abordé ailleurs le démontage de tels rouages (cf. le cas « Le souffle court »). La situation, ici, est identique, sauf que le nombre de relais est plus grand ; ce qui ne fait qu'entraîner une certaine inertie responsable d'une réponse légèrement différée.

Or, ce qui se dessine touche vraiment au plus essentiel de l'humain. On pourrait croire, au tour qu'emprunte ce démontage, que j'aurais décidément souscrit, en en aggravant les conséquences, à l'édification d'une ligne de partage inévitable : les hommes d'un côté, les femmes de l'autre. Ce qui implique, en allant plus loin, que des uns dépend la survie, des autres peut venir la mort.

Laissons de côté ce risque d'interprétation hâtive et abusive. Le démarquage existe et les distributions, si elles ne sont pas exclusives, demeurent nettement différenciées. On y reviendra, cette incise n'étant destinée qu'à demander un peu de patience et d'attention dans un domaine particulièrement ardu d'abord. Car ces questions de vie et de mort se sont trouvées liées intimement, dans ce cas plus que dans tout autre.

Les allégations de la mère et de la grand-mère ont paralysé le père et m'ont, un bref instant, ébranlé. Mais elles ne pouvaient pas faire le poids, face à la menace réelle qui pesait sur Yvan, dont il est indubitable que la souffrance était une certitude. Yvan est en suspens entre la vie et la mort depuis sa venue au monde.

Est-ce un mystère ?

Cela le reste-t-il, malgré le caractère lacunaire du matériel, quand le traitement des récits indique, on ne peut plus nettement, que sa place était, d'emblée, compromise ?

On découvre qu'il s'en faut de peu pour que tout aille bien. Car qu'est-ce d'autre qu'un « peu », cette déliaison d'un serment d'adolescence ? La suite démontre que ce « peu » est cependant fondamental, tel le grain de sable qui bloquerait l'ensemble de la machinerie, et que, satisfait, extrait, il conduit aux résultats que la lettre du Pr X... qualifie, sans autre étonnement, d'« exceptionnels ».

C'est la très longue négociation avec la grand-mère

qui participe à la satisfaction dudit « peu ». C'est elle, la grand-mère, qui est la clef de voûte de l'édifice et qui délivrera à sa fille les messages issus de son histoire, en même temps qu'elle la déliera de ce qui entravait son action. Mme Cabourg n'a rien à voir avec Mme Hildegarde (qu'on s'y reporte). Elle sait, elle pressent, pour avoir compris (et formulé sa compréhension) la place que son père avait pour sa mère, que son mari ne peut avoir, pour elle, qu'une place certaine et nettement définie. Mais, dans le même temps, elle doit affronter les conséquences du pacte ancien qu'elle a noué avec sa mère, à la mort de son père, et ne peut s'en trouver que prisonnière. On pourrait se poser la question de savoir pourquoi et comment l'amour qu'elle porte à son mari n'a pas été suffisant pour la tracter hors de cette impasse. Ce constat est assurément pertinent. Mais, outre le fait que ce genre d'impasse est d'une grande banalité dans les relations de couple, nous n'avons pas cessé de le voir, il faut noter que ledit pacte s'est noué autour d'un disparu. Lequel a été, en quelque sorte, une partie prenante, pourrait-on abusivement dire. Ce n'est que par le récit de la grand-mère et par cette phrase ultime du récit : « ... et depuis douze ans, chaque jour qui passe me fait sentir un peu plus son absence », que ce mort récupère sa place. Ce qui libérera sa fille.

Néanmoins fallait-il encore que Mme Cabourg soit aussi libérée par sa mère, autre partie prenante du pacte. C'est le but de la poursuite du travail, par-delà cette première étape. Notons que mon action ne devient efficace que lorsque je fais penser à l'arrière-grand-mère, quand l'ensemble de mon propos se trouve, en quelque sorte, féminisé. Quand ce que je peux avoir à dire du rôle du père se trouve, ainsi, désolidarisé de ma masculinité. Lesté d'une sensibilité (le mot a eu très tôt une grande importance) à connotation féminine. Autrement dit, mon propos, alors seulement, sera recevable, comme chargé du savoir spécifique de ce qui, chez les femmes, noue aussi intimement la vie et la mort. Écho, ni plus ni moins, ou reprise, à la rigueur, de ce « Vous avez tout compris » initial. Comme si pour « tout » comprendre, il fallait, d'une façon ou d'une autre, être femme !

« J'ai pensé, souvent, pendant mes longues années d'attente, que les femmes connaissent un sort injuste » : ainsi parlait une femme qui fut longtemps stérile ; puis elle poursuivait : « Tous les mois, le spectacle de mes règles me faisait fondre en larmes. Pourquoi faut-il que ce soit à nous, et à nous seules, qu'incombe et que soit dévolu le poids de cette responsabilité ? J'espérais un enfant. Tous les mois, j'espérais de nouveau. Et mes règles, que me disaient-elles ? Elles me disaient que, au lieu d'avoir enfin donné la vie, je n'avais donné que la mort ! Il y a là quelque chose d'injuste, de profondément injuste ! »

Et cette autre de tenir des propos apparemment différents, mais qui reviennent au même : « Je m'amuse, dans le spectacle de votre salle d'attente. Toutes ces mères qui couvent leur bébé du regard, comme si elles avaient fabriqué la huitième merveille du monde ! Des regards comme ça, il ne faut pas les user ! Il faut les garder en soi, jalousement, longtemps. Ils sont précieux. Parce que faire un bébé, c'est facile, ce n'est rien, c'est à la portée de n'importe qui. Faire un homme ou une femme, ça, c'est une tout autre affaire ! Quand mon fils ou ma fille auront vingt ou vingt-cinq ans, alors, là, je libérerai mon regard. »

La gravité de tels discours souligne un peu plus, s'il était nécessaire, l'ampleur formidable d'une tâche perçue, souvent, comme impossible. Reposant sur un savoir jamais assez grand, jamais assez riche, jamais assez sûr pour contourner les pièges craints, la menace omnipré-

sente. Marquée au plus profond de l'expérience corpo-
relle, dans son ambiguïté extrême et sa double et insé-
cable référence. Du côté des mères, ai-je proposé, en tout
début, c'est, succinctement et brutalement dit, la folie.
Un glissement discret rendrait sans doute la proposition
plus recevable : c'est la phobie, pourrait-on dire, avec
cette impressionnante énergie déployée pour maintenir
un équilibre problématique. La phobie, non pas comme
une anomalie, mais comme une constante et banale
condition existentielle. La phobie comme résultante d'un
questionnement perpétuel et angoissant. Balance sans
répit et sans fin, torturante.

Donner la vie, pour une mère, c'est effectivement
accéder à ce statut. Mais n'est-ce pas déjà devoir quitter
le précédent ? C'est-à-dire se repérer, implacablement,
on ne peut plus concrètement, sur la trajectoire qui aboutit à l'inéluctable. Le fait se trouve tracé dans le corps
qui a subi différentes mutations. Alors que rien ne vient
dire au père, de quelque manière que ce soit, la certitude
de son statut nouveau. Il ne porte aucun stigmate. Il n'a
pas de trace de césarienne ou d'épisiotomie. Il n'a pas
le souvenir des douleurs ni celui de cette expulsion qui
s'est faite dans le même temps que les matières et les
urines, comme si le corps tout entier cherchait à se vider
en se retournant littéralement. Lui, reste le même. Il
s'épaissit, il se dégarnit, il vieillit. Sans plus. La permanence de son allure le laisse identique à lui-même. A
distance infranchissable de ces expériences bouleversan-
tes qui ont eu trait à la mort, ou qui l'ont fait côtoyer.
Ces expériences qui sont venues bouleverser, pour un
temps plus ou moins long, la manière dont la mort et la
vie se trouvent par leur contiguïté, leur intrication,
nouées comme en tout être. L'humanité ne date pas
d'hier et on ne réfléchit à ces problèmes qu'avec les
données du jour ! En un siècle, la mortalité des mères

en couches, qui atteignait des chiffres impressionnants, est devenue chose tellement rare qu'elle affleure le statut de faute professionnelle commise par l'accoucheur. Mais nos parturientes d'aujourd'hui ne sont que les arrière-petites-filles de celles qui payaient à la mort un bien lourd tribut pour assurer la reproduction. Ce n'est pas en quelques générations que l'accouchement peut se banaliser. Il demeure encore, de nos jours, de l'ordre d'un exploit qui autorise les mères à revendiquer, légitimement, la possession d'un savoir sûr sur la mort. L'existence de structures de « protection maternelle et infantile », dans nos sociétés préoccupées par la dénatalité, ne fait que renforcer le phénomène et en rendre la solution encore plus complexe. Cet ensemble, loin d'alléger la pression de la phobie coextensive au statut maternel, ne fait que la renforcer ou la provoquer, quand, par exception, une mère s'en trouve exempte.

A distance de ce genre d'événement, le père est préservé de l'impact qui en résulte sur l'imaginaire ; impact dont on a vu les effets dans l'histoire de Sonia et d'Yvan. C'est la raison pour laquelle il peut tenir une parole.

Une parole qui, elle aussi, a trait à ce qui est tout à la fois le partage et l'intrication vie/mort.

Parole figée, restituée dans son ampleur et sa texture par la mort réelle qui peut affecter le père. Le père de Nathalie, mort, est ramené en force et avec sa stature par les propos de sa veuve. Tout comme le grand-père mort de Marthe, dans le propos de la grand-mère (cf. « Une élégie »). Comme si un homme, pour avoir fait l'économie d'une expérience d'approche de la mort, ne pouvait y avoir qu'un rapport plus éloigné et moins imaginaire. Lui, meurt ou... tue ! C'est en prenant appui sur cette spécificité concernant la mort que, sur le pas de la porte, en fin de consultation, j'ai émis cette forme d'oracle : si la condition du respect de la parole du père est satisfaite, je verrai bientôt Yvan. Adressé à la mère sous cette forme, il ne peut être entendu par la grand-mère que sur son mode inversé : si cette condition n'est pas satisfaite, alors, Yvan mourra. Ce qui, repassant par l'imaginaire des allégations et des craintes, vient redonner du poids à la certitude qui est en jeu. En même temps que d'insister sur l'importance de cette parole du père que mon entreprise visait à soutenir.

Car c'est sur cette parole que le père émet et qu'il offre que la mère de ses enfants, à condition de lui en avoir conféré la place préalable, pourra s'aider pour s'extraire de ce qui la bouleverse au point de risquer de l'anéantir. Elle pourra y puiser l'énergie nécessaire à la restitution d'un équilibre qu'elle croyait avoir perdu, lors de ses expériences récentes et violentes, pour l'avoir senti si fortement menacé. Elle pourra, alors, faire faire à son enfant l'économie de cet emprunt qu'elle effectue sur lui en l'investissant avec une insistance à la mesure de ce qu'elle vient de vivre et qui engendre un désarroi plus ou moins identifiable.

La mort imaginaire de la grand-mère de Sonia, dans le champ perceptuel de la mère de Sonia, ne peut pas peser lourd pour M. Cabourg, face à celle qui menace d'une manière aussi insistante son garçon auquel la place, dans le symbolique de la mère, fait défaut. C'est par sa réintégration personnelle dans le système symbolique de la mère que passera l'accession de son enfant à sa juste place. Et, cela, le respect seul de sa parole en est l'instrument. Pour que vive Yvan, il faut qu'il soit accueilli, que Sonia cesse d'être une « enfant unique ». La levée du secret ne pouvait que se faire après la conversation que les parents ont eue ensemble et pendant laquelle la mère a pu laisser prévaloir, délivrée qu'elle était des effets de son pacte, la parole du père. Notons que, si la mère a pu avoir cette conversation, c'est grâce au travail effectué par sa propre mère qui lui a restitué sa juste place symbolique en disant que la place du père mort devait rester à jamais vide.

Les pulsions incestueuses de la grand-mère maternelle, elles aussi mises au jour, se sont délitées, face à la parole du père qui a introduit la mesure. « Le sexe fort, c'est nous », disait la grand-mère de Marthe. Est-ce parce qu'il se sait devoir livrer continuellement un combat inégal pour la vie ? Courant le risque aveugle de faire arme de tout ce qui s'offre à lui. Jusqu'à devoir utiliser, à défaut de la mystérieuse, indéchiffrable, et incompréhensible parole paternelle, l'énergie disponible et gigantesque de cet enfant nouveau venu.

Parole mystérieuse, indéchiffrable et incompréhensible ? Elle ne peut, en tout cas, pas être efficiente, si elle s'émet tout engoncée de son propre marquage incestueux. Elle ne peut avoir la moindre valeur si elle n'est que l'émanation du désir de la propre mère du père.

Or, nous l'avons vu, nous n'avons jamais cessé de le voir, ce père, s'essayer à articuler quelques mots compréhensibles du désir qu'il cherche à promouvoir. Et, combien fréquemment, le bruit de sa voix, quand elle ne s'émet pas voilée par le regret de ne pouvoir occuper une position maternelle qu'il pense avantageuse, est parasité de tous les hoquets, les hésitations, les balbutiements et les rémanences de sa relation au panthéon féminin de sa propre enfance. Quand, faisant référence à son père, il tente d'user d'une forme quelconque de souvenir ou de message, combien souvent ce ne sera que pour déplorer le manque, la carence ou l'excès paralysant. Comme s'il ne pouvait trouver dans ces références que la désignation d'un destin fait de mesure ratée. Destin dont il sait qu'il risque de n'être ni plus ni moins que celui qui l'attend. Face à ce doute et ce gâchis surgit la référence aux certitudes qui l'auront marqué, celles des gestes secourables qu'il a connus et à quoi il croit fermement devoir sa survie.

C'est la raison pour laquelle, sur l'image de sa partenaire, se superpose toujours celle de sa propre mère. Comme de toutes celles qu'il a connues et qui sont venues, en autant d'équivalents et de relais, lui faire croire à la promesse d'un paradis à recouvrer. Images qui s'imbriquent, inclivables et soudées. Charriant avec elles des relents d'un insupportable exil. Alors, le voilà terrorisé et, manœuvrier, à tenter, dans la séduction la plus réussie, de dire par sa bouche les seuls mots qu'il croit au service de retrouvailles dont il ignore, ou refuse de croire, qu'elles sont impossibles. Tenant un discours qui veut effacer les différences, tout à la dévotion et au service d'un récitatif amoureux appliqué. Ignorant que, ce faisant, il perd et son identité et le seul recours que son couple pourra produire, face aux bouleversements que l'intrication vie/mort saura, tôt ou tard, mettre en branle.

Sa longue vie d'exil, cet exil même que sa constante tentative d'annuler ne fait que rendre plus douloureux, le met dans un état d'agilité propice aux déplacements, à la dynamique. A l'écart du système d'emboîtement qui coince sa compagne, lui peut se mouvoir. Quitter une place pour une autre. Effet bénéfique de son immuabilité physique, le voilà condamné à errer, solitaire, d'une place à l'autre, jusqu'à découvrir, enfin, sa parole, celle qui, investie par sa compagne, lui donnera son statut et sa stature, l'installant à sa juste place, loin du leurre qu'il a longtemps poursuivi dans sa recherche d'un paradis, à jamais perdu.

II

Une matrone excellait dans l'art des accouchements. Elle s'en trouvait fort occupée. Le temps d'inaction qui lui restait, elle l'occupait en ne cessant pas de dire : « Que maudite soit la mort, que maudite soit la mort... »

Une nuit, alors qu'elle rentrait chez elle après une mise au monde, une vieille femme l'accoste : « Une telle, lui dit-elle, j'ai à te parler. Je te connais depuis longtemps, et ça fait un bail que je veux te rencontrer. Je suis la mort. Tu passes ton temps libre à me maudire. Je voudrais que tu cesses de le faire. Car il n'est pas possible que, toi qui es pétrie de qualités, tu persistes dans ton attitude injuste. Il faut que je t'éclaire. Dorénavant, quand tu mettras un bébé au monde, regarde la paume de sa main. S'il y a une goutte de sang, sache qu'il mourra saigné. S'il y a du noir, il mourra brûlé. S'il y a des gouttes d'eau, il mourra noyé. S'il y a des concrétions, il mourra enseveli. S'il y a des bulles, il mourra étouffé. Et, s'il n'y a rien, mais rien, alors dis-toi que, pour ceux-là, et pour ceux-là seulement, à l'heure venue, on me requiert. »

La température

Je suis occupé au téléphone un jour où, en principe, je ne consulte pas. Ma secrétaire dépose sur mon bureau une fiche accompagnée d'une note et se retire. Une urgence, qu'elle croit véritable, s'est présentée sans rendez-vous à la porte. Elle les a fait attendre. Je finis de me débattre avec mon correspondant, réponds encore une ou deux fois à des appels et je jette un œil sur la fiche : Marquez-Barato Achab, vingt-six jours. Un petit Espagnol, me dis-je, en tiquant aussitôt sur le prénom. Les parents seraient-ils à ce point des admirateurs inconditionnels de Melville ?

Je sonne pour qu'on les introduise. Je vais me lever pour les accueillir, quand le téléphone, encore une fois, m'assaille. Si bien que je suis assis quand ils pénètrent et restent, discrets ou timides, sur le pas de la porte. Je leur fais signe d'avancer et leur indique, d'un geste, les sièges.

Lui, est un géant. Immense, tout brun, presque noir avec une barbe touffue. Derrière lui, elle, est toute petite, livide. Chinoise ? Japonaise ? Je ne sais pas, asiatique en tout cas. Le petit Achab, à moitié dévêtu, repose, littéralement, à plat ventre dans l'immense paume ouverte de son géant de père. Ils s'asseyent, souples, furtifs et silencieux. Je suis toujours occupé par ma conversation au téléphone et je ne réponds à mon correspondant que par monosyllabes. La vision que j'ai, en face de moi, est, tout à la fois, étrange et sympathique. Leurs regards explorent, examinent le décor, et, quand ils croisent le mien, nous nous sourions, eux et moi.

Je suis enfin libre et, pour me faire pardonner de les avoir si longuement fait attendre, je demande à ma secrétaire de ne pas être dérangé.

C'est le père qui parle. Il a un accent espagnol très fort, très prononcé, mais s'exprime dans un français remarquablement précis et fluide. Il me dit que Achab a 39°5 de température depuis le milieu de la nuit. Sans autre symptôme.

Je me tourne vers la maman pour lui demander des détails sur le mode d'allaitement et la qualité de l'appétit, c'est encore le père qui me répond : « Il est au sein, il boit très bien, nous n'avons rien remarqué. » Puis, très vite, il ajoute : « Excusez-moi d'intervenir de cette manière, ma femme ne parle pas le français. » Se tournant, alors, immédiatement vers elle, qui le sollicite de la main et du regard, il traduit en espagnol ma question et la réponse qu'il y a faite. Elle, tournant son visage vers moi, me fait un signe de tête, comme pour me dire qu'elle confirme.

Après avoir glané les renseignements habituels sur le carnet de santé, je me dispose à examiner le bébé.

C'est son père qui se lève et le déshabille. Ce qui ne me frappe pas particulièrement tant le fait est devenu monnaie courante. De plus, je suis bien trop préoccupé à me préparer à l'évaluation de l'état de ce nouveau-né pour me laisser distraire par quoi que ce soit d'autre. Il s'est réveillé pendant le déshabillage et le voilà nu. Il s'étire, ouvre de grands yeux, émet quelques bruits de gorge. L'examen minutieux auquel je me livre est tout à fait parfait. Rien ne retient mon attention ou n'éveille mon inquiétude. Mais, à cet âge, c'est toujours extrêmement délicat. Alors, je recommence. Je pèse, je mesure, j'évalue. Je suis tout absorbé par mes gestes. Puis, toujours en silence, je vais à mon bureau jeter quelques notes, comparer des chiffres pour apprécier l'évolution. Tout va bien. Je le dis donc au père en le priant de traduire la chose à son épouse. Ce qu'il fait. Nous échangeons, elle et moi, un regard, quand elle a compris. Elle me fait un nouveau signe de tête et esquisse un très léger sourire. Elle est pâle, très pâle.

Je m'assieds à mon bureau pour écrire une ordonnance qui se bornera à donner des indications sur les paramètres à surveiller, plutôt que des médications, puisque je ne peux fournir aucun diagnostic. Le père a fini de rhabiller Achab. Avec une célérité qui me stupéfie. Puis il l'empaume et, avec un geste large et ample, parfaitement à l'aise, il le ramène vers sa poitrine au moment où il s'assied.

Je suis fasciné. Absolument. Jamais, je n'ai vu personne procéder avec une pareille dextérité. J'en fais la remarque. M. Marquez-Barato ne la relève pas. Ses yeux, après s'être plissés, comme à l'annonce d'un sourire qui eût introduit une réponse, se détournent. Est-il gêné ? Je n'ai pas le sentiment qu'il soit vraiment inquiet, mais je suis intrigué par son silence. Je redis la chose, en ajoutant qu'à part moi-même ou des collègues pédiatres, je n'ai jamais vu personne, en particulier parmi les hommes, avoir cette aisance avec des nouveau-nés. Et, cette fois-ci, je demande, en insistant un peu, d'où cela lui vient. Ne pouvant fuir une question aussi directe, il me répond qu'il avait 12 ans à la naissance de son dernier petit frère. Cet argument ne me satisfait pas plus qu'il ne me convainc, parce que je vois mal l'adolescent qu'il devait être en train de pouponner, je l'imagine plus volontiers avec un ballon aux pieds. Mais, comme il n'est pas allé plus loin, je ne me sens pas autorisé à poursuivre ; ce serait le forcer et je ne tiens pas à le rendre définitivement rétif. Je reviens donc au cas matériel et commente mes indications écrites avec leurs précisions ; en particulier contact téléphonique à heures précises, car je me propose de revoir le bébé dans la soirée ou le lendemain.

L'un et l'autre aquiescent, après que la maman a eu la traduction de tout ce que j'avais dit.

Cependant, je demeure insatisfait. Quelque chose m'échappe. Je sens l'inquiétude me gagner. La fièvre, chez un nouveau-né, est un symptôme rare. Elle est rarement sans cause. De plus, ses causes sont toujours très sérieuses, voire graves. L'état de ce bébé n'est pas particulièrement préoccupant, mais ne ferais-je pas mieux de l'hospitaliser tout de même ? Car je sais que tout peut évoluer, à cet âge, avec une célérité redoutable ! De plus, le côté sympathique du début des échanges paraît avoir laissé place à un certain degré de tension. Mes questions maladroites y seraient-elles pour quelque chose ? A quoi ai-je touché en relevant la dextérité du père ? Je choisis de me donner un temps de réflexion, devant toutes ces questions qui m'assaillent, quitte à revenir sur mes décisions.

Pour faire une diversion, non innocente certes, mais

éloignée de ce que j'avais jusque-là abordé, je demande à M. Marquez-Barato pourquoi son fils s'appelle Achab. Car, ai-je ajouté, cela ne me paraissait pas un prénom espagnol courant, si tant est qu'il pût être espagnol.

« C'est à cause, me répondit-il, d'un ami commun que nous avions ma femme et moi. Nous l'aimions beaucoup, il était très attachant. Il est mort à l'âge de 20 ans. Ça nous a beaucoup touchés. Alors nous nous sommes promis que, si nous avions un fils, nous lui donnerions son prénom. »

Je n'en attendais pas tant. J'apprenais ainsi que ni l'un ni l'autre ne savaient l'existence d'un roi hébreu de ce nom, pas plus que celle du capitaine du roman *Moby Dick*. Par contre, je pouvais retenir que ce nouveau-né était venu en remplacement d'un défunt aimé sur lequel le père (puisque lui seul parlait) ne s'étendait pas. Pudeur à respecter ou zone fragile ? Il serait maladroit de poursuivre dans cette direction.

Le bavardage se poursuit. Je l'entretiens. Manière comme une autre d'amadouer l'atmosphère. Je redis, par exemple, mon regret de ne pouvoir communiquer directement avec la maman, mais combien j'étais heureux qu'elle participe à toutes les phases du dialogue. Puis, je m'essayai, dans mon très mauvais espagnol, à égrener quelques propos. Ma maladresse les a fait d'abord sourire, puis rire franchement. La diversion opérée avec succès m'a permis de poser la question suivante. Achab était-il leur premier enfant ?

« Pour elle, oui. Pour moi, non. C'est mon deuxième.
– Ah ? Et quel âge a votre aîné ? C'est un garçon ou une fille ?
– Je préfère ne pas en parler. »

Il faut imaginer les questions et les réponses régulièrement espacées par le système de traduction immédiate. J'y tenais, je l'ai dit. Mais cela interférait dans l'évolution émotionnelle de la situation en ne permettant pas, par exemple, d'utiliser immédiatement les tout petits déplacements de résistance qu'effectue un dialogue simple et direct. La traduction permettait à mon interlocuteur, dans la répétition des interventions, de constamment pouvoir se situer et de contrôler l'ensemble de ses propos.

Force m'était de devoir constater que la tension, à nouveau, se réorganisait et m'obligeait à des détours divers et improvisés pour la rabaisser d'un cran. Si bien que j'ai été amené à leur demander comment ils avaient été affectés par la survenue de la fièvre et comment ils se sentaient, à présent. « Vous nous avez parfaitement rassurés, me répondit le père. Nous vous faisons confiance. » Puis spontanément, il reprit, pour les raconter, leurs échanges de la nuit. En disant tout ce qui leur était passé par la tête et combien ils avaient été inquiets.

« ... un bébé, c'est tout petit, c'est sans défense, c'est à peine là, mais c'est fou ce qu'on peut déjà y tenir !

– Surtout, ponctuai-je, que c'est l'avenir, un devenir, tout neuf...

– Absolument.

– Sur lequel, généralement et légitimement, chaque parent compte beaucoup.

– C'est ça. Et ce qu'on découvre, c'est que nous avons déjà nos idées là-dessus, avant même qu'il ne soit venu. Pour ma part, je sais que je suis à son service. Que je le serai le mieux possible. J'y veillerai. Je sais que c'est ça de moi que je veux pour lui. Et, en contrepartie, je sais aussi ce que j'attends de lui.

– Oui ?

– Je ne veux pas qu'il constitue un moyen de pression ni celui d'un chantage. »

Je crois, pendant un moment, avoir mal entendu. Je me répète cette phrase énigmatique, en me demandant s'il ne s'agit pas d'une mauvaise traduction, de l'effet du passage de la pensée d'une langue à l'autre. Mais j'ai dit que ce père parlait un admirable français et, quand on parle ainsi, la pensée qui précède l'expression se fait dans la même langue. En tout cas, c'est venu très vite et c'est singulièrement précis. Cela ressemblerait plutôt à quelque chose qui affleurerait la surface. Comme le sommet d'un iceberg. Le malaise que j'avais perçu est toujours présent. Mais cette phrase vient comme me dire que je peux considérer, sans risque, la possibilité d'aller un peu plus loin. Alors, je m'aventure :

« Pourquoi avez-vous dit préférer ne pas parler de votre aîné ?

— Parce que toutes les fois que je l'ai fait, cela a changé radicalement toutes mes relations avec mes interlocuteurs. Je suis satisfait de notre rencontre et je ne veux pas en changer la tonalité.

— Certes ! Je comprends. C'est recevable. Néanmoins, peut-être avez-vous perçu, aux échanges que nous venons d'avoir, que je cherche quelque chose. Avec vous, bien sûr. Et, sans pouvoir ni savoir dire pourquoi, cela me paraît concerner aussi Achab. Sachez que, lorsque vous voudrez parler, je serai prêt à vous écouter.

— Bon, d'accord, j'ai compris. Eh bien voilà, j'ai eu un fils.

— Eu ?

— Oui, s'il avait vécu, maintenant, il aurait 5 ans. »

Voilà, me dis-je, un autre mort. La prénomination, par ce qui en avait été dit, avait parlé d'un ami. Maintenant, c'est d'un grand frère qu'il s'agit. Ça se déplace, mais ça se précise.

« Quel âge avait-il, quand il est mort ?

— 3 ans.

— Et de quoi ?

— Brûlé.

– Oh ! Je suis désolé d'avoir à vous faire remuer ces souvenirs.

– Vous savez, maintenant ce n'est plus pareil. C'était un enfant que j'ai fait contre mon gré. A une femme que je connaissais à peine. Une relation passagère, sans plus, qui me l'a imposé. J'étais jeune, imbécile et sans expérience. Elle avait décidé de le garder et de l'assumer seule. Je n'ai pas cru devoir ni pouvoir imposer mon refus. J'ai laissé faire. Je me suis laissé faire. Et, elle, elle s'en est servie contre moi. Tantôt comme un moyen de chantage, tantôt comme un moyen de pression. Selon son gré et sans rien expliquer. De la même manière, elle me le collait parfois, sans m'avertir, entre les pattes et, d'autres fois, elle m'interdisait de le voir. Le drame s'est passé chez moi. Alors que je vivais avec une autre femme. En mon absence, circonstance aggravante. J'étais sorti chercher le pain du petit déjeuner. Quand je suis revenu, c'était l'horreur. J'ai entendu ses cris depuis l'escalier. Il s'était renversé sur lui la casserole d'eau bouillante qui était sur le gaz. Il était brûlé de la tête aux pieds. Il n'était plus qu'une plaie. Je suis devenu fou de rage et de désespoir. J'ai perdu la tête. J'ai fichu une raclée à la fille et je l'ai jetée sur le palier. Puis je l'ai pris, lui, dans mes bras, et je suis descendu en hurlant au secours. Dehors, j'ai arrêté la première voiture qui passait. Elle m'a conduit à l'hôpital W... Il y est mort quatre jours après, dans le service des brûlés. »

Un silence s'installe. Achab dort contre la poitrine de son père. Sa mère, toute pâle, a suivi cette longue tirade en faisant des efforts manifestes pour en saisir quelques bribes. Son mari, baissant le ton, lui a dit, lui a chuchoté presque, quelques mots. Probablement n'a-t-il fait que lui donner des indications sur le contenu de ce qu'il venait de raconter. Son regard va de lui à moi. Elle est très pâle.

Je ne sais pas quoi dire. Je me tais. Je ne sais toujours pas si je dois hospitaliser ce bébé. J'ai bien fait de garder mes hésitations pour moi. Car l'hospitalisation, à l'écoute de ce récit, me semble passible de poser quelques problèmes, de raviver une certaine émotion. Je brise le silence pour dire que j'espère voir la fièvre d'Achab disparaître, car il va si bien par ailleurs... et je poursuis ainsi avec des propos de cette tonalité pour faire baisser d'un cran l'intensité de l'émotion qui vient d'atteindre son acmé. Le père reprend spontanément la parole :

« Dans la semaine qui a suivi la naissance d'Achab, encore une fois, j'ai cru devenir fou. Je ne parlais plus à personne. Je tournais en rond. Je buvais beaucoup et je fumais autant. Je n'arrivais plus à dormir.

Ça a commencé au bureau de l'état civil. Achab est né à l'hôpital G... Je ne sais pas si vous le savez, mais à la mairie du énième arrondissement dont dépendent les hôpitaux W... et G..., le bureau d'état civil est divisé en deux. Un seul comptoir, un seul employé et deux pancartes. Deux ans avant, je suis allé du côté gauche. Cette fois-ci, je suis allé du côté droit. Et c'était le même employé et la même scène. Le même uniforme, la même casquette, la même moustache. J'ai cru que je rêvais ou que je sombrais dans la folie. Parce que j'ai refait le même geste : j'ai sorti mon passeport et je l'ai tendu. Je savais qu'il allait me demander mon nom, que je le lui dirais mais qu'il me demanderait : "Et ça s'écrit comment ?" avec cette voix nasillarde que j'entendais déjà à mon oreille avant qu'il n'ait ouvert la bouche. Que ça ne servirait à rien que j'épelle et que, comme toujours, je devrais finir par montrer comment ça s'écrit. Alors, j'ai cru pouvoir anticiper les choses : j'ai tendu mon passeport, comme j'avais dû finir par le faire les fois précédentes.

Je m'étais déjà dit, après avoir vécu la scène qui était

en train de recommencer, qu'un père, c'est tout ce qu'il peut faire : donner un nom. Rien de plus. Et comme le mien est compliqué, je ne pouvais pas le donner simplement, il fallait de plus que je l'épelle. C'est pour éviter cela que j'ai tendu mon passeport, pour éviter l'obstacle. Et, là, il s'est passé quelque chose de dingue. L'employé, il a pris le passeport, il s'est penché sur son registre et il a dit : "Marquez-Barato... Marquez-Barato, nous disons..., alors ça s'écrit..." et il s'est mis à épeler mon nom à haute voix, lettre par lettre. J'ai cru que ma tête allait éclater. Je ne savais pas si je devais mourir de rire ou pleurer jusqu'à me vider. »

Il s'arrête, il se tait. Épuisé. Il n'a même pas pris la précaution de dire quelques mots à sa femme. Elle, coincée sur sa chaise, n'a pas cessé de le regarder par en dessous. Et je suis certain qu'elle a tout compris. Sinon les mots, du moins l'émotion, intégralement. Je reprends, très doucement :

« Oui, un père c'est un nom. Et vous le dites très bien.

– Je m'en suis rendu compte. A deux reprises. Je me suis rendu compte aussi que ce n'est pas si facile ! Même seulement ça. Surtout que je sais que mon nom n'est pas simple. Mais j'avoue que, de cette manière, j'en aurais volontiers fait l'économie.

– Votre nom n'est pas simple parce que, si je m'en réfère à ce que je sais des civilisations espagnoles, il comporte la mention du nom de votre mère, n'est-ce pas ? Marquez, c'est le nom de votre père et Barato, celui de votre mère.

– Oui, c'est cela même !

– Autrement dit, si vous aviez pu suivre la tradition, Achab devrait se nommer Marquez comment ?

– Takayuschi. »

La mère d'Achab, entendant son nom, se penche d'un mouvement brusque en avant et pose la main sur l'avant-bras de son mari. Se tournant vers elle, il lui dit quelques phrases. Quand elle les a entendues, elle tourne son regard vers moi et elle m'adresse un sourire, franc celui-là. Je poursuis :

« Marquez-Takayuschi, donc. Et que pensez-vous de cela ?

— D'abord, ce n'est pas possible, puisqu'en France on est régi par d'autres lois. Mais je vous avoue que je ne crois pas que j'y aurais consenti. Je ne sais pas comment j'aurais fait. Disons que la situation ainsi m'arrange. C'est plus simple.

— Pourquoi ?

— Je ne sais pas, je le sens ainsi.

— Mais, si je comprends bien, ce n'est pas étranger à l'émotion que vous avez ressentie quand on a épelé votre nom, pas plus que ce n'est étranger à la présence, dans ce nom, du nom de votre mère.

— C'est vrai.

— Que pouvez-vous dire de cela ? Vous avez dit des choses du père que vous vous êtes senti en train de devenir. Une mère, c'est quoi ?

— Je ne pourrai pas aborder les choses sous cet angle. Je conçois que la question soit importante. Mais je ne peux y répondre que comme ça me vient. »

Depuis un moment, il n'était plus question de tension. L'émotion restait vive, mais le dialogue particulièrement détendu. Les grands pans de l'histoire qui s'étaient découverts semblaient rendre possible l'approfondissement de l'entretien. Cet homme disait des choses d'une importance considérable pour l'avenir de son enfant. Le signifiant mère était au centre du débat, mais comme monopolisé, par l'effet des problèmes linguistiques, par un seul discours. Je l'invitai donc à poursuivre :

« Bien sûr, bien sûr, dites ce que vous sentez, comme vous le pouvez ou comme vous le voulez.

– J'ai assisté à la naissance d'Achab. J'étais tout le temps en salle de travail. Quand je l'ai vu sortir, j'ai été terriblement impressionné. On s'en est occupé. Puis on me l'a montré. On me l'a tendu, on me l'a donné. Je l'ai pris dans mes bras. Et, là, j'ai senti soudainement qu'il comptait tellement fort pour moi, que je voulais compter tellement fort pour lui, que sa mère pouvait complètement disparaître. Ne plus exister, ne plus être là. J'ai compris qu'elle n'avait été pour moi qu'un ventre de remplacement. Elle me restituait ce que j'avais mis à germer en elle. Mais sa tâche était finie. Nous pouvions, lui et moi, nous en passer désormais.

– Vous cultivez le paradoxe. Vous dites nettement tenir à l'apposition, au nom de votre père, de celui de votre mère et, pour Achab, vous voudriez être les deux à la fois. »

Certes, pensais-je, il y a le problème du chantage et des pressions qui s'inclut dans ce mouvement, parasité, voire commandé par l'ombre de l'enfant mort. Mais je pensais plus judicieux de prendre appui sur ce qui semblait, dans l'économie du père, s'inscrire positivement : la relation à sa mère esquissée par ses propos. Il me répondit :

« C'est vrai que c'est fou. Mais je vous l'ai dit comme je l'ai senti.

– Alors ?

– Alors quoi ?

– Et maintenant ?

– Maintenant ?... »

Il est troublé. Il hésite. Il paraît réfléchir à très grande vitesse. Il me regarde, puis regarde Achab soudé à lui. Je le regarde et je regarde son épouse qui, elle-même, nous examine tour à tour, l'un après l'autre. Ballet invraisemblable de regards qui tournoient et ne cessent de circuler, de véhiculer de l'émotion. Témoignage d'un

énorme travail intérieur ou celui d'une interrogation soudainement terrorisée ? La maman ne sait plus très bien
où en est la situation. Son mari, trop préoccupé par ce
qui se passe en lui, ne lui a encore fait aucune traduction.
Moi, j'attends. J'attends je ne sais trop quoi. Mais les
séquences se sont emboîtées avec un bonheur suffisamment rare pour que la suite puisse me décevoir. Alors, le
père rompt le silence :

« J'ai compris. »

Dans le même temps qu'il dit cela, d'un geste habile
et assuré, il pose Achab encore endormi dans les bras de
sa mère qui éclate en sanglots. Puis il tend vers moi,
par-dessus le bureau, ses deux mains à la rencontre des
miennes que je ne refuse pas. Une poignée double, ser-
rée, vigoureuse et violente.

La consultation est terminée. Mes recommandations
sont écrites. Je suivrai l'évolution de la température.

Le lendemain matin, Achab a encore 39°. Et, en plus,
sa mère a aussi de la fièvre : 40°. Je vais au domicile.
Mon examen est toujours aussi pauvre. Je ne suis qu'à
moitié étonné de la température de la maman que j'examine et chez laquelle je ne découvre rien d'anormal. Les
virus, ça existe, l'inconscient aussi ! J'estime avoir assez
attendu et je ne peux pas rester passif. Ces 39° d'Achab
nécessitent des examens de débroussaillage dont, déon-
tologiquement, je ne peux pas me passer. Je le dis. Je
dis que j'envisage une hospitalisation, ce qui est très bien
accepté. Je retiens un lit dans un service. Et, comme je
me rends moi-même à l'hôpital Y..., j'y conduis Achab
et son père.

Le bilan biologique effectué dans la journée est normal. Le soir même, Achab n'a plus de fièvre. Le lendemain, il est rendu à ses parents qui vont le chercher
ensemble, puisque la maman, elle aussi, est guérie.

Je reverrai de manière régulière Achab et ses parents

aux consultations mensuelles. Ils seront toujours là, tous les trois. La première fois, le père m'a dit : « J'ai pensé souvent à vous, le soir en promenant mon chien. Il faut vous dire que je vous ai beaucoup détesté. » Mme Marquez-Barato s'est mise au français et, de temps à autre, me donne une information. Je dis quelques mots d'espagnol. Et ces tentatives marquées de bonne volonté de part et d'autre se soldent un jour par une confidence qu'elle me fait, alors que, exceptionnellement, elle est venue seule : elle va se rendre dans sa famille. Ses parents sont diplomates, en poste en Afrique. Elle allaite toujours intégralement son fils qui a cinq mois : « J'ai peur de m'attacher trop à lui. Je ne peux pas même envisager de lui donner quelque chose d'autre que mon sein... » (c'est du moins ce que je peux restituer de son franco-espagnol mâtiné d'accent nippon et que, laborieusement, elle construit).

Quand, le mois d'après, son mari me dit qu'il faudrait peut-être parler de leurs difficultés nouvelles et inattendues, je ne suis qu'à moitié étonné : son épouse n'a plus de goût aux relations sexuelles.

Je sais, alors, qu'Achab, enfin, est sur des rails banals, ceux de ses semblables.

Est-il nécessaire de commenter cette histoire ? Alors que tous les thèmes abordés dans l'ouvrage s'y trouvent réunis. Dans une heureuse, rare et prodigieuse condensation. Depuis le symptôme physique, authentique, d'appel du petit Achab, jusqu'à la dynamique de son couple parental, formé sur un préalable travaillé par le malentendu, en passant par la résolution spontanée du même symptôme, alors que se dessinait la réintégration du père et de la mère dans leurs statuts respectifs.

Pourquoi, plutôt, ne pas profiter de l'encouragement qu'elle apporte pour reprendre schématiquement tout ce qui s'est dit jusque-là, dans la minutie et le détail. Minutie et détail nécessaires au soutien de ce qui a été progressivement avancé, mais dont la foison risque de laisser un regrettable sentiment de confusion.

L'angle sous lequel ce travail a choisi d'examiner les relations des différents protagonistes de la cellule familiale n'a jamais permis de rendre compte, clairement et syncrétiquement, de ce qui se joue dans une instantanéité réduite, mais dans des lieux et des sites qui échappent parfois – et inévitablement, par leur dispersion – au mode d'observation proposé. Le compte rendu de cette observation ne peut pas être linéaire, il ne peut pas être platement descriptif. Il est condamné aux redites et à la reprise de notions dont l'abord ne permet pas plus de les figer que de leur conférer un statut définitif et immuable. Ainsi donc, parler d'enfant, c'est toujours parler d'un sujet en mouvement dans le temps, d'un sujet changeant qui n'a pas les mêmes constantes à deux jours et à 13 ans. Parler des parents, c'est parler des parents de ce même enfant, enfants jadis qui ont évolué et sont encore appelés à évoluer. Nécessairement semblables et nécessairement différents par les déterminants qui les singularisent. Parler des relations qui s'instaurent, c'est les saisir dans leur mouvance et leur modification au moment même où leur mise au jour ne vient dire que leur hésitation. Ne restent stables que les notions plus abstraites : l'amour, la haine, leur mélange, leurs exploits et leurs outils qui font une histoire. Une histoire tout entière inscrite dans une vie qui se déroule en faisant usage de ce mouvement et de ces ingrédients.

La mort seule est immuable. Point de non-retour. Point de définition ultime de tous ces processus qui y rencontrent leur butée. Face à cet inévitable, les économies des sujets s'organisent. Et de la variété de ces organisations naît le mouvement lui-même qui les rassure en leur conférant leur ancrage et leur légitimité.

Alors, que pouvons-nous faire de ce constat ? Sinon devoir revoir toute l'armature de l'exposé.

L'enfant naît avec un acquis : sa mère. Un acquis, en tant qu'elle constitue sa première richesse. Un acquis, dans la mesure où son étalonnage sensoriel, première condition de l'autonomisation ultérieure, s'est effectué au contact de ce corps dans lequel, neuf mois durant, il a vécu et engrangé des informations primordiales.

Néanmoins, les conditions de cet acquis, son déroulement, sont fonction de la manière dont la grossesse a été ressentie, voulue, intégrée par la mère. Autrement dit, là déjà, s'inscrit une subordination des conditions d'acquisition à un système relationnel qui les déborde et les a précédées. Ce qui explique le fait que la mère accède à son statut dans un sentiment plus ou moins vif de désarroi. Sentiment qui lui reste opaque, qu'elle comprend mal et qu'elle vit encore plus mal. Jusqu'à finir par l'enfouir, sans qu'il cesse jamais, pour autant, de parasiter subrepticement son comportement au point qu'on peut y percevoir un incompréhensible, parce que inarticulable, appel. Que contient cet appel ? Qui vise cet appel ?

Le tête-à-tête mère-enfant est un défilé physiologique nécessaire à l'un comme à l'autre. Ce système, nommé dyadique, rend compte d'une forme d'union que guette la tentation d'une bascule dans l'autarcie toute voisine. Union qui permet à l'un de quitter le milieu familier reconnaissable et rassurant, par un enrichissement progressif des performances perceptuelles et le développement physique, à l'autre de mettre fin, en douceur, à son état de porteuse. A cette étape comme à la précédente, l'aventure se trouve scandée par une surdimension proprement humaine qui, faisant de l'homme un être de parole, en fait un être d'échange, soumis sans cesse aux effets de réseaux relationnels en mouvance.

Dès lors, on peut voir que l'incessant appel, coextensif à la notion de mère, se trouve régulièrement amplifié par le relais du corps de l'enfant qui est capable d'en traduire jusqu'aux plus tragiques accents.

L'abord de la notion du père ne peut se faire qu'en prenant acte de la lenteur avec laquelle il accède à son statut. Réduit à un noyau de doute que ne peut tempérer aucun stigmate biologique, lentement, il se construit. Dans les avatars d'une position qui risque à jamais de le perdre s'il confond son rôle avec celui de la mère. D'une mère dont il sait, sans avoir à y faire un retour vérificateur, et l'importance et la nécessité. N'est-il pas, lui aussi, né d'une mère ? Aussi risque-t-il d'errer longtemps avant de trouver sa juste place, celle de la fonction que son enfant appelle et que vise très précisément, à son insu et à l'insu de l'émettrice elle-même, l'appel dont il a été fait mention.

Rien ne peut le guider, dans le hasard des essais successifs de positions diverses, qui vont de l'imitation à la séduction en passant par l'indifférence, que la seule notion d'une dette à acquitter. Un père est dû.

Un père est dû à son enfant, à qui, par sa seule présence à la juste place, il peut offrir l'autre terme d'une dialectique qui le hissera hors du système dyadique aux bénéfices épuisés, et lui offrira la possibilité de trouver sa place propre au milieu de ses semblables.

Un père est dû, à sa juste place, à la mère de son enfant dont il pourra, prenant en charge le contenu indicible de son appel, partager le faix de la descendance qu'ils se sont assurée en commun.

Un père est dû, à sa juste place, à lui-même. Porteur d'un nom qu'il transmet et qui est originé hors de lui, il se fera le relais de la Loi dont il devient à son tour dépositaire et détenteur avant de la transmettre lui-même.

Or, l'acquittement de cette dette multidestinée ne peut s'effectuer que si deux conditions concomitantes sont strictement et intégralement satisfaites : que la mère lui concède le droit d'occuper la fonction qui est la sienne, et qu'il accepte lui-même d'occuper ladite fonction.

La clinique du père montre que ce montage, qui paraît simple, évident, voire trivial et ne devant soulever aucun problème, se heurte, en fait, aux plus graves difficultés. Au point d'affleurer la notion de mythe ou de fiction.

Alors, on peut se poser la question : ces préalables ressortissent-ils, décidément, au mythe ou à la fiction ?

La réponse est : non ! Ils se révèlent, à l'examen, comme une ligne d'horizon parfaitement dessinée par la résultante négative de tout ce qui se dégage des situations de crise. Autrement dit, non seulement cela n'est ni un mythe ni une fiction, mais c'est, de surcroît, un modèle opératoire parfaitement adapté à la complexité des situations que rencontre la clinique.

Car les deux conditions nécessaires à l'accession du père à sa fonction s'y trouvent illustrées en proportion diverse et dans un mélange tel qu'il rend chaque situation singulière et stupéfiante. On peut être surpris par l'énergie déployée parfois par la mère à empêcher le père de venir occuper sa fonction, tout autant que par une certaine passivité qui rend le père sourd aux appels de sa femme et de son enfant. La surprise n'est que la conséquence de l'usage d'une réflexion fondée sur la logique d'une morale élémentaire et schématique. Elle n'a plus lieu d'être et laisse place à une compréhension rigoureuse et dépouillée, quand la réflexion fait appel au module opératoire que se trouve être l'impact de l'histoire.

Histoire qu'on voit se déployer et traverser les générations avec une force intacte, et la même et impérieuse nécessité d'avoir à se poursuivre autant qu'à s'accomplir. Au point qu'on ne peut qu'être amené à devoir s'interroger sur ce qui la véhicule avec une telle constance et une pareille servilité. On découvre, alors, que ce qui s'instaure, entre un parent et son enfant, se trouve avoir à accomplir ou parachever une aventure qu'on avait cru pouvoir suspendre ou avoir été définitivement suspendue parce que rentrée en quiescence.

Si les relais s'en trouvent assurés par la succession temporelle des protagonistes, l'énergie est fournie par ce qui s'investit dans les systèmes triangulaires et résulte de leur agencement. On découvre, alors, que ce qui est en jeu n'est pas tant l'attirance opérée sur l'enfant par son parent du sexe opposé que l'attractivité que ce même parent peut produire. Or, à ce jeu, l'asymétrie de l'accession du père et de la mère à leurs fonctions respectives ne peut que dessiner une ligne de partage entre un gagnant pressenti, la mère, et un perdant marri, le père. Comme si tout cela revenait à dénier à la fonction de ce dernier la moindre nécessité. Ce qui reviendrait à dire, crûment, que la fonction maternelle, tout en lançant un appel en direction du père, ne peut que s'évertuer à l'empêcher de le devenir, qu'il soit père dans l'actuel ou fils destiné à le devenir. Car comment le fils d'un père dénié dans sa fonction pourra-t-il la revendiquer, un jour, en son nom propre ?

Tout cela ressortit aux effets d'un violent désir incestueux. Désir privilégié, en quelque sorte, et paraissant être la composante majeure, sinon exclusive, du désir maternel, voire du désir féminin. Désir masqué derrière le respect de l'interdit qui vise sa mise en acte, la charnalité, mais qui n'en récupère que plus d'énergie pour se livrer à des équivalents non moins mortifères, au mépris de la Loi qu'il ne cesse de combattre dans la fonction paternelle. Ce désir se trouve soutenu de bout en bout par une logique implacable et prodigieusement efficace. Car, pour toute mère, donner la vie, c'est mettre au monde des vivants, auquel il est promis jusqu'au terme de la grossesse, un être que la naissance ne peut que définir comme destiné à mourir.

Chaque naissance, qui constitue pour toute femme un événement clastique, la rend plus sensible à l'inextricable imbrication des registres de vie et de mort. Alors que le père, par son immuabilité physique, par son éloignement de ce genre d'expérience, est moins affecté par ce bouleversement. C'est sinon l'intégralité, du moins le contenu, assez précis même s'il est succinct, du message contenu dans l'informulable appel maternel.

Introduit auprès de son enfant par la désignation fondamentale qu'en fait la mère, le père ne peut être qu'une fonction de parole. Parole qui se développe, toute condensée autour du nom qu'il transmet et qu'il a, sa vie durant, à soutenir. Ses tentatives désespérées de croire pouvoir occuper une autre place, faire usage de son propre corps, ne peuvent que retarder sa tâche d'acquittement d'une dette qui risque de ne pouvoir, faute d'être prise en considération, que poursuivre indéfiniment son parcours ; se gonflant un peu plus à chaque génération et privilégiant un peu plus le marquage qu'opère la propension maternelle à l'inceste. Propension contre laquelle il ne peut que dresser ce fragile, mais efficace rempart : sa parole qui atteste que le traçage incestueux sur l'émetteur qu'il devient a été repéré, sinon effacé.

La mère-acquis. La mère à qui ? L'ambivalence homophonique qui a couru tout au long de l'ouvrage n'est pas de trop pour condenser dans une seule formule la nature de l'obstacle qui guette les tentatives que le père peut faire pour approcher sa fonction. Son propre marquage incestueux plaquant sur sa partenaire toutes les imagos féminines qui ne ramènent qu'à une seule, lui impose de devoir opérer un clivage entre la mère de son enfant et la sienne propre. Alors, seulement, il aura accompli le parcours nécessaire, auquel son agilité, son anatomie-destin le prédisposent mieux que son épouse coincée dans les systèmes d'emboîtement. Alors, seulement, il pourra efficacement faire obstacle à la propension incestueuse qui guette son enfant et faire que cet enfant ne garde pas au fond de lui, sempiternellement, l'image effrayante d'une mère toute-puissante et paralysante.

Si toute femme, et qui le sait, assure la perpétuation de l'espèce au prix de ce qu'elle perçoit comme une irrattrapable folie, on doit comprendre que c'est un père, un jour, désespéré de parvenir à occuper sa place, qui a dû inventer l'idée de Dieu. Les errements des sociétés entre le guerroiement et la générosité ne sont ni plus ni moins que la traduction massive de l'hésitation de l'un et l'autre des protagonistes à se consentir leur fonction tout autant qu'à l'assumer. La place du père, plus que jamais, reste à devoir être réinvestie. Plus que d'une esthétique, à laquelle risque de faire croire l'impeccable d'un montage topologique, c'est d'une gageure qu'il s'agit.

Et plus que de détermination, plus que de courage, plus que de clairvoyance, c'est d'amour que cette entreprise a le plus besoin.

Faute de cet ingrédient majeur et indispensable, le père risque d'errer, sans cesse et sans succès, autour d'un statut qui, s'il lui demeure inaccessible, le laissera à jamais perdu.

La Haute-Épine, 23 mai 1984.

Table

(en italiques, la table des cas)

COMPOSITION : I.G.S. CHARENTE-PHOTOGRAVURE À L'ISLE-D'ESPAGNAC
IMPRESSION : BUSSIÈRE CAMEDAN IMPRIMERIES À SAINT-AMAND (8-2000)
DÉPÔT LÉGAL : MAI 1999. N° 37446-2 (003567/1)